인지기능 향상 워크북 A Workbook for Improving Attention Development

주의력 영역

느린 학습자, 학습 및 주의력 문제를 가진 아동,
인지적 불균형이 심한 아동을 위한 주의력 영역 기능 향상 프로그램

| 노경란 · 박현정 · 안지현 · 전영미 공저 |

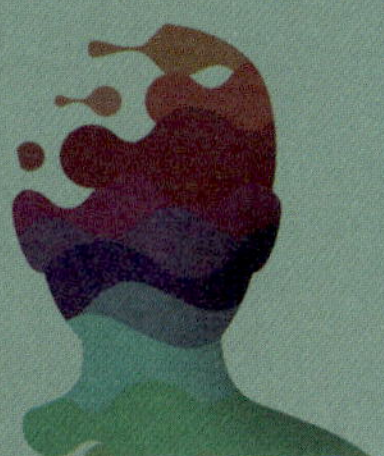

·4·

학지사

머리말

임상현장에서 현재 가장 널리 사용되는 심리검사 중 하나가 웩슬러 지능검사다. 따라서 많은 시간과 에너지 그리고 비용을 들여 웩슬러 지능검사를 실시하고 있지만, 지능검사 결과를 활용하는 측면에서는 비용 대비 그 활용도가 매우 제한적이다. 웩슬러 지능검사는 임상장면에서 주로 정신장애를 진단하거나, 전체점수를 토대로 장애등급을 판정하는 데 도움을 주는 등 검사·분류·배치의 관리모델로 활용되어 왔다. 그러나 지능검사를 통해 얻은 지능수준 및 인지적 장단점과 같은 소중한 정보들 이 임상 및 교육 현장에서 효과적으로 활용되지 못하고 사장되는 경우가 흔하다. 최근 개정된『정신질환의 진단 및 통계 편람-제5판(Diagnostic and Statistical Manual of Mental Disorders−5th ed.: DSM−5)』서문에 따르면, 진단이란 사례공식화하는 평가의 한 부분으로서 충분한 정보를 토대로 각 개인을 위한 치료계획을 세울 수 있게 하는 것이다. 웩슬러 지능검사에서 얻은 정보는 평가에 그치지 않고 각 개인을 이해하며, 더 나아가 이를 바탕으로 개별화된 치료나 교육적 개입 전략을 선택하고 교수적 지원(instructional supports)을 하는 데 사용될 수 있다(Nicolson, Alcorn, & Erford, 2006). 향후 웩슬러 지능검사는 기존의 검사·분류·배치의 관리모델로부터 평가·이해·개입의 기능적인 임상모델(Weiss, Saklofske, Prifitera, & Holdnack, 2006)로까지 다양하게 활용되어야 할 것이다.

지능검사가 개별 아동의 인지적 특성을 이해하는 것뿐만 아니라 개입을 하기 위한 실질적인 도구로 활용되기 위해서는 체계적인 지침서와 더불어 여러 가지 다양한 자료나 도구가 요구된다. 그러나 현재 우리나라에는 그러한 교재나 자료가 거의 부재한 실정이다.

특히 최근 들어 교육현장에서는 학습부진아동에 대한 관심이 증가할 뿐만 아니라, 이들에 대한「초·중등교육법」도 개정되었다.「초·중등교육법」제28조에서는 '느린 학습자'에게 교육 실시와 더불어 그들에게 필요한 교재와 프로그램을 개발·보급하고, 교원은 관련 연수를 이수해야 한다고 되어 있다. '느린 학습자'란 '경계선 지능'(지능 70~85)에 해당되는 학생들로서 그간 특수교육대상은 아니지만, 학습이 뒤처지고 학교생활에 적응이 어려우며, 겉으로 드러나지 않아

사각지대에 방치되어 있던 학생을 일컫는데, 현재 전국적으로 약 80만 명에 달하는 것으로 추정되고 있다(EBS 저녁뉴스, 2016년 1월 1일자). 이러한 느린 학습자 혹은 경계선 지능에 속하는 학생들은 매우 이질적인 집단으로서 다양한 요인이 영향을 미칠 수 있다. 예를 들면, 학습장애나 주의력결핍 과잉행동장애와 같이 신경학적 결함과 관련된 요인, 혹은 환경적이거나 정서적 요인들이 복합적으로 작용할 수 있다. 또한 동일하게 경계선 지능에 속하는 학생이라도 인지적인 강점과 약점 영역이 각각 다를 수 있다. 그러므로 어느 영역에서 취약한지에 대한 평가를 통해 체계적으로 개입할 수 있는 교재가 절실히 요구되는 시점이다.

이 시리즈는 총 5권으로 구성되어 있으며, 1권 『인지기능 향상 가이드북: 웩슬러 지능검사의 치료 및 교육적 활용』은 웩슬러 지능검사 결과를 토대로 치료 및 교육적 개입을 하기 위한 구체적인 전략과 지침을 제공한다. 2권에서 5권까지는 인지기능 향상 워크북으로서, 영역별로 취약한 부분의 인지기능을 향상시킬 수 있도록 구성되어 있다. 좀 더 자세하게 이 시리즈의 특징을 살펴보면 다음과 같다.

먼저 1권은 웩슬러 지능검사 결과를 토대로 하여 인지기능을 향상시키기 위한 전략적인 활용 가이드북이다. 아동의 인지 특성에 대한 심층적 이해를 기반으로 개입할 수 있게 하기 위해서 전체 IQ 수준부터 소검사 수준에 이르기까지 다차원적이고도 심층적으로 해석하는 방법을 제시하였다. 그리고 이를 토대로 지표별, 군집별, 소검사별로 체계적인 개입 전략을 제시하였으며, 더 나아가 영역별로 실제 사례를 들어 치료 회기 동안 어떤 활동을 어떻게 이끌어 갈 수 있는지에 대해서 구체적으로 설명하였다.

최근에는 교차배터리 평가(cross-battery assessment) 방법, 즉 단일배터리 평가보다 여러 검사 배터리로부터 나온 정보를 활용하여 개인의 인지능력을 정확하게 분석하고, 더 나아가 특정 영역을 선택하여 그 영역에 속한 여러 가지 요소를 다양하고 깊이 있게 측정하는 추세다. 이 시리즈는 적용대상을 주로 학령기 아동에 맞추었기 때문에, 지능검사 결과를 활용할 때 인지적 측면과 함께 학습 영역을 고려하는 것이 중요하다. 따라서 웩슬러 지능검사를 주로 사용하되, 그 외에 교차 평가도구로서 기초학습기능검사, 읽기성취 및 읽기 인지처리능력검사, 시지각 발달검사, 전산화된 주의력 검사(Computerized Attention Test), 기억검사 등도 함께 활용할 수 있다.

그다음으로 2권에서 5권까지는 인지기능을 향상시키기 위한 영역별 워크북이다. 이 인지기능 향상 워크북은 치료나 교육장면에서 놀이하고 게임하듯이 흥미를 유발할 수 있도록 구성되어 있다. 현재 우리나라 교육은 조기교육, 선행학습, 입시 위주의 경쟁적인 교육이 우선시되고 있다. 이러한 현실은 개인적인 특성을 고려하면서 균형 잡힌 인지발달을 지향하려는 교육 방향과

상당한 괴리감을 느끼게 한다. 특히 안타까운 것은 평생교육이 중시되는 요즘 시대에 아동·청소년이 이른 나이부터 조기학습으로 인해 학습의 즐거움과 흥미를 잃어버리는 경우가 너무 많다는 점이다. 이 워크북은 학습(공부가 아닌 배우는 것 그 자체)에 대한 동기를 쉽게 유발할 수 있도록 다양한 활동과 함께 실제 생활에 가까운 내용으로 구성되어 있다. 따라서 인지발달이 학습장면에서뿐만 아니라, 사회적 상황과 실생활에서도 촉진될 수 있도록 하였으며, 더 나아가 학교 교육과정과의 연계성도 함께 고려하여 제작되었다.

이 시리즈는 교육현장에서 특별한 필요를 가진 아동들, 예를 들면 학습장애나 주의력결핍 과잉행동장애 등의 문제를 가진 아동에게 그들의 잠재력을 사용하는 데 걸림돌이 되는 요소들을 찾아 교정하는 데 도움을 줄 뿐만 아니라, 학업 및 인지적 능력을 전반적으로 증진시키는 데 유용하다. 또한 발달과정에 있는 일반 아동·청소년에게도 개별화된 인지기능 향상 프로그램을 통해 그들의 취약하거나 결핍된 인지능력 영역에 대해 개입할 수 있는 방안과 실제 활용 가능한 자료를 제공한다. 이 책은 주 대상이 아동·청소년이지만, 성인의 경우에도 인지기능 향상이나 인지재활을 목적으로 다양한 임상집단에서 활용이 가능할 것으로 기대된다.

최근 뇌 발달에 관한 연구가 급속도로 발전하면서 '뇌 가소성(neuroplasticity)', 즉 뇌는 스스로 변화하며 환경에 적응하는 지속적인 능력을 갖는다는 증거가 밝혀지고 있다(Doidge, 2007). 특히 전두엽은 청소년기를 지나 20대 이후에도 지속적으로 발달한다고 알려져 있다. 이와 유사하게, 어떤 인지적 결함들은 집중적인 훈련을 통해서 개선될 수 있다. 이러한 훈련은 특정 인지기술을 수행하는 데 필요한 뇌세포들 간에 연결을 증가시키며, 때로는 처음에 기대했던 것 이상으로 아동의 능력을 증진시키기도 한다(Manassis, 2014). 앞으로 이와 관련된 연구가 더욱 활발하게 진행될 것으로 보인다. 혹자는 개입을 통해 지능검사 점수가 과연 상승할 것인지, 지능검사 점수가 상승하더라도 지능(혹은 인지능력)이 정말 좋아진 것인지 의문을 제기할 수도 있다. 그러나 이 시리즈는 단순히 지능검사 점수를 높이는 것이 아니라, 개인의 인지적 특성을 파악하고 그의 인지능력을 효율적으로 발휘하는 데 걸림돌이 되는 취약한 영역을 찾아 보완하는 것에 도움을 주고자 한다.

이 시리즈가 웩슬러 지능검사를 활용하여 체계적으로 인지적 개입을 할 수 있는 좋은 안내서이자 도구로서 임상 및 교육 현장에서 널리 사용될 수 있기를 기대하는 바다. 그간 이 책이 출간될 수 있도록 전폭적으로 지원해 주신 학지사 김진환 사장님, 아울러 K-WISC-IV를 개발하시고 한국판 지표점수 및 군집 변환점수의 사용을 허락해 주신 오상우 교수님께 깊은 감사의 마음을 전한다.

주의력 영역 워크북

가 주의력 영역 워크북은 어떻게 구성되어 있나요?

1) 대상

주의력 영역에서 유의미한 저하를 보이는 유아, 아동 및 청소년에게 적용할 수 있습니다. 생활연령이나 학년에 상관없이 아동의 인지수준에 맞춰 특별한 제약 없이 활용 가능합니다.

2) 구성

- 본 워크북은 크게 필수과제와 세부 영역별 활동지 두 파트로 구성되어 있습니다.
- 필수과제는 가장 기본적이며 공통적으로 사용할 수 있고, 특별히 어느 특정 영역에 치우치지 않고 통합적인 활동이 가능한 과제로 구성되어 있습니다.
- 세부영역별 활동지는, 각각의 영역에서 고유하게 측정하고자 하는 인지기능 및 내용으로 한정하여 구성하였습니다. 따라서 필수과제를 활용하되 특별히 수행이 부진한 세부영역을 집중적으로 추가하여 시행할 수 있습니다.

3) 시행상 유의점

- 모든 활동지는 난이도에 따라 상(★★★), 중(★★☆), 하(★☆☆)로 나뉘어져 있으므로 개별 아동의 수준에 맞춰 사용할 수 있습니다. 단, 산수의 경우 학년 수준으로 구별하기보다는 영역별, 주제별로 구성하였고, 난이도 표시를 따로 하지 않았습니다.
- 각 활동지는 제시된 지시문에 따라 사용합니다. 특히 기억용량(memory span)에 대한 활동지를 사용할 때에는 적게는 2개에서 많게는 9개 이상으로 점진적으로 늘려 가며 훈련을 시행할 수 있습니다. 이때 아이의 동기수준이나 인지수준에 맞춰 세밀하게 난이도를 조절합니다.

- 비슷한 유형의 활동지를 난이도를 높여 가며 시행할 수도 있지만, 쉽게 지루함을 느끼는 아동의 경우에는 다양한 유형의 활동지를 섞어서 사용할 수도 있습니다. 단, 한 번 시행 시 최소한 10~15분 이상을 할애하도록 합니다. 특히 부모의 협조를 구하여 과제 형태로 제시하여 자주 반복, 연습할 수 있도록 지도합니다.
- 워크북의 활용도를 높이고 치료실에서 쉽게 참조할 수 있도록 세부 영역별 구체적인 개입전략을 각 활동지 앞에 제시하였습니다(이 내용은 1권에 구체적으로 소개되어 있으므로 더 자세한 것을 알려면 1권을 참고하기 바랍니다).

나 이렇게 지도해 주세요!!!

첫째, 무엇보다 가장 중요한 부분은 본 워크북이 활동중심, 흥미중심, 게임중심으로 구성되어 있다는 점입니다. 활동지가 자칫 아동에게 공부처럼 비춰지면서 심리적 거부감이 들거나 부담스럽게 느끼지 않도록 최대한 재미있게 구성하고자 하였기 때문에 실제 임상장면에서는 워크북과 함께 관련이 있는 다른 여러 가지 활동을 병행하는 것이 좋습니다.

둘째, 활동지를 활용할 때, 우선 각각의 활동지에 나와 있는 여러 가지 지시나 문제를 아동이 먼저 읽어 보고 내용을 파악하도록 합니다. 그 지시문이나 문제가 무엇을 요구하는지 아동이 자신의 말로 표현하도록 하고, 만약 내용을 이해하지 못한다면 치료사(교사)와 같이 문제를 읽으면서 이해하도록 지도합니다. 인지적 개입 시 교사 주도적인 활동이 대부분을 이룬다고 하지만 치료사(교사)가 너무 앞서 많은 것을 해 주려고 하기보다는 조금씩이라도 아동이 혼자 힘으로 문제를 해결할 수 있도록 점진적으로 기회를 제공하는 것이 좋습니다.

셋째, 지시문이나 문제를 정확하게 이해한 후 아동이 먼저 문제를 풀어 보도록 하고, 이때 치료사(교사)는 아동이 문제를 해결하는 과정과 방법을 면밀히 관찰합니다. 단, 아동이 너무 어려워하면 조금씩 단서나 도움을 제공합니다.

넷째, 문제를 어떻게 풀었는지 해결 과정을 아동으로 하여금 자기 말로 설명하게 합니다. 정답이든 오답이든 해결 과정을 꼭 점검하고 오류분석을 실시합니다. 치료사(교사)의 관찰 내용과 아동의 반응을 종합하여 오류를 보이게 된 이유를 분석하고, 그 결과를 아동과 공유합니다. 이를 통해서 아동 스스로도 자신이 어떤 오류를 범하고 있는지 인식할 수 있게 되고, 앞으로 똑같은 실수나 오류를 반복하지 않도록 지도합니다.

다섯째, 아동이 실수나 어려워서 놓친 부분, 꼭 기억해야 할 내용은 치료사(교사)가 직접 한 번 더 정리 및 요약을 해 줍니다.

여섯째, 다소 수동적이고 동기가 부족한 아동에게는 보상체계를 적용할 수 있습니다. 이때 얼마나 정답을 많이 맞혔나 하는 수행결과보다는 아동이 문제를 해결하기 위해 고민한 시간과 과정(예를 들어, 얼마나 집중하였는지, 중간에 포기하지 않고 끝까지 하려고 얼마나 노력하였는지 등)을 칭찬해 줍니다. 직접적인 보상체계는 물론 자기점검, 자기평가와 같은 쉬운 수준의 자기교수법도 활용할 수 있습니다.

▶ 잠깐, 이럴 땐 어떻게 할까요?

Q. 반드시 여기에 나와 있는 순서대로 시행해야 할까요?

A. 아닙니다. 아동의 상황에 따라 영역별, 난이도별, 활동지별로 유연하게 사용하셔도 됩니다. 아동이 잘하지 못하는 영역이나 힘들어하는 활동 위주로 진행하다 보면 자칫 학습동기를 잃을 수 있으므로 처음에는 다소 쉽고, 흥미를 느끼는 활동지에서 시작할 것을 권장합니다.

Q. 아동이 특정 영역의 활동지만 하고 싶어 할 때는 어떻게 해야 할까요?

A. 아동이 원하는 영역과 치료사(교사)가 필요하다고 판단한 학습지를 골고루 할 수 있도록 어떤 활동지를 어떤 순서로 해야 할지 아동과 함께 논의하면서 진행하시면 됩니다.

Q. 아동이 너무 어려워서 하지 않으려고 할 때는 어떻게 해야 할까요?

A. 저자들이 난이도를 조정하려고 많이 노력하였음에도 중간 정도의 필요한 난이도가 없을 수 있습니다. 그럴 경우 치료사(교사)가 도움의 양을 충분히 주어 시행하고, 그다음 도움의 양을 줄이면서 아동이 스스로 해결할 수 있도록 점진적으로 접근해 보는 것도 좋겠습니다.

Q. 필요한 영역 외에 다른 영역의 활동지도 해야 하나요?

A. 본 워크북은 꼭 인지적 약점을 개선하기 위함만은 아닙니다. 아동이 잘하는, 흥미를 느끼는 활동도 얼마든지 활용 가능합니다. 필요한 부분 외에도 골고루 활용하시는 것이 균형 잡힌 인지발달에 도움을 줄 수 있을 것으로 생각합니다.

다 목차

구분	활동 내용	
1. 필수과제	가. 보거나 듣고 외우기	잘 기억하세요 / 잘 보고 외워 보세요
	나. 보거나 듣고 판단하기	잘 읽고 판단해 보세요 / 잘 보고 판단해 보세요 / 잘 듣고 판단해 보세요 / 잘 생각해서 답을 찾아보세요
	다. 순서나 위치 외우기	어디에 있을까요?
	라. 통합 활동지	나의 위치를 찾아 주세요 / 거꾸로 따라 말해요 / 나의 짝을 찾아 주세요
2. 따라 말하기	가. 듣고 외우기	모두 찾아 주세요 / 순서대로 찾아 주세요
	나. 거꾸로 말하기	거꾸로 말해 보세요
3. 순서 완성하기	가. 순서에 따라 배열하기	어떤 순서로 해야 할까요? / 무엇일까요? / 규칙을 찾아 주세요 / 순서를 정할 수 있는 것과 없는 것
	나. 순서에 따라 완성하기	글자를 완성해요 / 단어를 완성해요 / 문장을 완성해요 / 속담을 완성해요
4. 수학퀴즈	가. 수체계	재미있는 숫자 세계
	나. 사칙연산	무한도전 연산 세계
	다. 분수와 소수	알쏭달쏭 분수 세계
	라. 도형	즐거운 도형 세계
	마. 측정	신나는 측정 세계
	바. 기타	신비한 비례의 세계 / 신비한 약수와 배수의 세계 / 신비한 경우의 수의 세계 / 신비한 방정식의 세계
	사. 문장제	어떻게 해결할까요?

라 영역별 원인 및 개입전략

주의력 영역에서 어려움을 보이는 아동의 특성

고려해야 할 점

- 청각적인 변별과 예민함의 부족
- 시연(리허설)과 부호화 전략사용 부족
- 신경생물학적인 요인 (뇌의 역기능, ADHD)
- 환경과 정서적 요인

아동의 특성

- 시각-청각적인 자극에 주의를 기울이지 못하고 쉽게 산만해질 가능성이 높음
- 잘 잊어버리기 때문에 지시사항을 따르기가 어려움(과제 완수에 필요한 충분한 정보를 처리, 저장하는 데 어려움을 보임)
- 과제를 완수하지 못하고 쉽게 활동을 포기함
- 방금 보거나 들었던 정보에 주의를 기울이거나, 바로 회상하는 것의 어려움(예: 수업시간에 치료사(교사)가 질문을 할 경우 아동이 손을 들어 답을 하도록 하면 자신이 생각하고 있던 답을 잊어버림)
- 여러 단계를 가진 복잡한 과제일수록 더욱 어려워하기 때문에, 특히 대집단 활동에서 어려움을 겪음
- 학업 수행 시 어려움을 보임(전략을 잘 사용하지 못해 전반적인 효율성이 감소됨)
- 국어: 문장, 단락 쓰기의 어려움
수학: 긴 나눗셈 등 여러 단계가 요구되는 수학 계산에서 곤란을 보임

주의력 영역에서 어려움을 보일 때, 이렇게 도와주세요.

아동을 산만하게 만들거나 불필요한 환경적 자극(그림, 조명, 소리 등)을 줄여 주세요. 개별 좌석을 조용한 곳에 따로 마련해 주세요.

지시사항은 가능하면 간단하고 단순하게 하며.
지시사항을 각 단계로 쪼개고, 자주 반복해 주세요.

개입 시 "○○야, 선생님의 말을 들어봐", "○○야, 이것을 기억해"와 같은 말을 가끔씩 사용하면, 아동이 좀 더 주의를 기울이는 데 도움이 됩니다. 아동이 집중을 하지 못하고 돌아다니면, 가까이에 있는 과제에 집중하도록 주의를 환기시켜 주세요.

읽을 때 중요한 자료에 밑줄을 긋도록 지도해 주세요. 어떤 아동에게는 줄을 잘 따라가는 데 도움이 되는 도구(자, 포인터 등)를 사용할 수도 있어요.

자리에서 이탈하는 행동을 줄이도록 지도해 주세요.
이때 착석 행동을 보상하는 등 행동수정기술을 사용하는 것이 효과적이에요.

경청 훈련을 하는 것도 도움이 됩니다.

부호화하기, 시연, 회상기술을 높일 수 있는 기억 전략들을 사용할 수 있어요.

순차적으로 하는 활동을 제시하여 아동이 집중해서 순서대로 따르도록 해 주세요.
(예: 잘못 배열된 순서를 논리적으로 나열하고 이야기하도록 하는 활동)

기억 게임과 같은 활동이 도움이 될 수 있어요.

1. 필수과제

〈지도방법〉

- 아동이 학습활동의 모든 단계를 완수할 수 있으려면, 지금 자신이 하고 있는 것을 기억할 수 있는지 확인합니다.
- 지시사항은 가능하면 단순하게 하고, 긴 지시사항의 경우 단계별로 쪼갭니다.
- 지시사항을 자주 반복하고, 아동이 그것을 기억하는지 확인하기 위해서 말해 보도록 합니다.
- 여러 단계가 포함되어 있고 꽤 긴 시간 지속해야 하는 과제에 대해서는 아동에게 처음 지시사항을 모두 반복하지 말고 그 과제에서 단계마다 중요한 정보를 상기시켜 줍니다.
- 아동이 해야 할 일을 기억하고 있는지 확인하기 위해서 아동과 함께 점검합니다.
- 언어중재나 리허설, 기억술(mnemonic)전략과 같이 기억을 돕는 전략을 가르칩니다.
- 아동의 매일의 일정표나 시간표를 가지고 다니는 공책 표지에 붙이고, 이를 책상이나 치료실 벽에도 붙입니다.
- 교사의 지시나 설명은 짧고 명확해야 합니다.
- 교사의 지시나 설명을 학생이 이해했는지 확인해야 하고 잘 듣지 못하였을 경우 반복합니다.
- 시, 속담, 격언 노래, 리듬 외우기를 시킵니다.
- 자극을 보여 주고 난 후 이를 제거하고, 다른 활동을 할 때 앞서 본 자극을 회상하도록 합니다.
- 의미 자극과 무의미 자극을 동시에 사용합니다.
- 기억력과 관련된 다양한 게임을 활용합니다.
- 집중력과 기억력을 동시에 자극하는 활동을 합니다.
- 즉시회상과 지연회상을 함께 사용합니다.
- 회상(recall)과제와 재인(recognition)과제를 동시에 사용합니다.
- 기억용량의 측면에서, 자극의 길이 및 난이도를 조절합니다.

- 환경적으로 산만하게 만들거나 불필요한 자극은 줄이도록 물리적 환경을 조성합니다. 우선 개별 좌석을 조용한 곳에 따로 마련합니다.
- 시각적으로 산만하게 할 수 있는 그림을 제거하며, 불빛도 깜빡거리지 않고 정상적으로 작동하는지 확인합니다.
- 청각적으로 산만하게 할 수 있는 소리를 줄이기 위해서, 마루에 양탄자와 같은 것을 깔아 놓기, 소음을 줄이는 천정 타일과 커튼 사용하기, 부드러운 깔창으로 된 신발 신기 등 적절한 환경을 조성하여 외부의 소리를 줄일 수 있도록 합니다.
- 개입 시 "○○야, 선생님의 말을 들어봐", "○○야, 이것을 기억해"와 같은 말을 가끔씩 사용하면, 아동이 좀 더 주의를 기울이는 데 도움이 됩니다. 아동이 집중을 하지 못하고 돌아다니면, 가까이에 있는 과제에 집중하도록 주의를 환기시켜 주어야 합니다.
- 읽을 때 중요한 자료에 밑줄을 긋도록 합니다. 어떤 아동에게는 줄을 잘 따라가도록 도움이 되는 도구(자나 포인터)를 사용할 수 있습니다.
- 아동이 자리에서 이탈하는 행동을 보일 경우 이에 대해 개입합니다. 이때 착석 행동을 보상하는 등 행동수정기술이 효과적입니다.
- 부호화하기, 리허설, 회상기술을 높일 수 있는 전략들이 도움이 됩니다. 또한 잘 듣는 훈련을 하는 것도 도움이 됩니다.
- 특히 순차적으로 하는 활동은 아동이 집중해서 순서대로 따르는 데 도움이 됩니다. 예를 들면, 다음과 같은 활동을 할 수 있습니다.
  - 치료사가 제시된 순서대로 토막을 두드리고 난 후, 아동이 똑같이 차례대로 반복합니다.
  - 치료사는 일련의 카드를 제시하거나 만화를 잘라 순서를 바꾸어 제시한 후 이를 다시 재배열합니다.
  - 아동에게 잘못 배열된 순서를 논리적으로 나열하고 이야기하도록 합니다.
- 아동에게 미완성인 물체의 그림 속에서 누락된 부분을 찾고, 전체적으로는 거의 동일하고 단지 일부분만 차이가 나는 두 개의 그림을 비교하여 불일치하는 것을 식별하게 합니다.
- 기억 게임과 같은 활동이 도움이 될 수 있습니다.

가. 보거나 듣고 외우기

1) 잘 기억하세요 ★☆☆

엄마가 마트에 가서 사올 물건을 쪽지에 적어 주셨어요. 혹시 모르니까 어떤 것을 사와야 할지 한 번 외워 볼까요? (교사용 지침: 그림의 내용을 기억하게 한 후, 종이로 그림을 가린 상태에서 아래 질문에 답하도록 해 주세요.)

어머나! 마트를 가던 길에 사야 할 것이 적힌 쪽지를 잃어버렸어요. 어떤 것들이 적혀 있었는지 아까 외웠던 것들을 한 번 떠올려 보아요.

사야 할 것들!

2) 잘 기억하세요 ★☆☆

선생님께서 내일 가져와야 할 준비물을 칠판에 적으셨습니다. 알림장에 잘 적어 가서 꼭 챙겨 와야겠어요. 내일 준비물을 외워 볼까요? (교사용 지침: 그림의 내용을 기억하게 한 후, 종이로 그림을 가린 상태에서 아래 질문에 답하도록 해 주세요.)

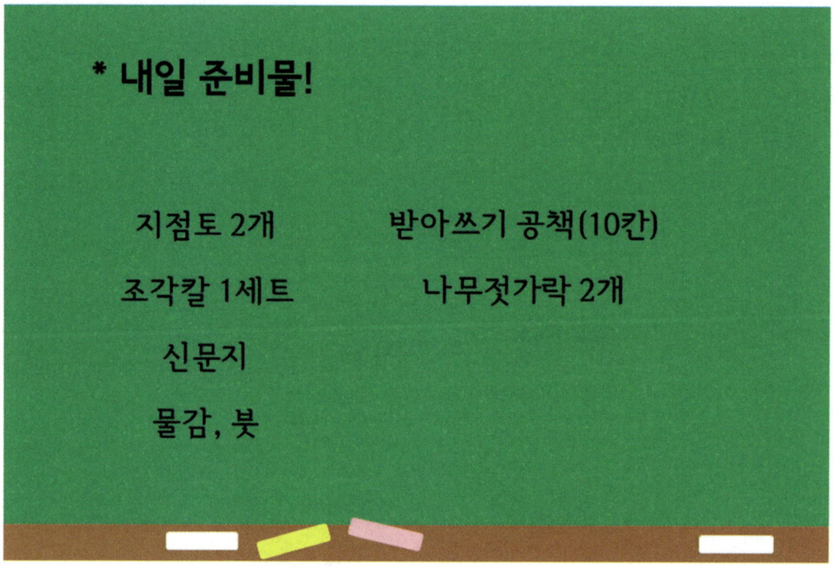

그런데 깜빡하고 알림장을 책상 위에 올려놓고 집에 왔습니다. 내일 어떤 준비물을 챙겨 가야 하는지 떠올려 보아요.

@ 알림장 @

____

____

____

____

3) 잘 기억하세요 ★★★

나는 초등학교 5학년 차상은입니다. 학교 끝나고 해야 할 일이 너무 많습니다. 어디에 들러서(장소) 무엇을 해야 하는지(행동)를 함께 외워 볼까요?

"상은아! 학교 끝나고 ……"

1. 일단 태권도 학원에 가서 1시간 수업을 들어야 해.
2. 그리고 도서관에 가서 읽고 싶은 책 2권을 빌려 와.
3. 아참, 중앙상가에 들러 종량제 쓰레기봉투를 사다 줄래?
4. 집에 오는 길에 중학생 형한테 준비물 좀 전해 주고 집으로 오렴.

1. 상은이가 들른 장소와, 그 장소에서 무엇을 했는지 기억나는 대로 적어 보세요.

장소	태권도 학원 →	도서관 →	중앙상가 →	중학교
행동				

2. 지도 위에 상은이가 움직인 길을 그려 보세요.

4) 잘 기억하세요 ★★★

속담과 의미를 알맞게 연결한 후, 속담을 외워 봅시다. 그리고 아래의 속담들 중에 평소에 사용한 경험 또는 사용할 수 있는 상황들에 대해서 말해 볼까요?

	속담			의미
1.	돌다리도 두드려 보고 건너라.	●	●	어떤 일이 아주 하기 쉽다는 의미
2.	등잔 밑이 어둡다.	●	●	겉으로는 별 볼 일 없어 보이는 사람이 일을 더 잘한다는 의미
3.	작은 고추가 맵다.	●	●	가까운 일(것)일수록 오히려 더 모른다는 의미
4.	식은 죽 먹기	●	●	아무리 잘 아는 일이라도 조심하여 실수 없이 하라는 의미

1) 잘 보고 외워 보세요 ★☆☆

세 명의 친구가 각각 다른 색의 별이 그려진 종이를 들고 있습니다. 그림을 잘 보고 기억해 봅시다. 그러고 나서 아래에서 별의 색깔과 친구를 알맞게 연결해 보세요. (교사용 지침: 그림의 내용을 기억하게 한 후, 종이로 그림을 가린 상태에서 아래 질문에 답하도록 해 주세요.)

2) 잘 보고 외워 보세요 ★★★

세 명의 친구가 각각 다른 그림이 그려진 종이를 들고 있습니다. 그림을 잘 보고 기억해 봅시다. 그러고 나서 아래에서 (　) 안에 친구가 들고 있는 그림에 해당하는 기호를 적어 보세요. (교사용 지침: 그림의 내용을 기억하게 한 후, 종이로 그림을 가린 상태에서 아래 질문에 답하도록 해 주세요.)

(　　　　)

(　　　　)

(　　　　)

보기

(가) 　(나) 　(다) 

3) 잘 보고 외워 보세요 ★★★

각각 다른 번호를 가진 버스가 다섯 대 있습니다. 그림을 잘 보고 기억해 봅시다. 그러고 나서 아래에서 (　) 안에 버스의 번호를 적어 보세요. (교사용 지침: 그림의 내용을 기억하게 한 후, 종이로 그림을 가린 상태에서 아래 질문에 답하도록 해 주세요.)

(　) (　) (　) (　) (　)

보기

3　　7　　5　　6　　8

4) 잘 보고 외워 보세요 ★☆☆

세 마리의 동물이 각각 다른 모양의 표지판을 들고 있습니다. 그림을 잘 보고 기억해 봅시다. 그러고 나서 아래에서 표지판과 동물을 알맞게 연결해 보세요. (교사용 지침: 그림의 내용을 기억하게 한 후, 종이로 그림을 가린 상태에서 아래 질문에 답하도록 해 주세요.)

거북이	펭귄	참새
●	●	●
●	●	●

5) 잘 보고 외워 보세요 ★★★

세 명의 친구가 각각 다른 물건을 갖고 있습니다. 그림을 잘 보고 기억해 봅시다. 그러고 나서 아래에서 (   ) 안에 알맞은 친구의 이름을 적어 보세요. (교사용 지침: 그림의 내용을 기억하게 한 후, 종이로 그림을 가린 상태에서 아래 질문에 답하도록 해 주세요.)

바이올린	목걸이	카메라
( )	( )	( )

6) 잘 보고 외워 보세요 ★☆☆

세 명의 친구가 각각 다른 물건을 갖고 있습니다. 그림을 잘 보고 기억해 봅시다. 그러고 나서 아래에서 (   ) 안에 알맞은 친구의 이름을 적어 보세요. (교사용 지침: 그림의 내용을 기억하게 한 후, 종이로 그림을 가린 상태에서 아래 질문에 답하도록 해 주세요.)

새총	자전거	축구공
( )	( )	( )

7) 잘 보고 외워 보세요 ★★★

다섯 명의 친구가 각각 다른 그림이 그려진 종이를 들고 있습니다. 그림을 잘 보고 기억해 봅시다. 그러고 나서 아래에서 그림과 친구를 알맞게 연결해 보세요. (교사용 지침: 그림의 내용을 기억하게 한 후, 종이로 그림을 가린 상태에서 아래 질문에 답하도록 해 주세요.)

8) 잘 보고 외워 보세요 ★★★

일곱 개의 건물에 각각 다른 간판이 붙어 있습니다. 그림을 잘 보고 기억해 봅시다. 그러고 나서 아래에서 간판과 건물을 알맞게 연결해 보세요. (교사용 지침: 그림의 내용을 기억하게 한 후, 종이로 그림을 가린 상태에서 아래 질문에 답하도록 해 주세요.)

9) 잘 보고 외워 보세요 ★★☆

일곱 명의 친구가 각각 다른 그림이 그려진 종이를 들고 있습니다. 그림을 잘 보고 기억해 봅시다. 그러고 나서 아래에서 그림과 친구를 알맞게 연결해 보세요. (교사용 지침: 그림의 내용을 기억하게 한 후, 종이로 그림을 가린 상태에서 아래 질문에 답하도록 해 주세요.)

&	?	%	$	#	@	!

10) 잘 보고 외워 보세요 ★★☆

각각 다른 번호를 가진 버스가 다섯 대 있습니다. 그림을 잘 보고 기억해 봅시다. 그러고 나서 아래에서 번호와 버스를 알맞게 연결해 보세요. (교사용 지침: 그림의 내용을 기억하게 한 후, 종이로 그림을 가린 상태에서 아래 질문에 답하도록 해 주세요.)

21	47	10	86	59

11) 잘 보고 외워 보세요 ★★☆

다섯 명의 친구가 각각 다른 그림이 그려진 종이를 들고 있습니다. 그림을 잘 보고 기억해 봅시다. 그러고 나서 아래에서 (   ) 안에 친구가 들고 있는 그림에 해당하는 기호를 적어 보세요. (교사용 지침: 그림의 내용을 기억하게 한 후, 종이로 그림을 가린 상태에서 아래 질문에 답하도록 해 주세요.)

(   )

(   )

(   )

(   )

(   )

보기

(가) ♨   (나) ◀   (다) ☞   (라) ◐   (마) ◎

12) 잘 보고 외워 보세요 ★★★

네 마리의 동물이 각각 다른 모양의 표지판을 들고 있습니다. 그림을 잘 보고 기억해 봅시다. 그러고 나서 아래에서 표지판과 동물을 알맞게 연결해 보세요. (교사용 지침: 그림의 내용을 기억하게 한 후, 종이로 그림을 가린 상태에서 아래 질문에 답하도록 해 주세요.)

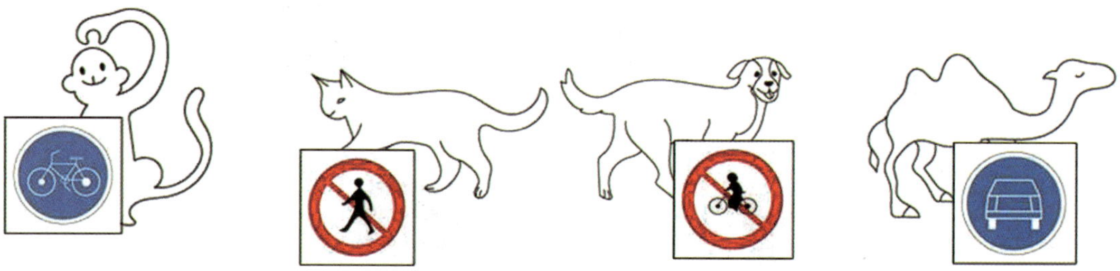

( ) ( ) ( ) ( )

보기

(가)  (나)  (다)  (라) 

13) 잘 보고 외워 보세요 ★★☆

다섯 명의 친구가 각각 다른 물건을 갖고 있습니다. 그림을 잘 보고 기억해 봅시다. 그러고 나서 아래에서 (   ) 안에 친구가 가지고 있는 물건에 해당하는 기호를 적어 보세요. (교사용 지침: 그림의 내용을 기억하게 한 후, 종이로 그림을 가린 상태에서 아래 질문에 답하도록 해 주세요.)

(   ) (   ) (   ) (   ) (   )

보기

(가) 손전등 (나) 물감 팔레트 (다) 팽이 (라) 우유 (마) 소화기

14) 잘 보고 외워 보세요 ★★★

다섯 명의 친구가 각각 다른 음식을 갖고 있습니다. 그림을 잘 보고 기억해 봅시다. 그러고 나서 아래에서 (   ) 안에 친구가 가지고 있는 음식에 해당하는 기호를 적어 보세요. (교사용 지침: 그림의 내용을 기억하게 한 후, 종이로 그림을 가린 상태에서 아래 질문에 답하도록 해 주세요.)

(   ) (   ) (   ) (   ) (   )

보기

(가) 당근 (나) 파인애플 (다) 옥수수 (라) 딸기 (마) 포도

15) 잘 보고 외워 보세요 ★★★

다섯 마리의 동물이 각각 다른 색의 풍선을 갖고 있습니다. 그림을 잘 보고 기억해 봅시다. 그러고 나서 아래에서 (   ) 안에 알맞은 동물의 이름을 적어 보세요. (교사용 지침: 그림의 내용을 기억하게 한 후, 종이로 그림을 가린 상태에서 아래 질문에 답하도록 해 주세요.)

파랑	초록	보라	노랑	빨강
( )	( )	( )	( )	( )

16) 잘 보고 외워 보세요 ★★★

그림을 잘 보고 기억해 봅시다. 누가 무엇을 하고 있는지 잘 살펴본 후, 아래 질문에 알맞게 답을 적어 보세요. (교사용 지침: 그림의 내용을 기억하게 한 후, 종이로 그림을 가린 상태에서 아래 질문에 답하도록 해 주세요.)

1. **연을 날리던** 친구의 이름은?

2. **수용이**는 무엇을 했나요?

3. **바이올린을 켜던** 친구의 이름은?

4. **민수**는 무엇을 했나요?

5. **운동을 한** 친구가 **두 명** 있습니다. 누구일까요?

17) 잘 보고 외워 보세요 ★★★

지민이는 요즘 고민이 많습니다. 지민이가 어떤 고민을 하고 있는지 외워 보세요. 고민 주머니의 크기가 클수록 고민이 더 많은 것을 의미합니다. (교사용 지침: 그림의 내용을 기억하게 한 후, 종이로 그림을 가린 상태에서 아래 질문에 답하도록 해 주세요.)

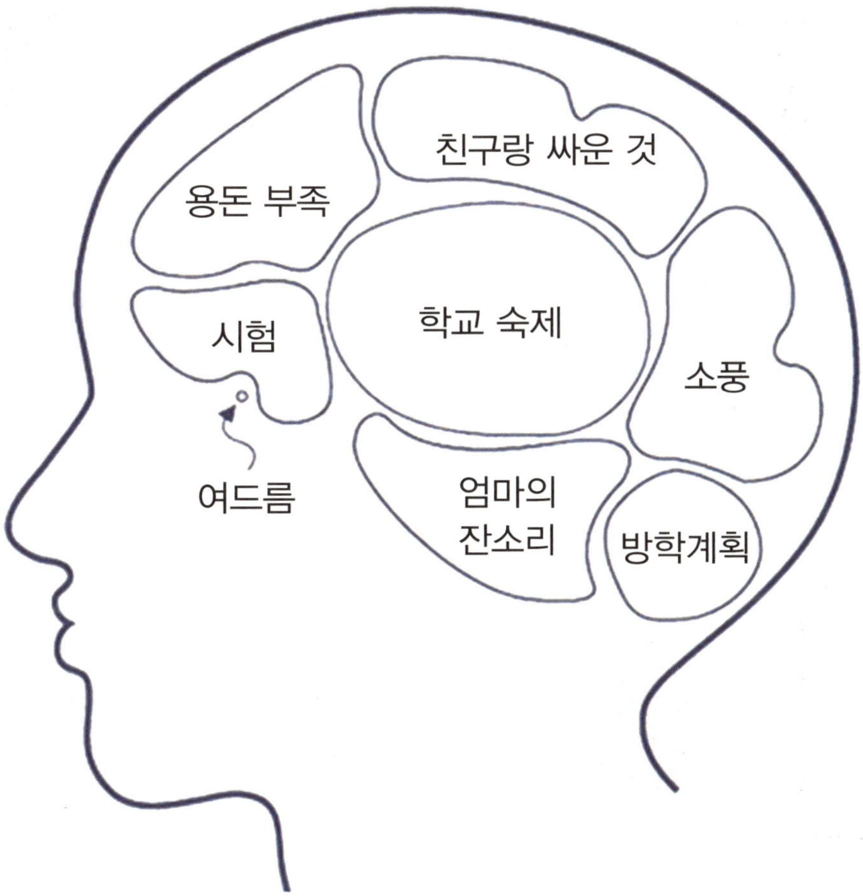

1. 지민이가 요즘 가장 많이 고민하는 것은 무엇일까요?

2. 지민이의 고민들을 기억나는 대로 모두 적어 보세요.

18) 잘 보고 외워 보세요 ★★★

점선 위의 그림들을 잘 보고 기억하세요. 그러고 나서 위의 그림을 가린 상태에서 위에 있었던 그림을 아래에서 찾아 동그라미 해 보세요.

19) 잘 보고 외워 보세요 ★★★

점선 위의 그림들을 잘 보고 기억하세요. 그러고 나서 위의 그림을 가린 상태에서 위에 있었던 그림을 아래에서 찾아 동그라미 해 보세요.

20) 잘 보고 외워 보세요 ★★★

다섯 마리의 동물이 각각 다른 모양의 그림을 갖고 있습니다. 그림을 잘 보고 기억해 봅시다. 그러고 나서 아래에서 (   ) 안에 알맞은 동물의 이름을 적어 보세요. (교사용 지침: 그림의 내용을 기억하게 한 후, 종이로 그림을 가린 상태에서 아래 질문에 답하도록 해 주세요.)

(   ) (   ) (   ) (   ) (   )

21) 잘 보고 외워 보세요 ★★★

다섯 명의 친구가 각각 다른 모양의 그림을 갖고 있습니다. 그림을 잘 보고 기억해 봅시다. 그러고 나서 아래에서 (　　) 안에 알맞은 친구의 이름을 적어 보세요. (교사용 지침: 그림의 내용을 기억하게 한 후, 종이로 그림을 가린 상태에서 아래 질문에 답하도록 해 주세요.)

(　　　　) (　　　　) (　　　　) (　　　　) (　　　　)

22) 잘 보고 외워 보세요 ★★★

여섯 마리의 동물이 각각 다른 모양의 표지판을 갖고 있습니다. 그림을 잘 보고 기억해 봅시다. 그러고 나서 아래에서 (　　) 안에 알맞은 동물의 이름을 적어 보세요. (교사용 지침: 그림의 내용을 기억하게 한 후, 종이로 그림을 가린 상태에서 아래 질문에 답하도록 해 주세요.)

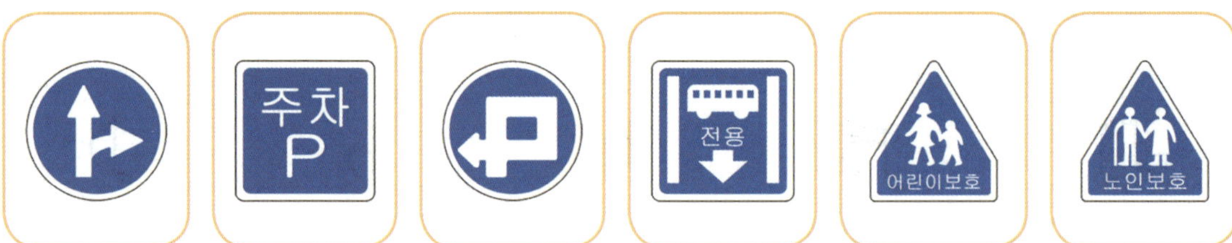

(　　　) (　　　) (　　　) (　　　) (　　　) (　　　)

23) 잘 보고 외워 보세요 ★★★

다섯 명의 친구가 각각 다른 상을 받았습니다. 그림을 잘 보고 기억해 봅시다. 그러고 나서 아래에서 (   ) 안에 알맞은 친구의 이름을 적어 보세요. (교사용 지침: 그림의 내용을 기억하게 한 후, 종이로 그림을 가린 상태에서 아래 질문에 답하도록 해 주세요.)

1

착한 어린이상	우수상	개근상	임명장	표창장
( )	( )	( )	( )	( )

24) 잘 보고 외워 보세요 ★★★

그림을 잘 보고 기억해 봅시다. 누가 무엇을 하고 있는지 잘 살펴본 후 그림을 가린 상태에서 아래 질문에 답해 보세요.

1. 호세는 무엇을 하고 있나요?

2. 옆구리 운동을 하고 있는 친구는 누구죠?

3. 선희는 무엇을 하고 있나요?

4. 수영을 하고 있는 친구는 누구죠?

5. 슬기는 무엇을 하고 있나요?

6. 훌라후프를 하는 친구는 누구죠?

나. 보거나 듣고 판단하기

1) 잘 읽고 판단해 보세요 ★★★

아래의 글을 잘 읽고 질문에 맞게 답해 보세요.

오늘은 5월 5일 어린이날이에요! 서울동물원에 사람들이 아주 많아요. 민수는 들어오자마자 솜사탕을 사서 기뻐하고 있어요. 성주는 아빠를 졸라 풍선을 샀지만, 금세 놓쳐서 울고 있네요. 은지는 코끼리를 보며 신기해하고 있어요. 원숭이 우리 앞에서는 동일이가 원숭이들을 따라 하고 있어요. 종혁이는 동생 손을 꼭 잡고 이리저리 동물원 구경을 하고 있네요.

질문 1. 성주는 지금 무엇을 하고 있나요?

질문 2. 원숭이를 따라 하는 친구의 이름은 무엇일까요?

질문 3. 먹을 것을 산 친구의 이름은 무엇일까요?

2) 잘 읽고 판단해 보세요 ★★★

아래의 글을 잘 읽고 문제에 맞는 답을 찾아보세요.

하나마트에는 오늘도 사람이 아주 많아요. 태연이는 사과를 고르고 있고, 유라는 볶음밥에 들어갈 당근과 감자를 고르고 있어요. 준서는 어떤 과일과 채소가 싱싱한지 보고 있어요. 형준이는 같이 온 누나를 기다리고 있고, 수지는 엄마와 함께 카트를 밀며 구경하고 있어요.

질문 1. 형준이는 지금 무엇을 하고 있나요?

질문 2. 볶음밥에 들어갈 채소를 고르고 있는 친구의 이름은 무엇인가요?

질문 3. 태연이는 무엇을 하고 있을까요?

3) 잘 읽고 판단해 보세요 ★★☆

아래의 글을 잘 읽고 문제에 맞는 답을 찾아보세요.

오늘은 국립현대미술관으로 체험학습을 갔어요. 조용한 미술관 안에서 성민이가 떠들다가 선생님께 혼나고 있어요. 그 모습을 본 연재는 깜짝 놀라서 음료수를 떨어뜨렸어요. 민주는 계속해서 사진을 찍고 있어요. 태환이는 미술작품들을 보며 열심히 필기를 하고 있어요. 연아는 미술작품에 관심이 별로 없는지 바닥만 뚫어져라 쳐다보네요.

질문 1. 연아는 지금 무엇을 하고 있나요?

질문 2. 미술작품을 보며 열심히 필기를 하는 친구는 누구인가요?

질문 3. 친구가 혼나는 것을 보고 깜짝 놀라 음료수를 떨어뜨린 친구의 이름은 무엇인가요?

4) 잘 읽고 판단해 보세요 ★★★

아래의 글을 잘 읽고 문제에 맞는 답을 찾아보세요.

오늘은 석사초등학교 가을 운동회날입니다. 운동장 곳곳에서 아이들과 선생님, 부모님들이 바쁘게 움직이고 있어요. 박경민 교장 선생님께서 천막 아래에서 마이크를 들고 아이들을 보고 계세요. 김원준 선생님은 줄다리기 심판을 보다가 화가 났어요. 고재일 선생님은 100미터 달리기 출발 신호를 주고 있어요. 노민준 선생님은 아이들과 백팀 응원을 하고 있어요. 김소연 선생님은 운동장에 선을 그리고 있어요.

질문 1. 오늘 가을 운동회가 있는 초등학교의 이름은?

질문 2. 김원준 선생님은 무엇을 하고 있나요?

질문 3. 달리기 시합 출발 신호를 주고 있는 선생님의 이름은?

5) 잘 읽고 판단해 보세요 ★★★

아래의 글을 잘 읽고 문제에 맞는 답을 찾아보세요.

오늘은 나영이 생일이에요. 친구들이 생일 선물을 들고 나영이네 집으로 찾아왔어요. 소은이는 곰인형을, 은정이는 예쁜 공주 인형을 선물로 가지고 왔어요. 영민이는 깜빡 잊고 선물을 가지고 오지 않아서, 급하게 집으로 다시 돌아가려고 해요. 일찍부터 와 있던 지수는 케이크를 한 입 먹으려고 하고 있어요.

질문 1. 공주 인형을 가지고 온 친구의 이름은?

질문 2. 선물을 놓고 온 친구의 이름은?

질문 3. 지수는 지금 무엇을 하고 있나요?

6) 잘 읽고 판단해 보세요 ★★★

아래 칸 안의 내용을 잘 살펴보고, 질문에 알맞은 답을 찾아보세요.

1. 3명의 친구 중에 누가 가장 빠를까요?

지수는 민준이보다 더 빨리 달립니다.

태영이는 지수보다 약간 느리게 달립니다.

민준이는 태영이보다 더 빨리 달립니다.

2. 3명의 친구 중에 누가 몸무게가 가장 많이 나갈까요?

용진이는 혜정이보다 몸무게가 5kg이 더 나갑니다.

혜정이는 미진이와 몸무게가 비슷합니다.

미진이는 용진이보다 몸무게가 덜 나갑니다.

3. 3명의 친구 중에 누가 가장 늦게 일어났고, 몇 시에 일어났나요?

오늘 아침 세진이는 6시에 일어났습니다.

효진이는 세진이보다 30분 늦게 일어났습니다.

기수는 효진이보다 30분 일찍 일어났습니다.

7) 잘 읽고 판단해 보세요 ★★★

선생님이 들려주시는 이야기를 잘 들어 보세요. 그리고 각 표정에 어울리는 아이들의 이름을 표정 아래에 적어 보세요.

땡땡땡! 점심시간이네요. 1반에 가 보니, 미주는 좋아하는 소시지볶음이 반찬으로 나와서 즐거워하고 있네요. 현정이는 싫어하는 시금치나물이 나와서 곤란한 표정을 짓고 있어요. 옆 반에서는 영미의 깜짝 생일파티가 있었나 봐요. 영미는 매우 기뻐하며 촛불을 껐어요. 함께 케이크를 나누어 먹고 있는데, 상은이가 지나가다가 지현이를 실수로 쳤지 뭐예요! 지현이가 먹고 있던 케이크가 바닥에 떨어져, 지현이는 매우 화가 났어요. 상은이는 너무 놀라 자기도 모르게 울음이 나왔어요. 지현이는 여전히 화가 났지만, 영미는 상은이를 위로해 주었답니다.

(　　　　)

(　　　　)

(　　　　)

(　　　　)

(　　　　)

8) 잘 읽고 판단해 보세요 ★★★

아래 칸 안의 내용을 잘 살펴보고, 질문에 알맞은 답을 찾아보세요.

1. 4명의 친구 중에 누가 가장 키가 클까요? 그리고 몇 cm일까요?

> 수진이의 키는 150cm입니다.
>
> 미현이는 상은이와 키가 똑같습니다.
>
> 상은이는 수진이보다 10cm 더 큽니다.
>
> 지혜는 미현이보다 15cm 더 큽니다.

2. 4명의 초등학생들을 나이가 많은 순서대로 말해 보세요.

> 예원이는 민정이보다 1살이 적습니다.
>
> 미진이는 민정이보다 어립니다.
>
> 윤정이는 미진이보다 나이가 3살 많습니다.
>
> 민정이는 윤정이와 나이가 같습니다.

3. 4명의 친구들이 학교에 일찍 도착한 순서대로 말해 보세요.

> 제원이는 문구사에서 들렀다가 8시 반에 학교에 도착했습니다.
>
> 솔이는 제원이와 함께 학교에 왔습니다.
>
> 지현이는 솔이보다 학교에 조금 늦게 도착했습니다.
>
> 미주는 제원이보다 30분 일찍 도착해서 문구사에 다녀왔습니다.

1) 잘 보고 판단해 보세요 ★☆☆

놀이터에서 친구들이 즐겁게 놀고 있습니다. 친구들의 모습을 잘 기억해 보세요. 어디에서 누가 무엇을 하고 있나를 보면서 기억하면 됩니다. 이제, 위의 그림을 가린 상태에서 아래의 질문에 답해 보세요.

어두워지자 하나, 둘 친구들이 집으로 돌아갔네요.
누가 집에 갔을까요? 분명 첫 번째 그림엔 있었는데, 두 번째 그림에는 없는 친구는 누구일까요?

1) 잘 듣고 판단해 보세요 ★★★

오늘은 부모님과 함께 뷔페식당에 갔습니다. 엄마, 아빠가 원하시는 음식을 직접 담아 드리기로 했어요. 엄마, 아빠가 말씀하시는 것을 잘 듣고, 무엇을 갖다 드려야 하는지 각각 적어 보세요. (교사용 지침: 아동이 '듣고' 문제를 해결할 수 있도록, 점선 윗부분은 가린 상태에서 읽어 주세요.)

다양한 음식이 있구나. 일단 참치김밥 조금 담아 주고, 김치김밥은 빼 주면 좋겠어. 잡채도 담고, 갈비찜도 조금 담고, 그렇지만 탕수육은 빼 줘. 목이 마를 수도 있으니 콜라 한 잔도 부탁해~.

맛있는 요리들이 많네! 김치 듬뿍 담고, 우선 오리고기부터 담아 줘. 갈비찜을 먹을까, 말까? 갈비찜 대신 도토리묵을 담아 주렴. 튀김들도 먹고 싶지만 오늘은 먹지 말아야겠다. 마지막으로 잡채도 담아 주고, 시원한 물 한 컵도 부탁해요.

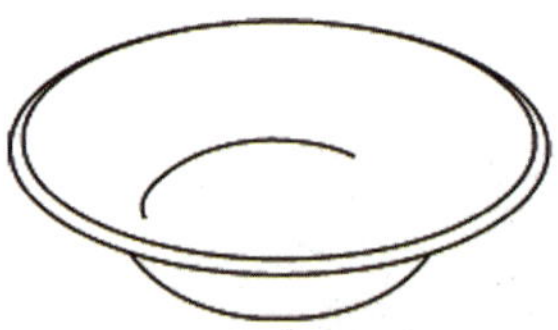

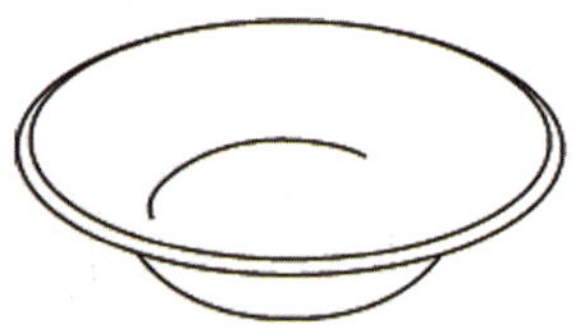

1) 잘 생각해서 답을 찾아보세요 ★☆☆

1

몇 개의 리본이 놓여 있어요. 각각의 리본에 적혀 있는 숫자들을 모두 더해서 **10**이 나오는 리본은 어떤 것인지 찾아보세요. 단, 숫자를 적어 가며 계산하지 말고 암산을 이용하여 계산하세요.

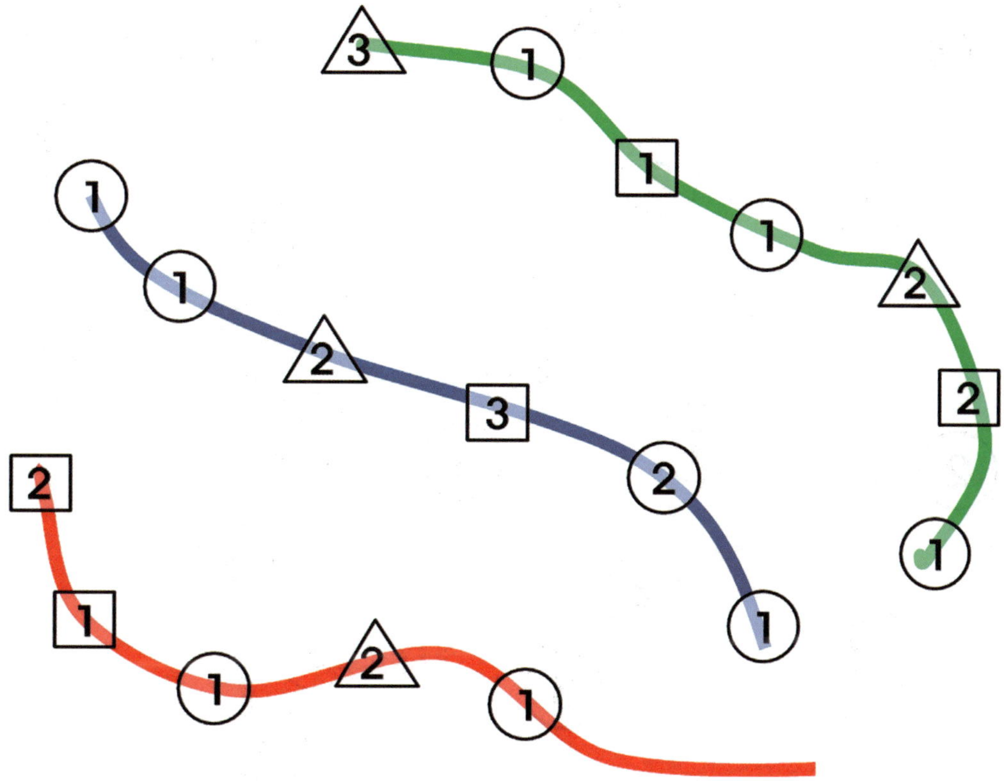

2) 잘 생각해서 답을 찾아보세요 ★★★

몇 개의 리본이 서로 엉켜 있어요. 각각의 리본에 적혀 있는 숫자들을 모두 더해서 **19**가 나오는 리본은 어떤 것인지 찾아보세요. 단, 숫자를 적어 가며 계산하지 말고 암산을 이용하여 계산하세요.

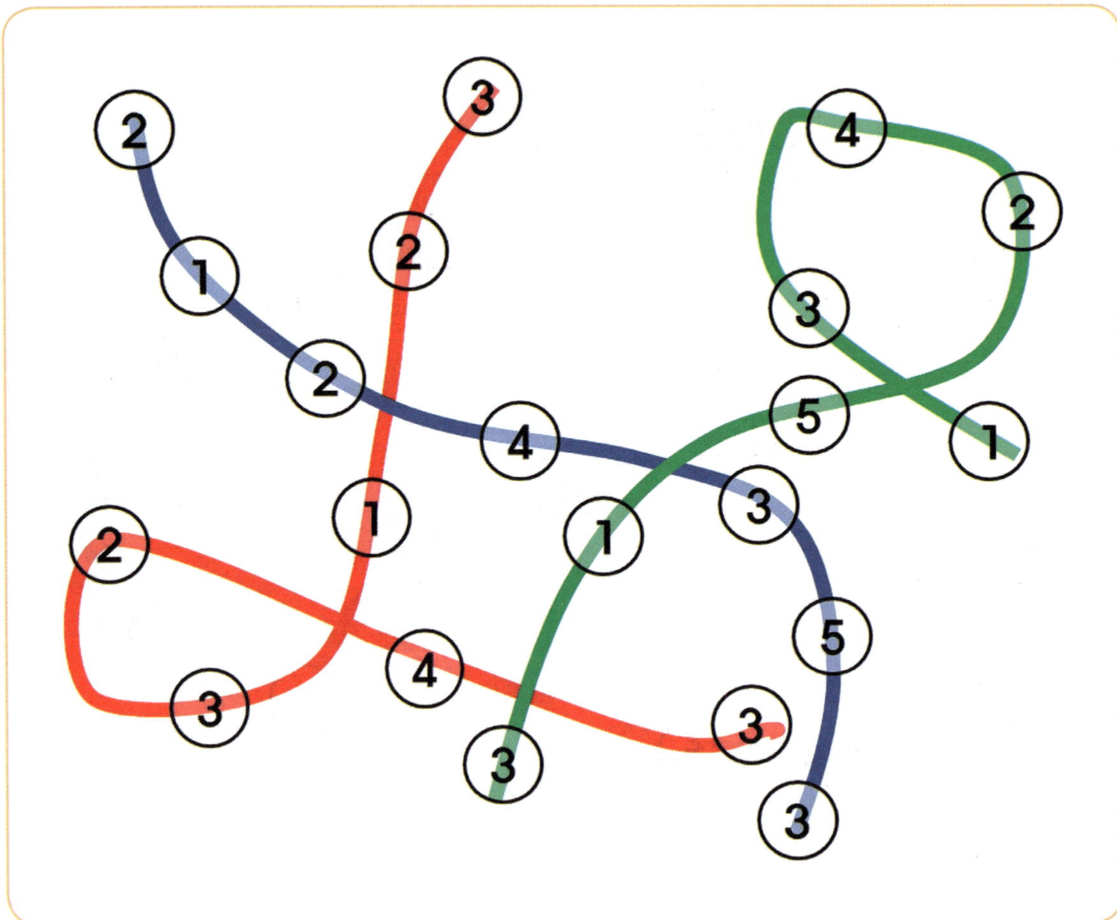

3) 잘 생각해서 답을 찾아보세요 ★★★

1

몇 개의 리본이 서로 엉켜 있어요. 각각의 리본에 적혀 있는 숫자들을 모두 더해서 **40**이 나오는 리본은 어떤 것인지 찾아보세요. 단, 숫자를 적어 가며 계산하지 말고 암산을 이용하여 계산하세요.

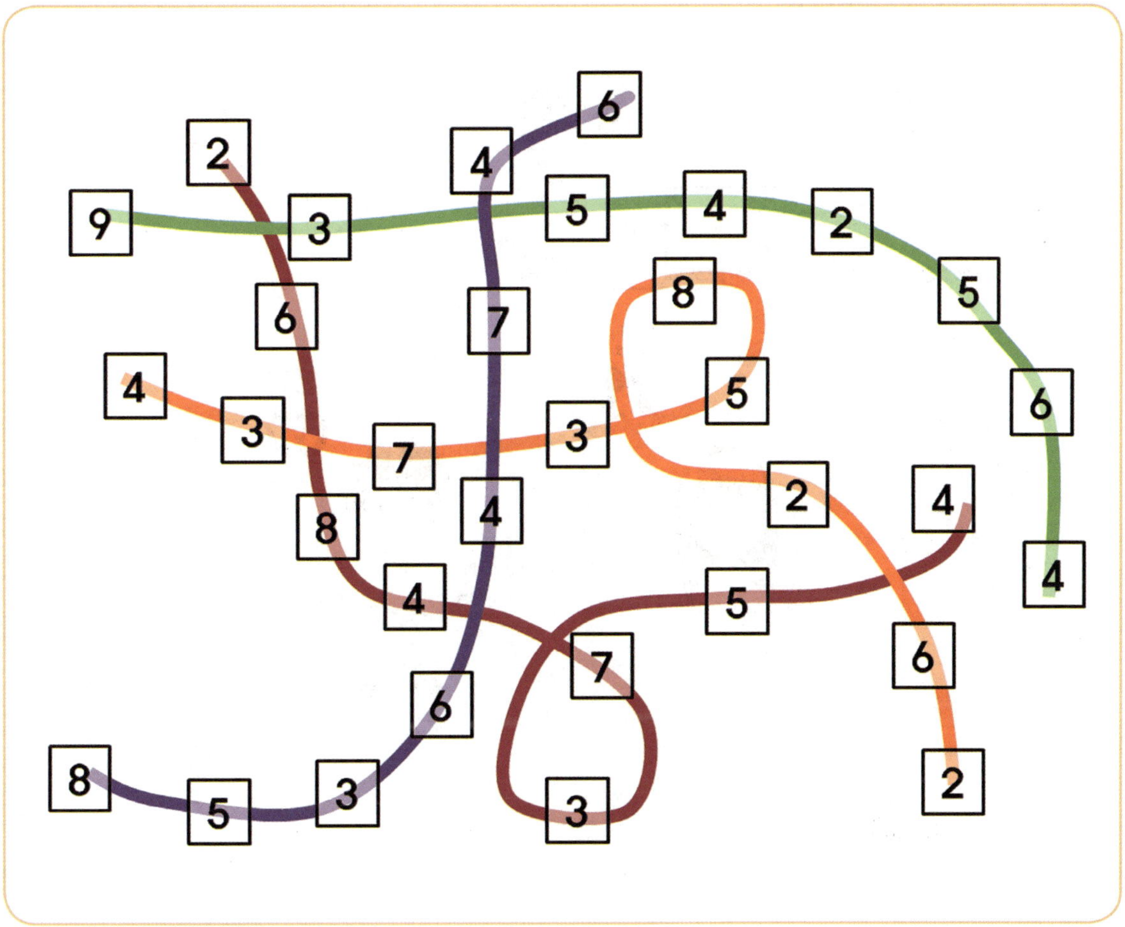

다. 순서나 위치 외우기

1) 어디에 있을까요? ★☆☆

어린이날, 우리 반 친구들 모두 동물원으로 소풍을 갔습니다.

1. 동물원에는 어떤 종류의 동물들이 지내고 있나요?
   하나씩 짚어 가며 동물의 이름을 크게 말해 봅니다.

2. 오늘 하루 어떤 동물을, 어디서 보았는지 기억해 보세요.
   다 외웠으면, 다음 장으로 넘겨 보세요.

(앞 장과 연결해서)

3. 앞 장에서 보았던 동물원의 풍경입니다.
   기억을 잘 더듬어 본 후, 문제에 알맞은 정답을 적어 볼까요?

   1) 우리가 소풍을 다녀온 동물원의 이름? ➡ Ⓐ ☐☐ 동물원

   2) 빈칸에 들어갈 단어와 동물 이름을 알아맞혀 볼까요?

   Ⓑ　　　　　Ⓒ　　　　　Ⓓ　　　　　Ⓔ

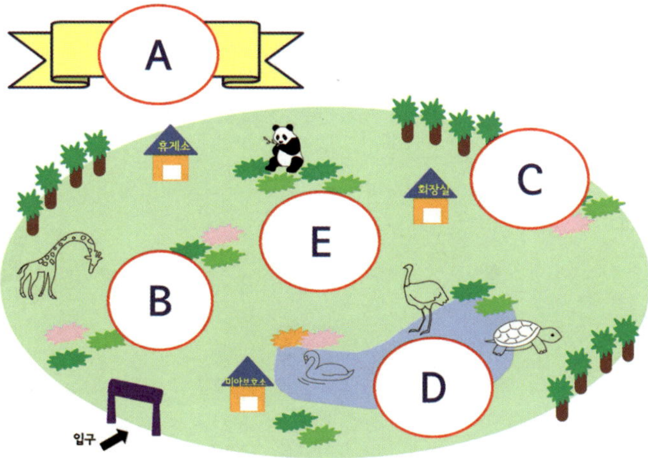

◉ 동물원에 다녀온 것을 일기로 쓰려고 합니다. 오늘의 일기를 써 보세요.

2) 어디에 있을까요? ★★★

설명에 맞는 그림을 찾아 연결하세요.

1. 초록색 사과 뒤에 있는 노란색 바나나 ●

● 

2. 빨간색 사과 뒤에 있는 초록색 사과 ●

● 

3. 초록색 바나나 앞에 있는 빨간색 사과 ●

● 

4. 빨간색 사과 앞에 있는 초록색 바나나 ●

● 

3) 어디에 있을까요? ★★★

설명에 알맞는 그림을 찾아 알맞은 번호를 적어 보세요.

빨간색 원
앞에 있는
파란색 사각형

[ ]

파란색 삼각형
뒤에 있는
초록색 원

[ ]

1

2

초록색 사각형
뒤에 있는
빨간색 삼각형

[ ]

빨간색 사각형
앞에 있는
파란색 화살표

[ ]

3

4

빨간색 화살표
앞에 있는
파란색 원

[ ]

초록색 원
뒤에 있는
빨간색 원

[ ]

5

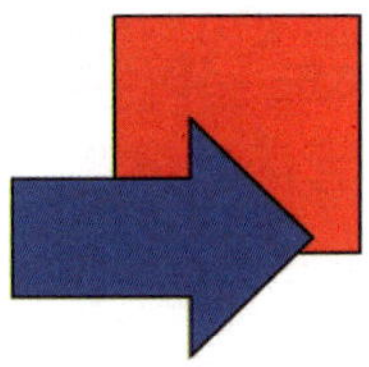

6

초록색 삼각형
앞에 있는
빨간색 화살표

[ ]

파란색 화살표
뒤에 있는
빨간색 원

[ ]

7

8

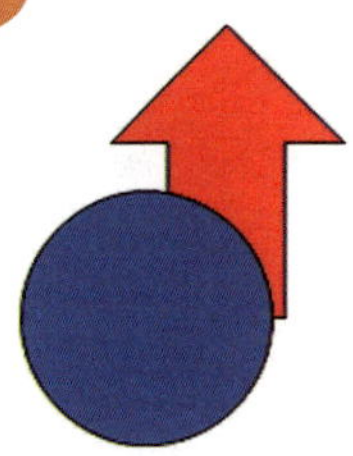

4) 어디에 있을까요? ★★★

비상시를 대비해서, 우리 집 창고에는 다양한 저장음식들이 있습니다.

1. 우리 집 창고에 어떤 음식들이 있는지 '음식 이름', '위치'를 기억하세요.
2. 위의 그림을 가린 상태에서, 점선 아래의 빈칸을 채워 보세요.

창고

<table>
<tr><td colspan="2">참치캔</td><td colspan="2">통조림</td><td>씨리얼</td></tr>
<tr><td colspan="2">라면</td><td colspan="2">스파게티면</td><td>과자</td></tr>
<tr><td>컵라면</td><td colspan="2">쌀</td><td>잼</td><td>음료수</td></tr>
</table>

〈접는 선〉

창고

<table>
<tr><td colspan="2">?</td><td colspan="2">?</td><td>?</td></tr>
<tr><td colspan="2">라면</td><td colspan="2">스파게티면</td><td>과자</td></tr>
<tr><td>?</td><td colspan="2">?</td><td>잼</td><td>?</td></tr>
</table>

5) 어디에 있을까요? ★★★

설명에 알맞은 그림을 찾아 번호를 적어 보세요. (※ 수학퀴즈 225~226쪽의 '입체도형' 부분을 참고하세요)

원기둥 뒤에 있는 구 [ ]

삼각기둥 앞에 있는 원기둥 [ ]

구 앞에 있는 삼각기둥 [ ]

원뿔 뒤에 있는 원기둥 [ ]

삼각뿔 앞에 있는 삼각기둥 [ ]

원뿔 앞에 있는 삼각뿔 [ ]

정육면제 뒤에 있는 육각기둥 [ ]

육각기둥 뒤에 있는 구 [ ]

1

2

3

4

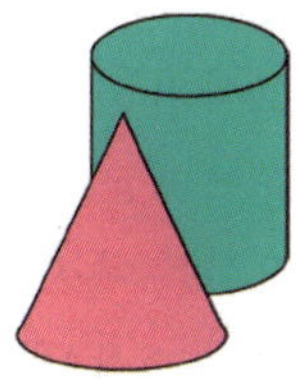

5

6

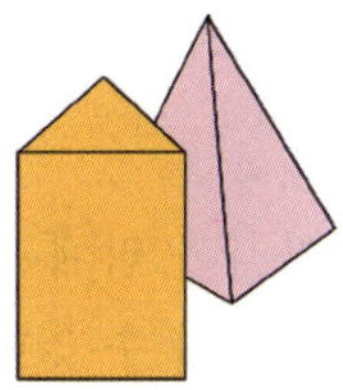

7

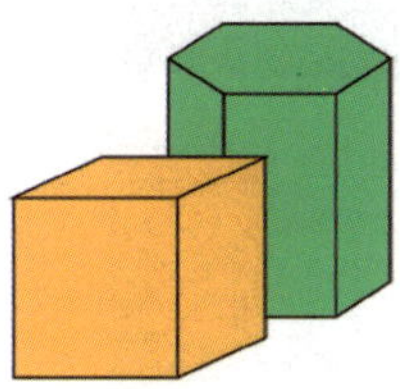

8

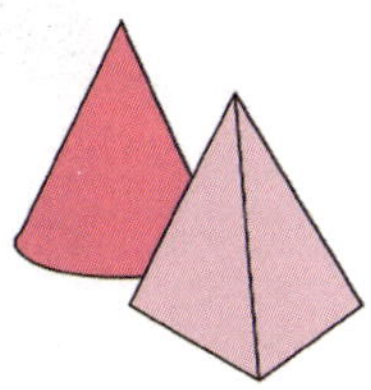

라. 통합 활동지

1) 나의 위치를 찾아 주세요

♠ 활동 1

1) 교사가 숫자(글자, 사물)를 불러 주면, 아동은 다 듣고 난 후, 교사가 불러 준 순서대로 각 항목을 손으로 집는다.
2) 교사는 불러 주는 항목의 개수를 2, 3, 4, 5, 6…으로 확장할 수 있다.
3) 순서는 똑바로 또는 거꾸로 따라 하기로 변형할 수 있다.
4) 아동이 한꺼번에 외우는 것을 어려워한다면, 한 번 듣고 한 번 따라 하기로 난이도 조절을 할 수 있다.

♠ 활동 2

1) 교사가 숫자(글자, 사물)를 손으로 가리킨 것을 아동이 다 본 후, 교사가 손으로 가리킨 순서대로 따라서 가리킨다.
2) 교사는 손으로 가리키는 항목의 개수를 2, 3, 4, 5, 6…으로 확장할 수 있다.
3) 순서는 똑바로 또는 거꾸로 따라 하기로 변형할 수 있다.

♠ 활동 3

1) 자극판을 모두 가린 후, 교사가 들려주는 모든 항목을 다 듣고 난 후 가림판을 떼고 아동은 순서대로 찾는다.

♠ 활동 4

1) 자극판 위에 구멍이 뚫린 덮개를 올린다. 이때 구멍의 개수는 아동의 수준에 맞게 교사가 조절할 수 있다.
2) 뚫린 구멍 사이로 보이는 자극의 위치와 내용을 아동이 암기한다.
3) 덮개를 제거한 후, 자극판을 보면서 2)에서 제시한 모든 자극을 아동이 손으로 가리킨다.

[활동 2]

[활동 4]

[활동지] 나의 위치를 찾아 주세요(♠ 활동 1, 2, 3)

1	4
2	5
3	6

숫자 6칸-정렬

6	3
4	2
1	5

숫자 6칸-랜덤

1	2	3
4	5	6
7	8	9

숫자 9칸-정렬

7	2	4
1	3	5
8	6	9

숫자 9칸-랜덤

12	11	10
9	8	7
6	5	4
3	2	1

숫자 12칸-정렬

10	4	2
3	8	7
5	1	12
9	11	6

숫자 12칸-랜덤

1	2	3	4
8	7	6	5
9	10	11	12
16	15	14	13

숫자 16칸-정렬

1	9	5	14
8	10	4	7
16	3	11	12
2	13	6	15

숫자 16칸-랜덤

가	라
나	마
다	바

글자 6칸-정렬

다	바
나	마
라	가

글자 6칸-랜덤

글자 9칸-정렬

가	나	다
라	마	바
사	아	자

글자 9칸-랜덤

라	다	바
사	가	마
나	자	아

거	너	더
러	머	버
서	어	저
처	커	터

글자 12칸-정렬

서	너	머
터	거	처
더	커	버
어	러	저

글자 12칸-랜덤

다음 글자목록을 빈칸에 넣어서 활용하세요.
(1) 갸 냐 댜 랴 먀 뱌 샤 야 쟈 챠 캬 탸 퍄 햐 겨 녀
(2) 댜 뷰 코 미 허 셔 조 규 너 야 르 투 켜 퍼 챠 도
(3) 당 몽 킁 슝 용 궁 닝 렁 봉 장 칭 형 통 븡 퐁 샹
(4) 찬 찰 참 창 챱 찻 착 찰 창 찻 챱 찬 참 착 찻 찬
(5) 감 녹 둘 립 믄 벙 삭 엇 졸 춘 킁 팀 팝 헉 굿 닌

가	아	너	마
파	나	타	사
다	자	라	바
하	차	거	카

글자 16칸-랜덤

눈사람	책
종이	의자
축구공	연필

사물 6칸

주걱	줄넘기	컴퓨터
책상	자동차	소화기
알약	박물관	물감

사물 9칸

스웨터	그릇	장갑
지도	양말	선풍기
양파	바나나	고구마
바늘	신발	쌀

사물 12칸

단추	가방	과일	친구
과자	사과	각도기	자전거
시계	지우개	접시	편지
우유	선생님	손톱	물감

사물 16칸

빈칸! 이렇게 활용하세요! 빈칸을 복사하여 숫자, 글자, 사물, 색깔이름 등을 추가적으로 넣어서 활용할 수 있습니다.

6칸

9칸

16칸

12칸

[활동지] 나의 위치를 찾아 주세요(♠ 활동 4)

※ 덮개 (복사하여 구멍의 개수와 위치를 조절하여 사용하세요.)

색깔 9칸-랜덤

색깔 9칸-정렬

빨강	주황	노랑
초록	파랑	보라
분홍	하양	검정

색깔 단어 9칸–정렬

보라	초록	분홍
노랑	빨강	검정
하양	주황	파랑

색깔 단어 9칸–랜덤

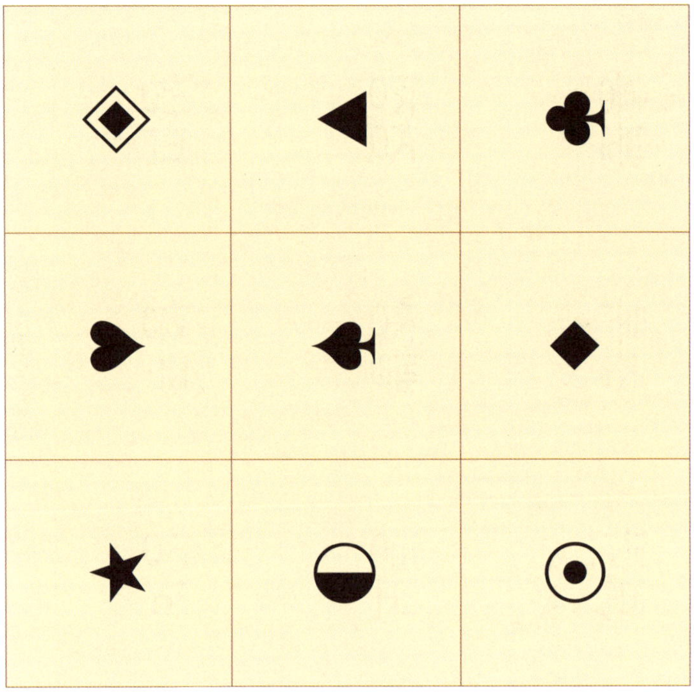

기호 9칸-랜덤

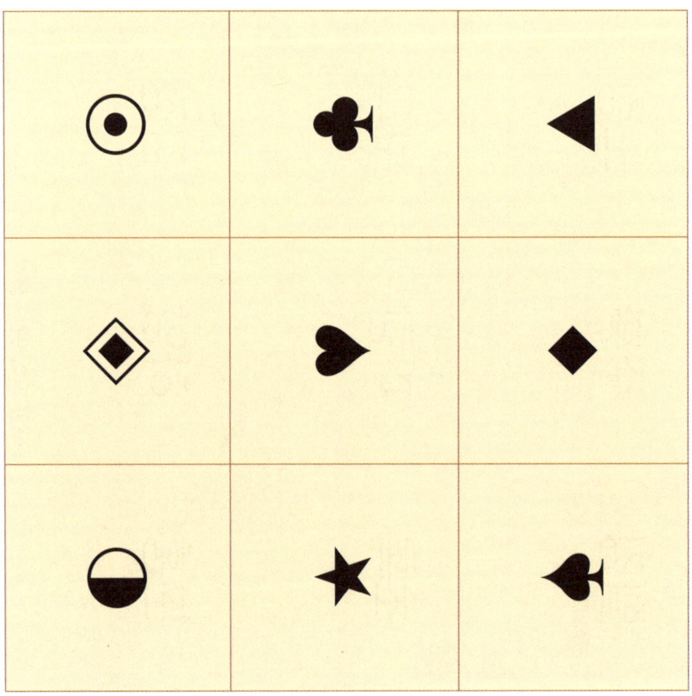

기호 9칸-정렬

색깔 16칸-랜덤

색깔 16칸-정렬

빨강	주황	노랑	초록
파랑	보라	분홍	하양
빨강	주황	노랑	초록
파랑	보라	분홍	하양

색깔 단어 16칸–정렬

노랑	빨강	보라	파랑
하양	분홍	초록	주황
파랑	초록	보라	노랑
주황	하양	빨강	분홍

색깔 단어 16칸–랜덤

기호 16칸-랜덤

기호 16칸-정렬

1) 거꾸로 따라 말해요

1) 자극판에 주어진 단어들을 치료사가 무작위로 하나를 골라 아동에게 불러 준다.
아동은 그 단어를 잘 듣고, 거꾸로 따라서 말한다.

2) 주어진 자극판을 모두 잘라서 코팅한다.
코팅한 단어카드를 한 장씩 3~5초간만 제시한 후 카드를 가린다.
아동은 재빨리 그 단어를 잘 기억하여 거꾸로 말한다.

3글자 단어	색종이	머리띠
소화기	휴대폰	웃어른
컴퓨터	동영상	서울시
맞춤법	콘센트	박물관
투표환	복사기	문방구
운동장	백두산	동물원
에어컨	한라산	제주도

무지개	백록담	강원도
책꽂이	소방관	코끼리
신발장	경찰관	전라도
표지판	쌍둥이	충청도
지우개	컴퓨터	경기도
선생님	미용실	콧노래
메밀차	살충제	할머니

4글자 단어	마그네슘	텔레비전
사물놀이	카멜레온	대한민국
맨손체조	섭씨온도	다듬잇돌
빨리빨리	전국지도	응급처치
훈민정음	김치찌개	우당탕탕
고종황제	생일선물	사자성어
두뇌회전	국어사전	스케이트

지푸라기	산봉우리	완전정복
첨부파일	고진감래	준비기간
스케치북	프로포즈	코끼리코
메모용지	바디로션	위조지폐
세종대왕	현장학습	미로찾기
환경정리	체험학습	지하차도
육상교통	전력차단	절약정신

5글자 단어	고맙습니다	은혜를갚다
동계올림픽	새끼발가락	양면테이프
컬러프린트	섭씨온도계	자동응답기
나무젓가락	크리스마스	아이스크림
관계대명사	할로윈데이	삼인칭소설
다국적기업	트라이앵글	로마교황청
우르르쾅쾅	아이스링크	자색고구마

자유이용권	에헤라디야	식기세척기
강강수월래	미키마우스	해바라기꽃
공중화장실	용돈기입장	지구살리기
장난꾸러기	스승의은혜	캐스터네츠
굿거리장단	환경호르몬	도서검색대
국회의사당	개교기념일	크리스마스
지하철환승	정월대보름	퍼즐맞추기

6글자 단어	화이트드레스	생활물가지수
리모트컨트롤	다람쥐쳇바퀴	컴퓨터모니터
버스전용차로	아질산나트륨	에스컬레이터
과산화나트륨	로스앤젤레스	프레젠테이션
대한민국국토	드로잉페이퍼	플라시보효과
높은음자리표	데이터베이스	유엔사무총장
등각사다리꼴	텔레비전시청	샌프란시스코

롤러스케이트	문화제국주의	단발머리소녀
학교폭력예방	문제해결방식	할리우드액션
맹모삼천지교	버스전용차로	커뮤니케이션
체크무늬남방	세계문화유산	이산가족상봉
연구결과발표	서울중앙지검	어버이날선물
버금딸림화음	스카이다이빙	믿음사랑소망
샐러드드레싱	화제연구결과	독도는우리땅

7글자 단어	선진개발도상국	이비인후과병원
쓰레기분리수거	방송심의위원회	미성년자보호법
나이아가라폭포	한국과학기술원	남북적십자회담
컴퓨터바이러스	반제국주의운동	메리크리스마스
금강산도식후경	오늘은가정의달	디지털텔레비전
겨울방학계획표	서울시립도서관	학교종이땡땡땡
에너지소비효율	빨주노초파남보	등잔밑이어둡다

1) 나의 짝을 찾아 주세요

1) 주어진 활동지를 두 장씩 복사하고 모두 잘라서 코팅하여 카드를 만든다(기호 2개=1쌍).

2) 모든 카드를 기호(그림)가 보이지 않게 뒤집어 놓는데, 이때 줄을 맞춰 제시한다.

3) 치료사와 아동이 번갈아 가면서 카드 2장씩 뒤집는다. 똑같은 기호(그림)가 그려진 카드 2장을 뒤집었을 경우, 그 카드를 얻게 된다. 그리고 한 번의 기회가 더 주어진다.

4) 제시한 모든 카드를 찾으면 게임이 끝나는데, 카드를 많이 가진 사람이 이긴다.

[활동지] 나의 짝을 찾아 주세요

⌘	B	K
₩	€	₪
₡	₣	₤
※	π	ω

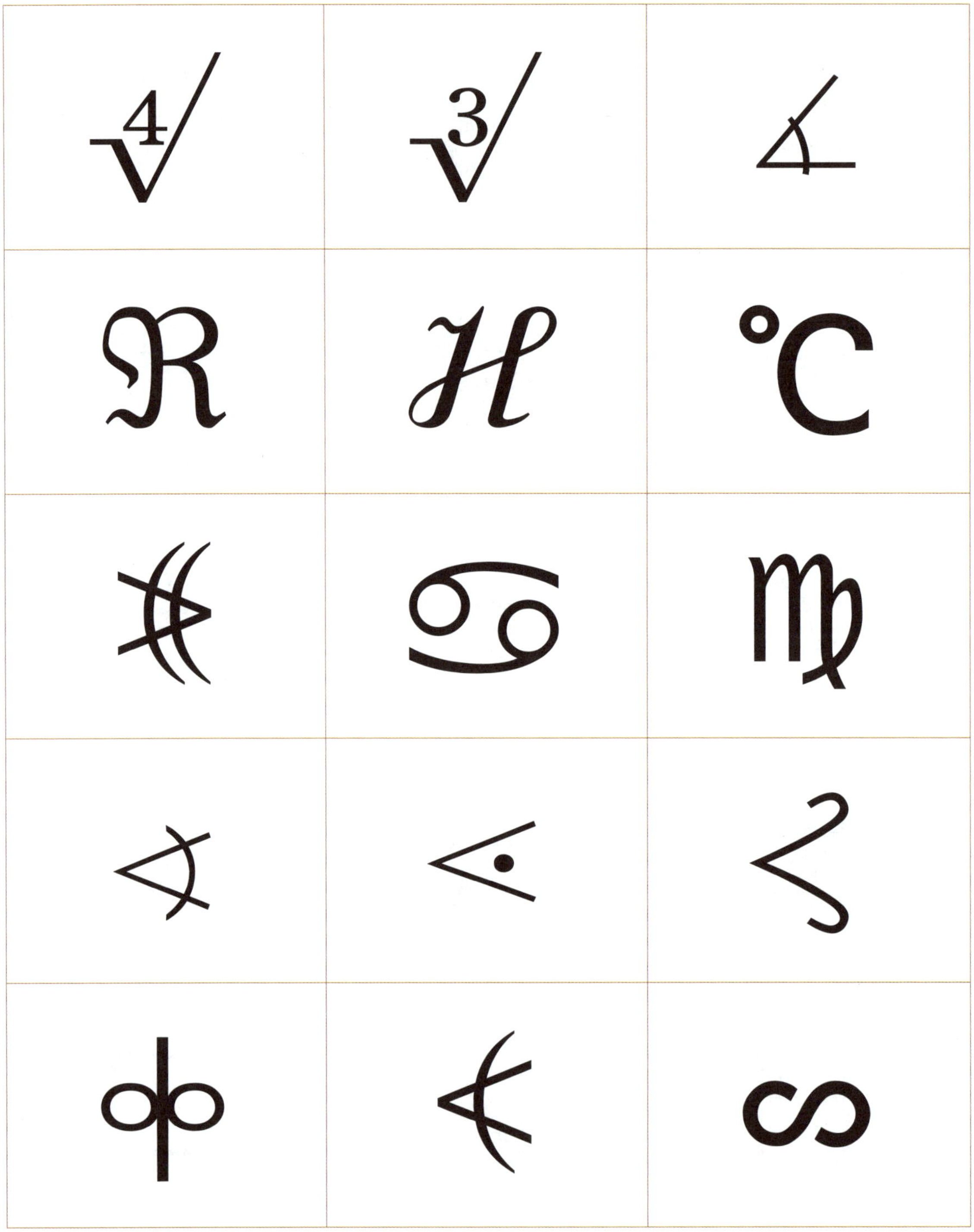

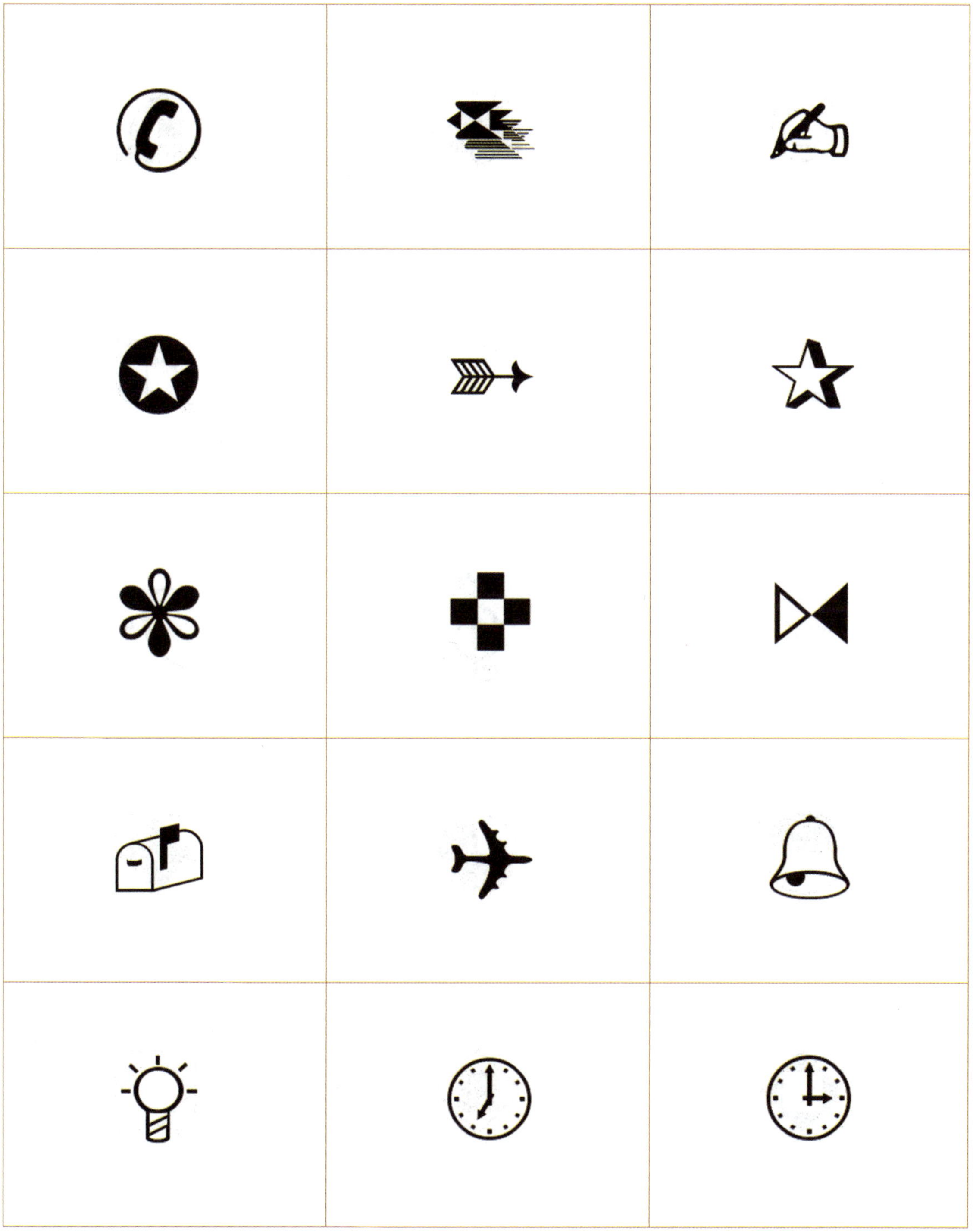

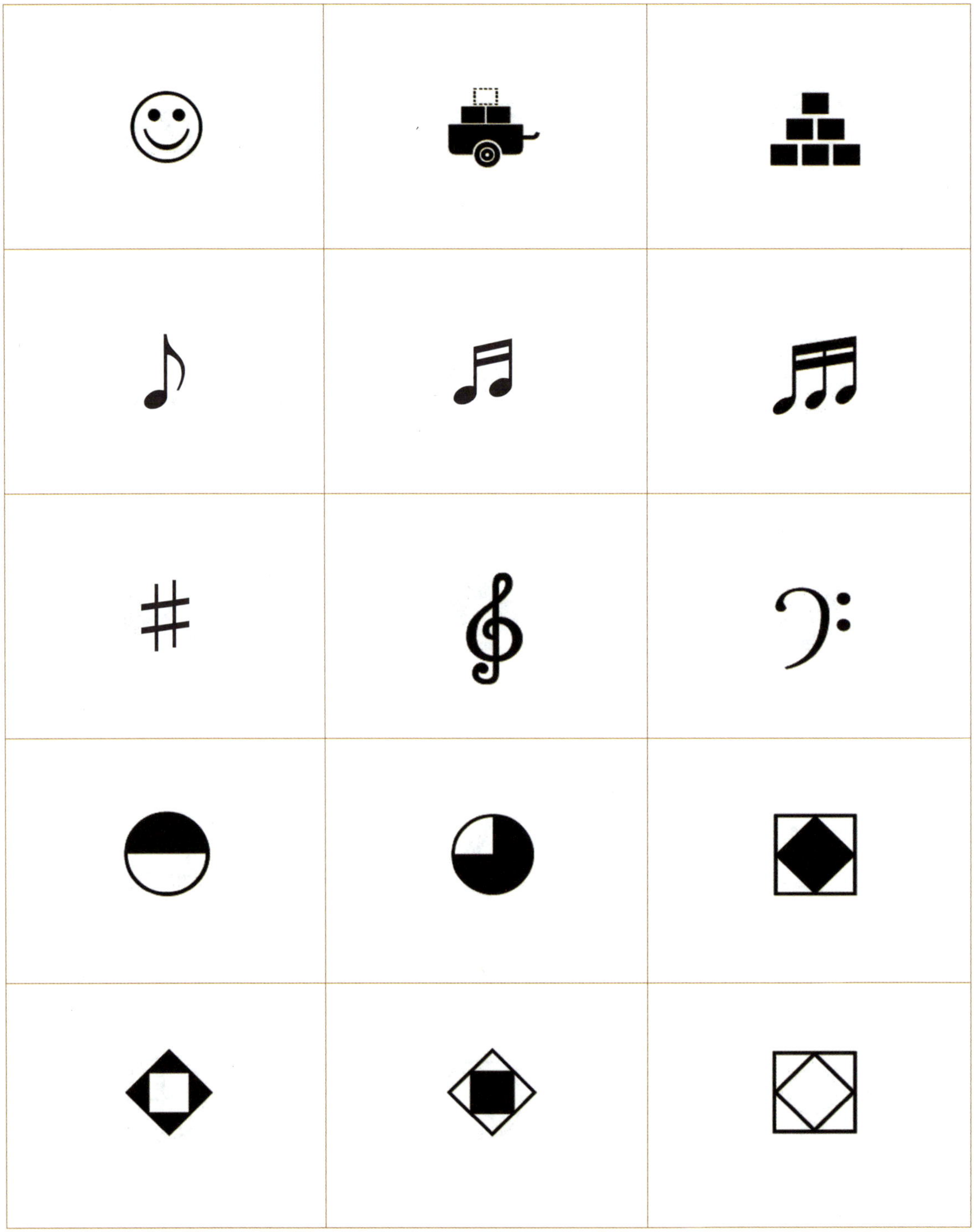

1

♥	♤	♠
♣	♧	▦
cm	mm	km
kg	L	mℓ
⅛	½	¾

2. 따라 말하기

2

〈지도방법〉

- 숫자, 글자, 무의미 단어를 바로/거꾸로 따라 외웁니다.
- 단어목록을 순서대로 외우되, 점차 단어의 개수를 늘려 나갑니다.
- 단어목록 중 빠진 것을 찾습니다.
- 긴 문장을 똑같이 따라 외웁니다.
- 시, 속담, 격언, 노래, 리듬을 암송합니다.
- 다양한 자극(단어, 숫자, 사물이 그려진 사진)을 활용한 기억게임을 합니다.
- 치료사(교사)가 첫 글자를 말하면, 그 글자로 시작되는 단어를 정해진 시간 안에 최대한 많이 말합니다.
- 치료사(교사)가 불러 주는 숫자, 글자, 모양, 색깔을 순서대로 혹은 순서에 상관없이 잘 듣고 찾아 표시합니다.
- 치료사(교사)가 불러 주는 문장(격언이나 속담도 가능) 속에서 빠진 글자나 단어를 찾습니다.
- 숫자, 글자, 모양을 보고 기억합니다.

가. 듣고 외우기

1) 모두 찾아 주세요 ★☆☆

선생님이 불러 주는 숫자를 끝까지 다 듣고, 순서에 상관없이 모두 찾아 동그라미 하세요. 경우에 따라 세모나 네모와 같은 다른 모양으로 표시할 수도 있습니다. (네모 안의 숫자는 선생님만 볼 수 있게 가린 상태에서 아동에게 불러 주세요.)

2개: 7, 0	3개: 9, 5, 1	4개: 3, 6, 4, 2	5개: 1, 7, 8, 0, 6

2

4 9

0

3 1

8

6

5

7

2) 모두 찾아 주세요 ★☆☆

선생님이 불러 주는 글자를 끝까지 다 듣고, 순서에 상관없이 모두 찾아 동그라미 하세요. 경우에 따라 세모나 네모와 같은 다른 모양으로 표시할 수도 있습니다. (네모 안의 글자는 선생님만 볼 수 있게 가린 상태에서 아동에게 불러 주세요.)

2개: 마, 사	3개: 나, 바, 라	4개: 다, 나, 마, 가	5개: 바, 라, 사, 마, 다

다

마

라

나

가

바

사

2

3) 모두 찾아 주세요 ★☆☆

선생님이 불러 주는 색깔을 끝까지 다 듣고, 순서에 상관없이 모두 찾아 동그라미 하세요. 경우에 따라 세모나 네모와 같은 다른 모양으로 표시할 수도 있습니다. (네모 안의 색깔은 선생님만 볼 수 있게 가린 상태에서 아동에게 불러 주세요.)

2개: 파랑, 노랑	3개: 주황, 초록, 검정	4개: 빨강, 보라, 남색, 노랑	5개: 파랑, 검정, 주황, 초록, 보라

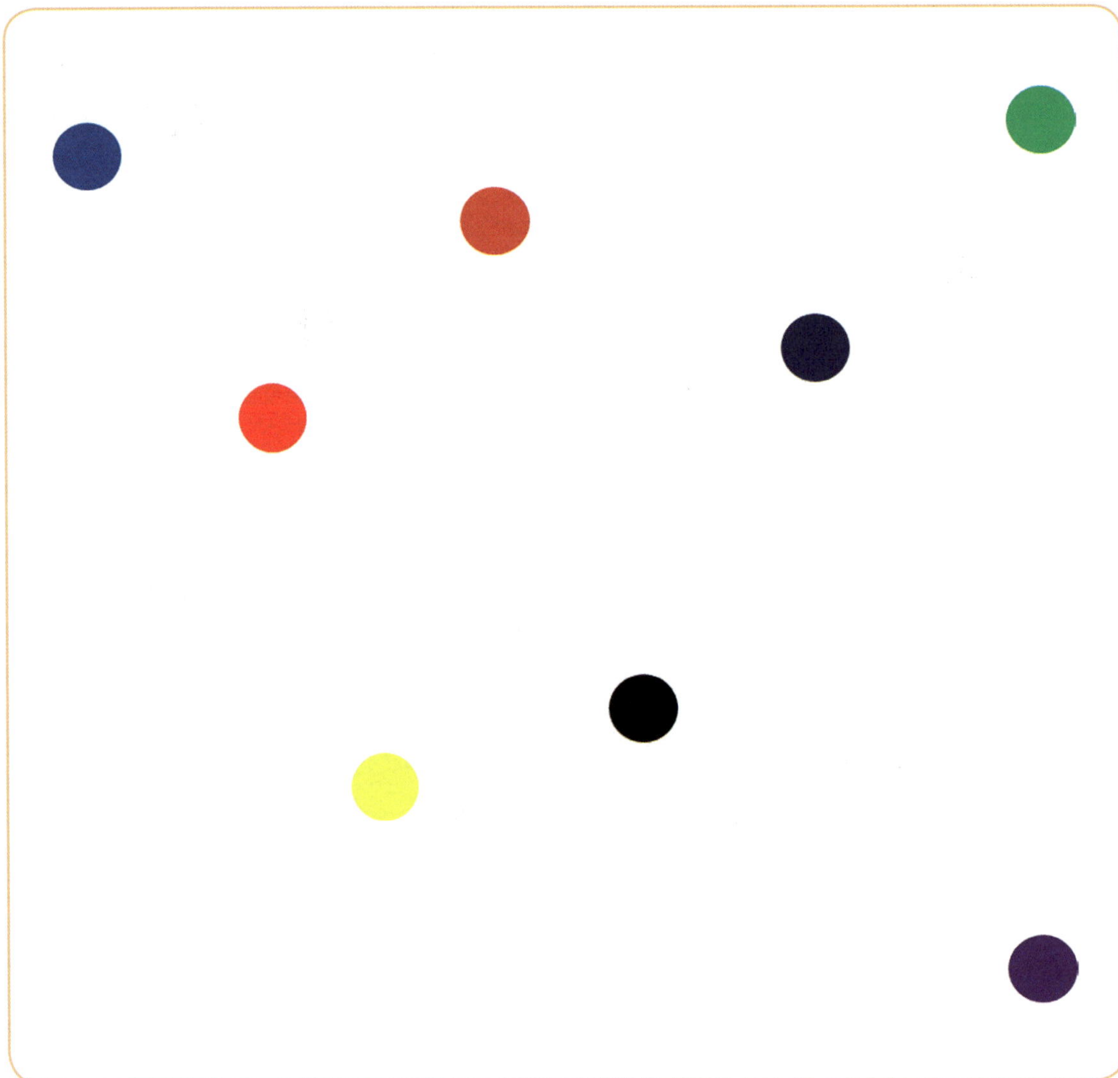

4) 모두 찾아 주세요 ★★★

선생님이 불러 주는 것을 끝까지 듣고, 아래 그림에서 선생님이 불러 준 것이 모두 들어 있는 칸을 찾아보세요.

1. 망치 1개, 안경 1개

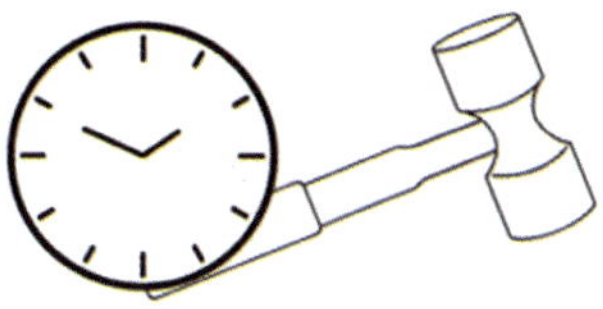

2. 양말, 리모컨

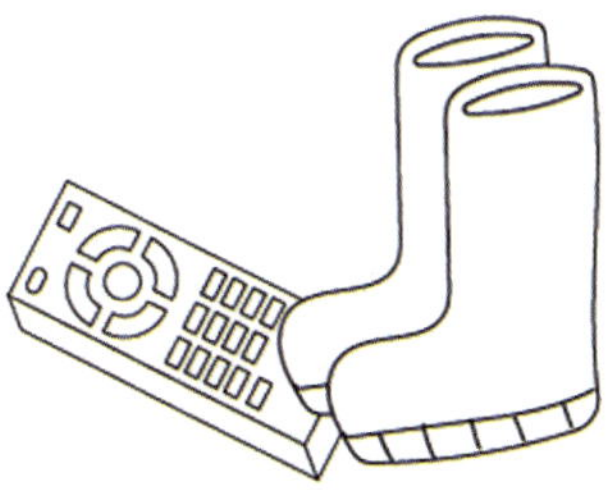

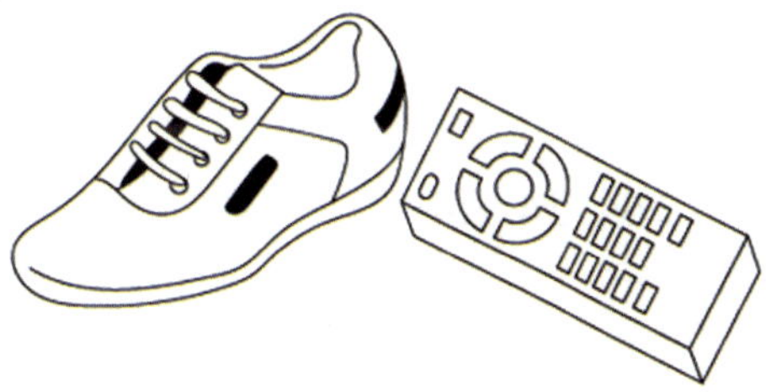

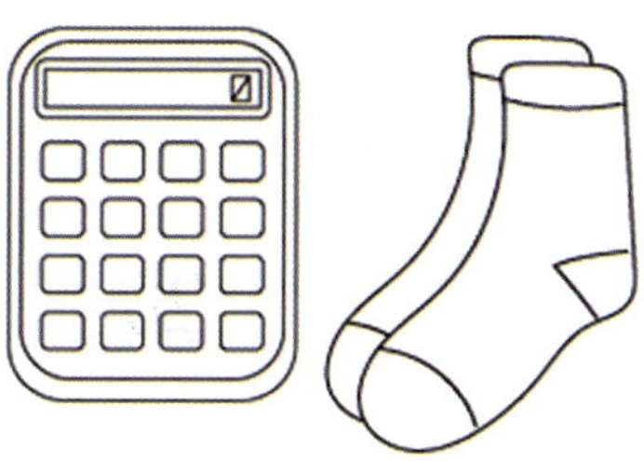

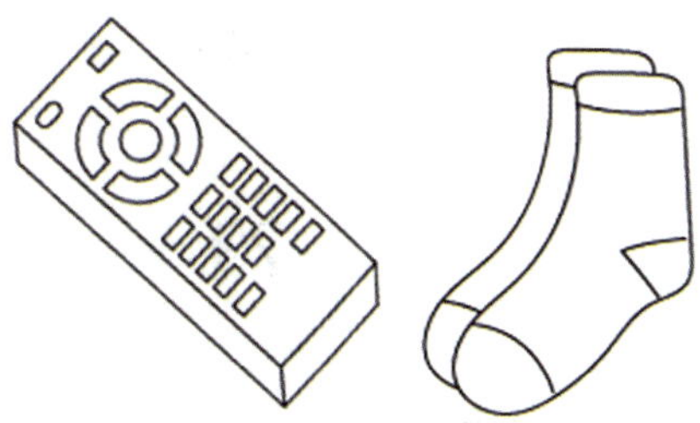

5) 모두 찾아 주세요 ★★☆

선생님이 불러 주는 숫자를 끝까지 다 듣고, 순서에 상관없이 모두 찾아 동그라미 하세요. 경우에 따라 세모나 네모와 같은 다른 모양으로 표시할 수도 있습니다. (네모 안의 숫자는 선생님만 볼 수 있게 가린 상태에서 아동에게 불러 주세요.)

3개: 8, 2, 1	5개: 3, 9, 5, 4, 7	7개: 5, 0, 3, 6, 7, 1, 9

7 9 3

0 4

6 8

1 2

5

3개: 24, 22, 25	4개: 20, 28, 23, 27	5개: 21, 24, 29, 26, 23

25 23

28

21 24

29 26

22

27 20

6) 모두 찾아 주세요 ★★★

선생님이 불러 주는 글자를 끝까지 다 듣고, 순서에 상관없이 모두 찾아 동그라미 하세요. 경우에 따라 세모나 네모와 같은 다른 모양으로 표시할 수도 있습니다. (네모 안의 글자는 선생님만 볼 수 있게 가린 상태에서 아동에게 불러 주세요.)

2

3개: 사, 아, 라	5개: 나, 사, 다, 가, 바	7개: 라, 자, 바, 마, 가, 사, 나

바 나
사
마 라
가
아 자 다

3개: 하, 타, 파	5개: 차, 카, 하, 타, 하	7개: 파, 차, 파, 카, 하, 타, 파

하
파
차
타
카

7) 모두 찾아 주세요 ★★☆

선생님이 불러 주는 색깔을 끝까지 다 듣고, 순서에 상관없이 모두 찾아 동그라미 하세요. 경우에 따라 세모나 네모와 같은 다른 모양으로 표시할 수도 있습니다. (네모 안의 색깔은 선생님만 볼 수 있게 가린 상태에서 아동에게 불러 주세요.)

3개: 파랑, 보라, 초록	5개: 주황, 노랑, 파랑, 빨강, 검정	7개: 보라, 남색, 파랑, 초록, 검정, 주황, 빨강

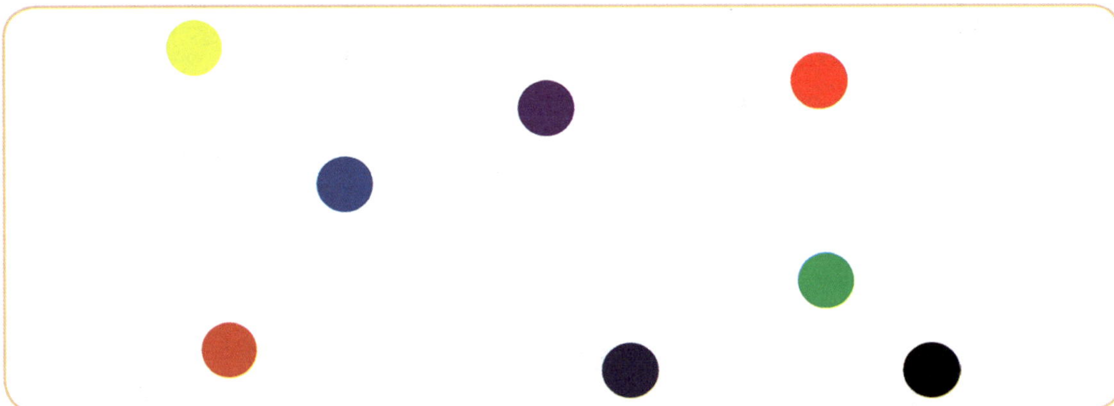

선생님이 불러 주는 색깔을 끝까지 다 듣고, 순서대로 이어 보세요.

3개: 노랑, 검정, 주황	5개: 빨강, 남색, 보라, 초록, 검정	7개: 주황, 노랑, 파랑, 빨강, 남색, 보라, 검정

8) 모두 찾아 주세요 ★★★

선생님이 불러 주는 것을 끝까지 듣고, 아래 그림에서 선생님이 불러 준 것이 모두 포함되어 있는 칸을 찾아본 후 외워 보세요.

1. 수박, 오이, 고양이

2. 컵, 자전거, 책상, 빵

9) 모두 찾아 주세요 ★★★

선생님이 불러 주는 것을 끝까지 듣고, 아래 그림에서 선생님이 불러 준 것이 모두 포함되어 있는 칸을 찾아보세요.

1. 연필 3개, 컵 1개

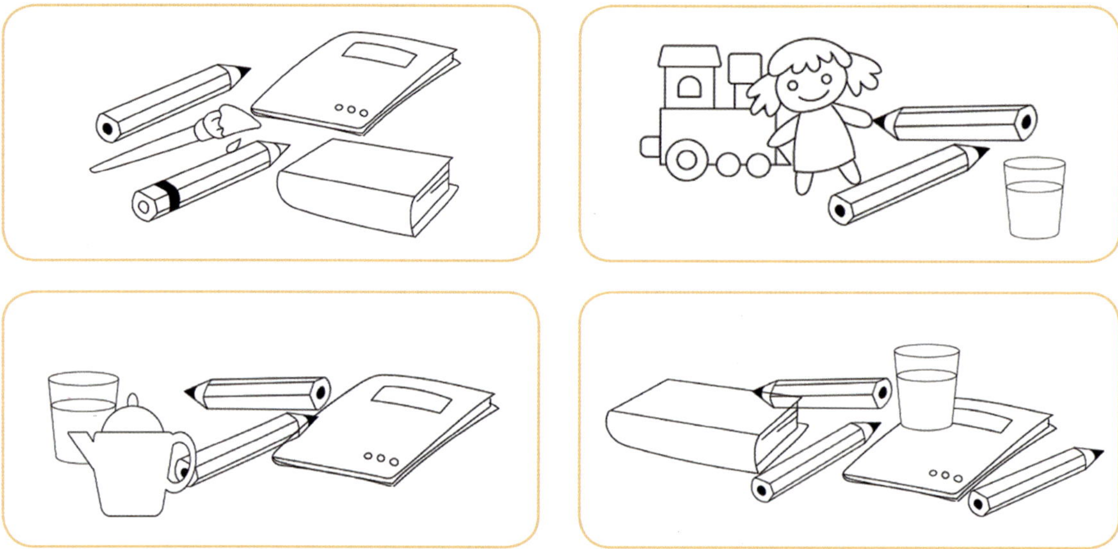

2. 포크 2개, 망원경 1개, 손거울 1개, 물병 2개

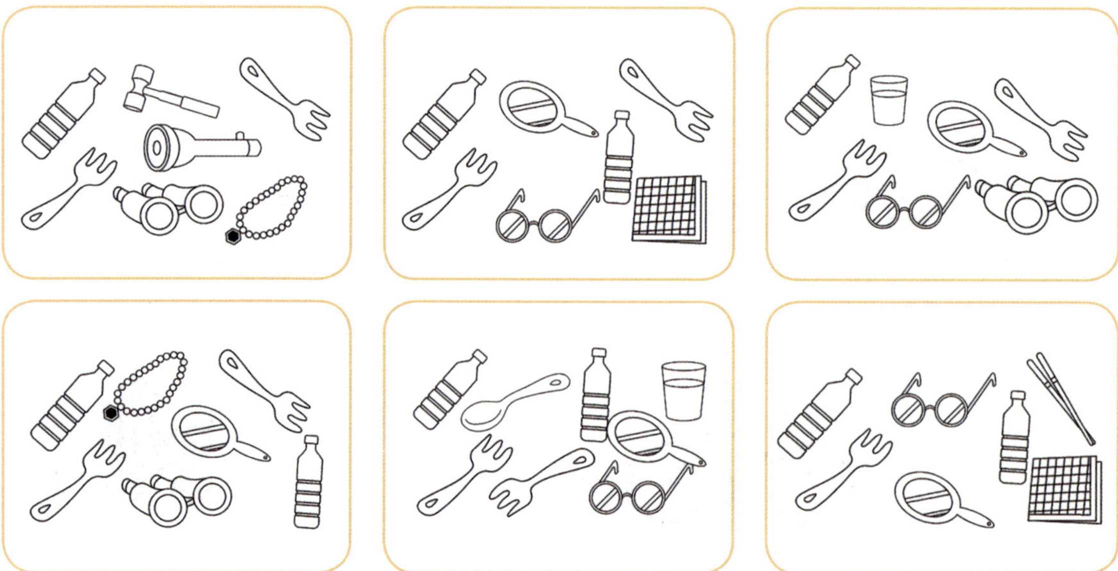

1) 순서대로 찾아 주세요 ★★★

선생님이 불러 주는 숫자를 끝까지 다 듣고, 순서대로 이어 보세요. (네모 안의 숫자는 선생님만 볼 수 있게 가린 상태에서 아동에게 불러 주세요.)

2개: 5, 1	3개: 8, 0, 9	4개: 4, 5, 1, 9

2

4 9

0

3 1

8

6

5

7

2) 순서대로 찾아 주세요 ★★★

선생님이 불러 주는 글자를 끝까지 다 듣고, 순서대로 이어 보세요. (네모 안의 글자는 선생님만 볼 수 있게 가린 상태에서 아동에게 불러 주세요.)

2개: 다, 바	3개: 마, 라, 사	4개: 가, 다, 나, 바

다

마

라

나

가

바

사

3) 순서대로 찾아 주세요 ★★☆

선생님이 불러 주는 색깔을 끝까지 다 듣고, 순서대로 이어 보세요. (네모 안의 색깔은 선생님만 볼 수 있게 가린 상태에서 아동에게 불러 주세요.)

2개: 검정, 파랑	3개: 초록, 빨강, 파랑	4개: 노랑, 주황, 보라, 파랑

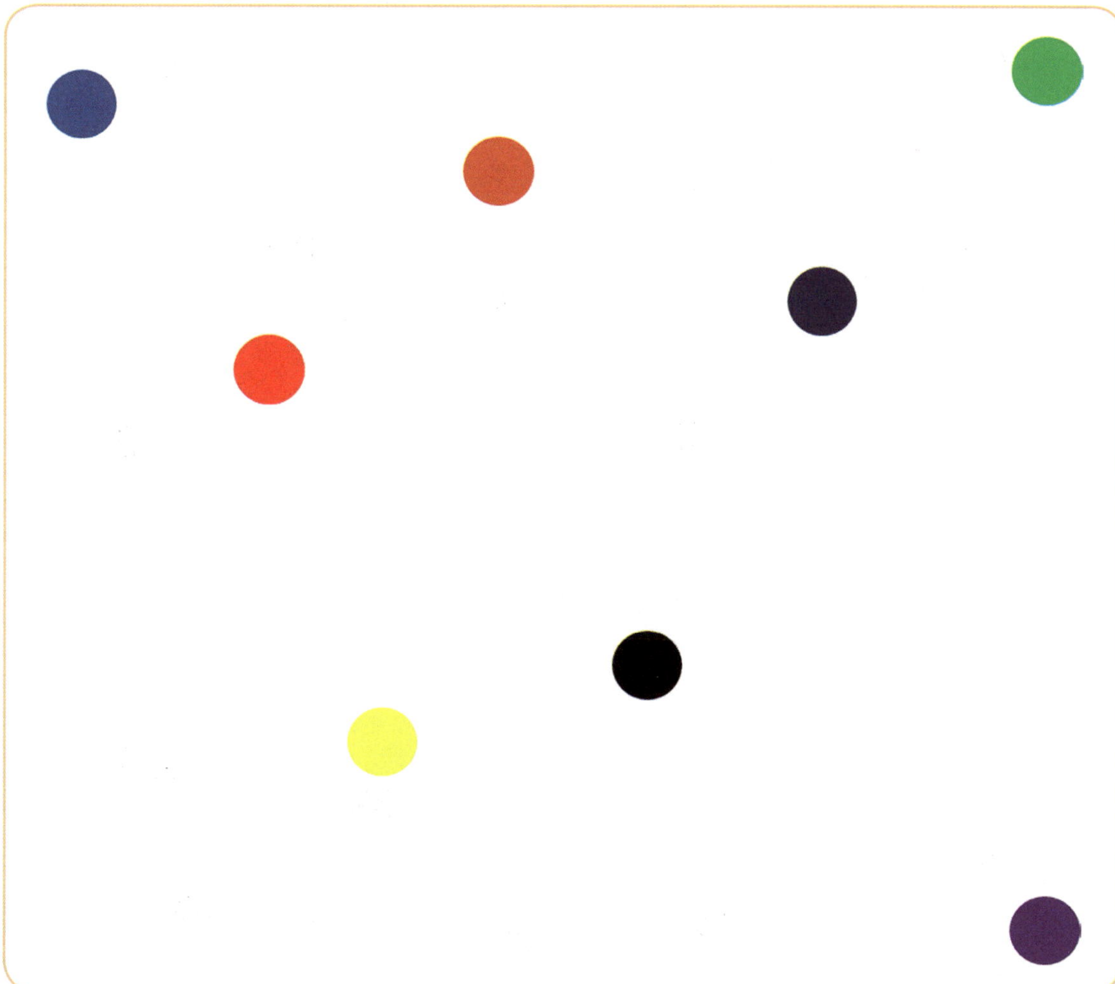

4) 순서대로 찾아 주세요 ★★★

선생님이 불러 주는 숫자를 끝까지 다 듣고, 순서대로 이어 보세요. (네모 안의 숫자는 선생님만 볼 수 있게 가린 상태에서 아동에게 불러 주세요.)

3개: 6, 8, 4	5개: 7, 0, 2, 5, 9	7개: 4, 8, 2, 6, 3, 0, 1

6 4

1

5

0

2

8

7

3 9

3개: 31, 34, 38	4개: 39, 36, 35, 37	5개: 32, 30, 31, 37, 39

31 32

39

30

38

35 33

36

34

37

5) 순서대로 찾아 주세요 ★★★

2

선생님이 불러 주는 글자를 끝까지 다 듣고, 순서대로 이어 보세요. (네모 안의 글자는 선생님만 볼 수 있게 가린 상태에서 아동에게 불러 주세요.)

3개: 바, 라, 사	5개: 나, 마, 가, 아, 자	7개: 다, 사, 바, 라, 가, 마, 자

바 나

가 자

사 라

다

아 마

3개: 차, 파, 카	5개: 하, 타, 카, 차, 카	7개: 카, 타, 파, 차, 하, 타, 파

카 하

차

파

타

6) 순서대로 찾아 주세요 ★★★

1. 선생님이 불러 주는 것을 끝까지 다 듣고, 위의 그림에서 찾아 순서에 상관없이 모두 동그라미 하세요. 경우에 따라 세모나 네모와 같은 다른 모양으로 표시할 수도 있습니다. (네모 안의 단어는 선생님만 볼 수 있게 가린 상태에서 아동에게 불러 주세요.)

3개: 장미, 연필, 전화기	5개: 모자, 원숭이, 안경, 사탕, 문어	7개: 소, TV, 휴지통, 팽이, 리모컨, 연필, 장미

2. 선생님이 불러 주는 것을 끝까지 다 듣고, 위 그림에서 찾아 순서대로 이어 보세요.

3개: 사탕, 소, 안경	5개: 팽이, 원숭이, 전화기, 모자, 문어	7개: 안경, 사탕, 장미, 휴지통, 리모컨, 연필, 모자

나. 거꾸로 말하기

1) 거꾸로 말해 보세요 ★☆☆

〈보기〉와 같이 주어진 지시문을 거꾸로 읽어야 합니다. 최대한 빠르고 정확하게 읽어 보고, 지시문대로 행동해 보세요.

보기

를수박 / 번두 / 요세치.

↓

박수를 / 두 번 / 치세요.

1. 이늘오 월 몇 지인칠며 요세보해말.

2. 의신당 은름이 지인엇무 요세보해말.

3. 로으손른오 쪽왼 를귀 요세으잡.

4. 로으손왼 를코 요세지만.

5. 의방대상 를깨어 요세주려드두.

6. 한환 를소미 요세주여보.

7. 요세보어웃 게크.

8. 과손왼 손른오 두모 를자이브 서어들만 귀 에옆 다갖 고대 한대최 운여귀 를즈포 다니봅어들만.

2) 거꾸로 말해 보세요 ★☆☆

〈보기〉와 같이 동요의 가사를 거꾸로 읽어 보세요. 원한다면 음을 넣어서 불러 볼 수도 있습니다.

보기

학교종이 / 땡땡땡

↓

이종교학 / 땡땡땡

문제 1.

따르릉~ 따르릉~ 비켜가세요
자전거가 나갑니다 따르르르릉~
저기 가는 저 사람 조심하세요
어물어물하다가는 큰일납니다

문제 2.

스승의 은혜는 하늘 같아서~
우러러 볼수록 높아만지네
참되거라 바르거라 가르쳐주신
스승은 마음의 어버이시다
아~아 고마워라 스승의 사랑
아~아 보답하리 스승의 은혜

3. 순서완성하기

3

〈지도방법〉

- 순서나 절차를 강조합니다.
- 시간 개념을 강조합니다.
- 전후 관계, 인과 관계 등 논리의 발달을 강조합니다.
- 개인의 경험을 순차적으로 말하고 쓰게 합니다.
- 만드는 방법, 절차, 행동의 규칙 등을 말하고 쓰게 합니다.
- 사회적 행동을 논리적으로 설명하게 합니다.
- 왼쪽에서 오른쪽, 위에서 아래와 같은 순서를 강조합니다.
- 교과서, 신문, 인터넷 기사에서 관심 있는 사건을 찾아, 사건의 개요를 순서대로 말하고 앞으로 일어날 일에 대해 예측하여 말하게 합니다.
- 여러 교과목(예: 과학, 사회)의 특정 사건을 선정하여(예: 선거, 요리 등) 단계별로 정리하여 외웁니다.
- 게임 방식과 규칙을 외운 후에 소개합니다.
- 특정 목표(예: 가족 여행, 다이어트 등)를 수립하고, 그 목표를 달성하기 위해 필요한 단계들을 설정합니다.
- 무게, 길이, 들이, 거리, 양 등을 일정한 순서에 따라 배열합니다.
- 빠진 순서 찾기, 숫자/글자(철자)/도형의 순서 찾기와 같은 활동을 합니다.

가. 순서에 따라 배열하기

1) 어떤 순서로 해야 할까요? ★★★

블록의 개수가 점점 늘어납니다. 블록을 쌓는 과정을 순서에 맞게 번호를 적어 보세요.

보기

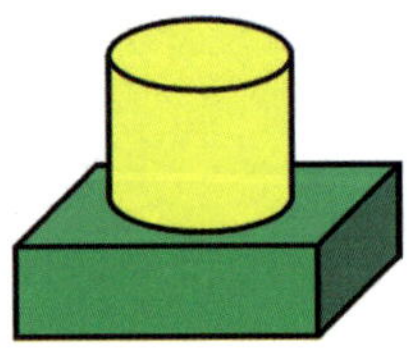	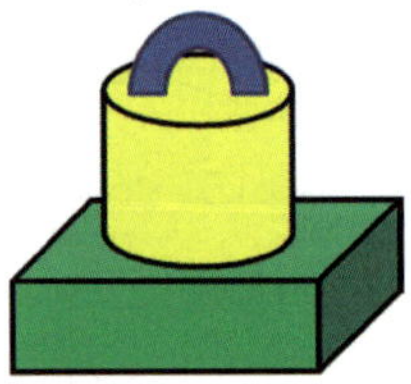	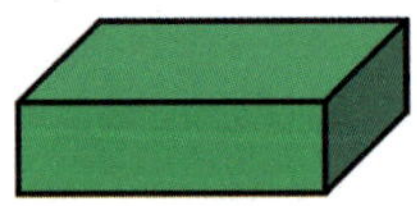
2	3	1

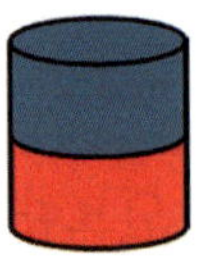			

	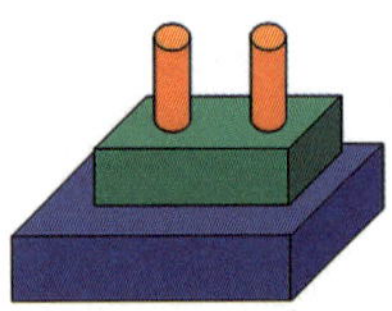	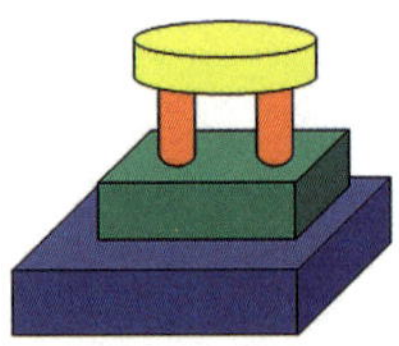	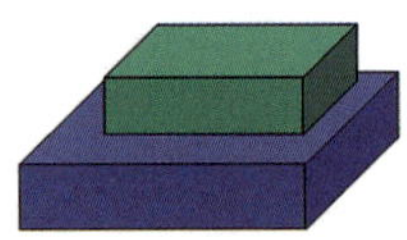

2) 어떤 순서로 해야 할까요? ★★★

블록의 개수가 점점 늘어납니다. 블록을 쌓는 과정의 순서에 맞게 번호를 적어 보세요.

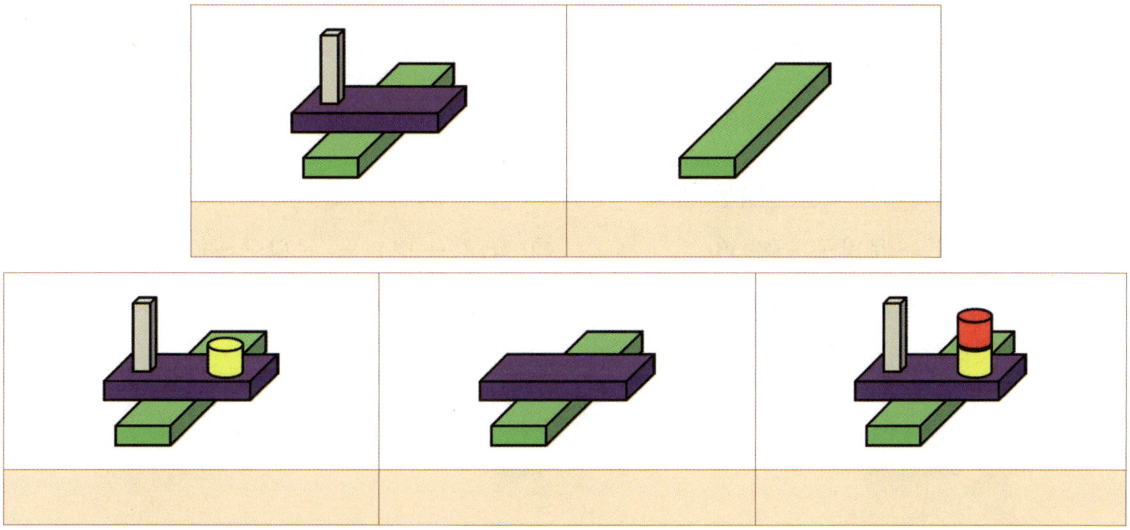

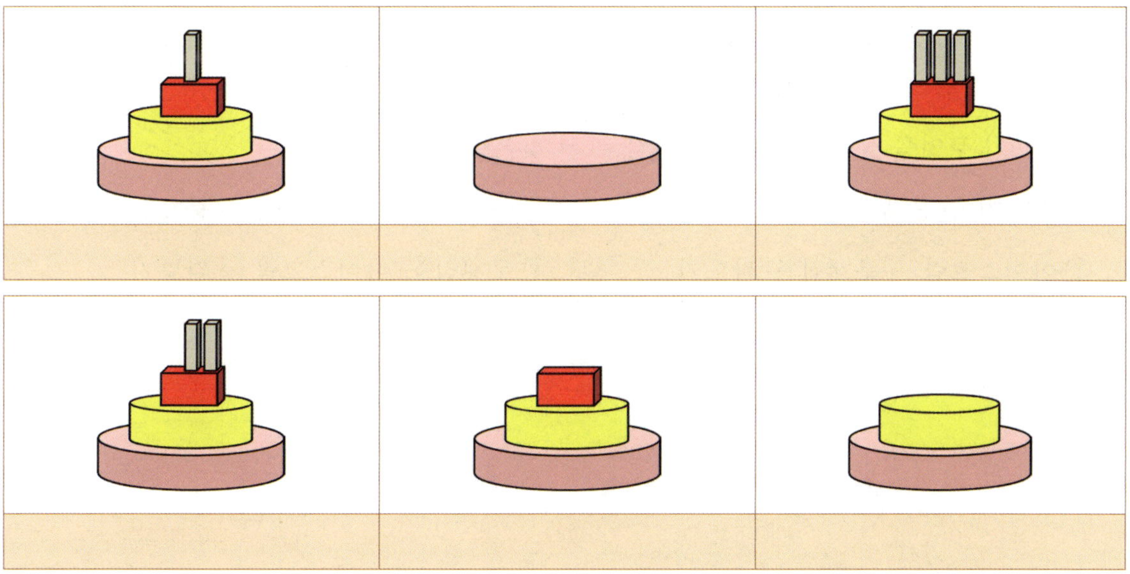

3

3) 어떤 순서로 해야 할까요? ★★☆

선생님이 들려주시는 이야기를 집중해서 듣고, 선영이가 들르는 장소를 잘 기억하세요.

> 선영이가 집에서 나와서, 놀이터를 지나 병원에 들렀다가, 문방구에서 학용품을 사고 슈퍼로 심부름 갔습니다.

◈ 선영이가 들른 장소가 순서대로 제대로 된 것은?

① 집 → 병원 → 문방구 → 슈퍼

② 학교 → 병원 → 문방구 → 슈퍼

③ 집 → 문방구 → 슈퍼 → 병원

④ 집 → 놀이터 → 병원 → 문방구

선생님이 들려주시는 이야기를 집중해서 듣고, 지선이가 무슨 물건을 샀는지 잘 기억하세요.

> 지선이는 집에 오는 길에, 아이스크림을 사려고 슈퍼에 들렀다가 내일 준비물인 각도기를 사러 문방구에 들렀습니다. 그런 후에 동네서점에서 문제집을 한 권 샀습니다.

◈ 지선이가 무엇을 샀는지 순서대로 제대로 된 것은?

① 각도기 → 문제집 → 아이스크림

② 아이스크림 → 각도기 → 문제집

③ 아이스크림 → 문제집 → 각도기

④ 문제집 → 아이스크림 → 각도기

4) 어떤 순서로 해야 할까요? ★★☆

아래에는 집에서 일어날 수 있는 세 가지 일들이 순서에 상관없이 나열되어 있습니다.
각각의 일들을 일어난 순서대로 4개씩 연결해 보세요.
각각의 일들이 시작되는 지점은 색깔과 번호로 표시되어 있습니다.

①	②	③
침대에서 일어난다.	화장실에 들어간다.	고무장갑을 낀다.
그릇을 닦는다.	슬리퍼를 신는다.	운동화를 신는다.
손을 씻는다.	옷을 입고, 양말을 신는다.	그릇을 정리한다.
수건으로 닦는다.	그릇을 물로 헹군다.	현관문을 나선다.

3

5) 어떤 순서로 해야 할까요? ★★★

아래에는 학교에서 일어날 수 있는 세 가지 일들이 순서에 상관없이 나열되어 있습니다.
각각의 일들을 일어난 순서대로 4개씩 연결해 보세요.
각각의 일들이 시작되는 지점은 색깔과 번호로 표시되어 있습니다.

① 책상과 의자를 뒤로 민다.	빗자루질을 한다.	음식을 받는다.
② 식판과 수저를 챙긴다.	대걸레질을 한다.	③ 교문을 들어선다.
책상과 의자를 제자리에 정리한다.	책상에 가방을 걸어 놓는다.	자리에 돌아와 앉는다.
교실로 들어간다.	식사를 한다.	실내화로 갈아 신는다.

6) 어떤 순서로 해야 할까요? ★★★

다음에 제시된 것들을 순서에 맞게 아래에 다시 적어 보세요.

가을, 봄, 여름, 겨울

➡

파, 도, 솔, 레, 미, 시, 라

➡

매우 무거운, 가벼운, 무척 가벼운, 무거운 (가벼운 순서대로)

➡

mm, cm, km, m (작은 순서대로)

➡

kg, g, mg, t (큰 순서대로)

➡

영상 5도, 영하 5도, 0도, 영하 10도, 영상 10도 (온도가 낮은 순서대로)

➡

7) 어떤 순서로 해야 할까요? ★★★

작은 수부터 순서대로 나열해 보세요.

200, 310, 335, 209, 300, 423, 500, 501, 199

➡

작은 수부터 순서대로 나열해 보세요.

888, 199, 2220, 323, 3551, 2342, 332, 100, 99

➡

작은 수부터 순서대로 나열해 보세요.

1000, 1001, 2991, 222, 291, 101, 290, 313, 331

➡

8) 어떤 순서로 해야 할까요? ★★★

큰 수부터 순서대로 나열해 보세요.

200, 310, 335, 209, 300, 423, 500, 501, 199

➡

큰 수부터 순서대로 나열해 보세요.

888, 199, 2220, 323, 3551, 2342, 332, 100, 99

➡

큰 수부터 순서대로 나열해 보세요.

1000, 1001, 2991, 222, 291, 101, 290, 313, 331

➡

3

1) 무엇일까요? ★★★

파란색 사탕 통 안에는 1~10까지의 숫자가 적힌 사탕이, 빨간색 사탕 통 안에는 11~20까지의 숫자가 적힌 사탕이 들어 있었어요. 그중에서 사탕을 두 개씩 뽑았어요. 내가 뽑은 사탕에 적힌 숫자는 무엇일까요?

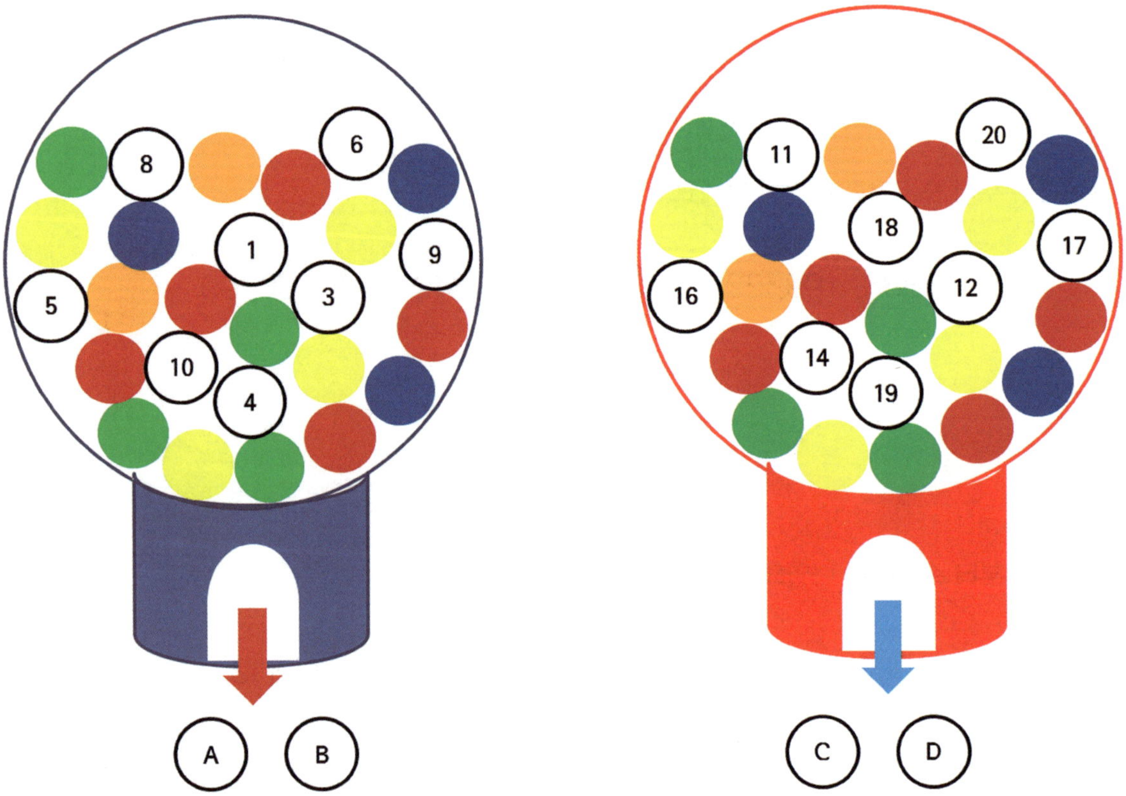

A	B	C	D

2) 무엇일까요? ★★★

파란색 사탕 통 안에는 70~80까지의 숫자가 적힌 사탕이, 빨간색 사탕 통 안에는 140~150까지의 숫자가 적힌 사탕이 들어 있었어요. 그중에서 내가 파란색 사탕 통에서는 사탕을 두 개, 빨간색 사탕 통에서는 세 개를 뽑았어요. 내가 뽑은 사탕에 적힌 숫자는 무엇일까요?

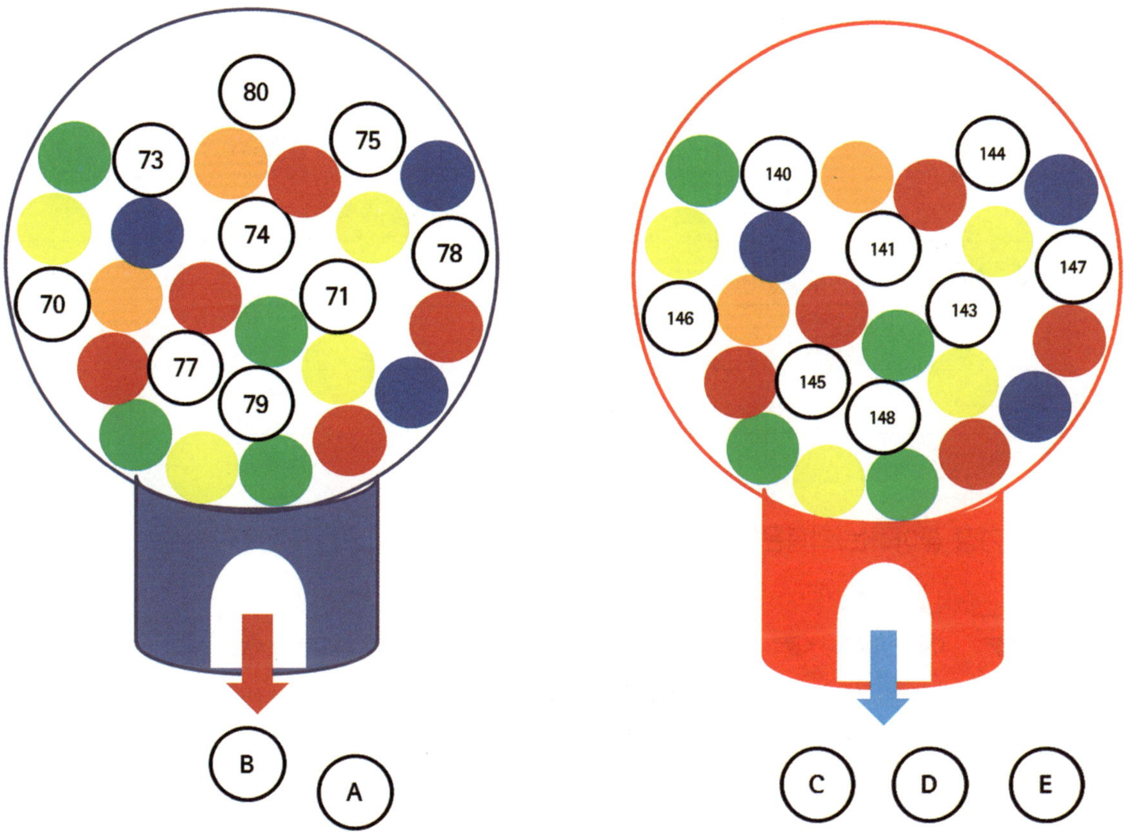

A	B	C	D	E

3) 무엇일까요? ★★★

비행기가 도착하는 곳은 어디일까요? 화살표를 따라가 어디에 도착하는지 말해 보세요.

⇨ ⇩ ⇦ ⇩ ⇨ ⇨ ⇨ ⇩ ⇩ ⇨ ⇧ ⇨ ⇨ ⇨ ⇧

✈ 출발										
								제주도		
							호주			
	서울									
									미국	
프랑스					로마					

내가 가장 좋아하는 과목은? 화살표를 따라가 어떤 과목이 나오는지 말해 보세요.

								체육		
	음악		시작			과학				
									미술	
국어						수학				

1) 규칙을 찾아 주세요 ★★★

아래에는 규칙에 따라 놓여진 도형들이 있습니다. 규칙을 고려하여 빈칸에 알맞은 도형이 무엇인지 그려 보세요.

3

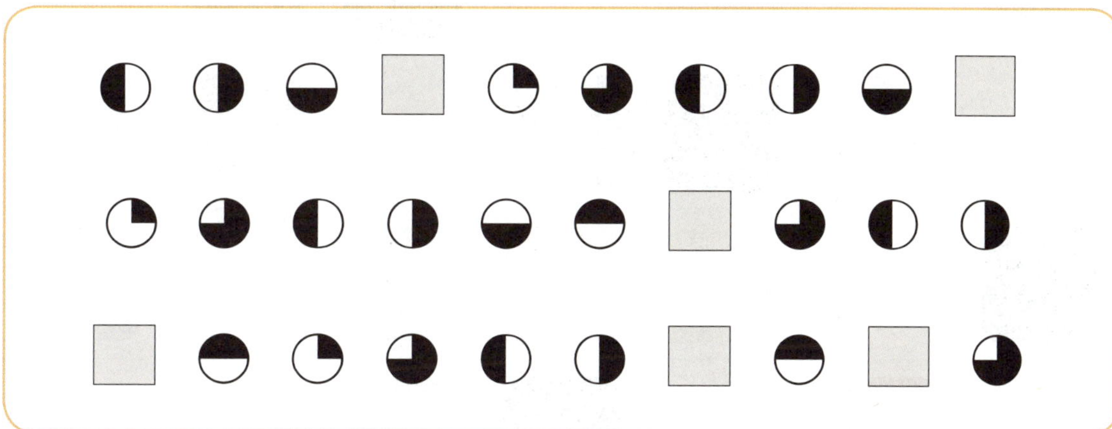

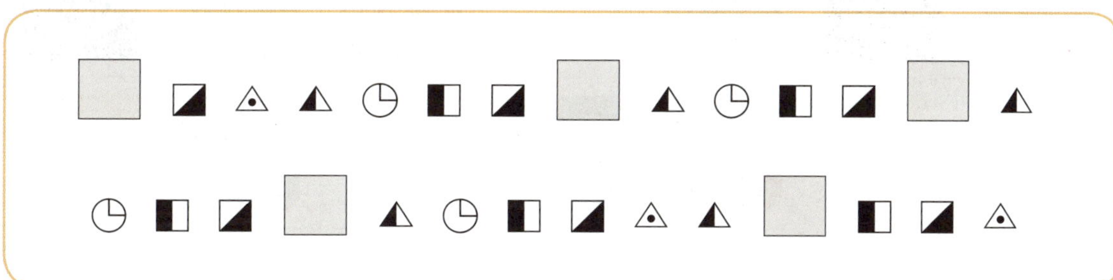

2) 규칙을 찾아 주세요 ★★★

다섯 가지 색깔의 네모가 어떤 규칙에 따라서 놓여 있습니다. 규칙을 찾아서 빈칸에 알맞은 색의 네모가 어떤 것인지 색칠해 보세요.

3) 규칙을 찾아 주세요 ★★☆

다음과 같은 순서로 된 것에 동그라미 하세요.

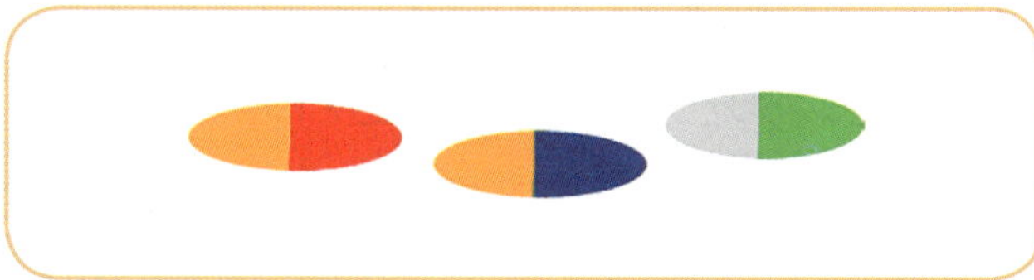

1) 순서를 정할 수 있는 것과 없는 것 ★★★

아래에 적힌 것들 중에서 순서를 정할 수 있는 것에는 ○, 순서를 정할 수 없는 것에는 ✕로 표시해 보세요.

1. 50원, 10000원, 100원, 1000원, 500원, 10원, 5000원
2. 금메달, 동메달, 은메달
3. 신맛, 짠맛, 쓴맛, 매운맛, 단맛
4. 오전, 새벽, 오후, 정오, 저녁, 자정
5. 남쪽, 동쪽, 서쪽, 북쪽
6. 설악산, 북한산, 지리산, 백두산, 한라산
7. 개구리, 알, 올챙이
8. 소방관, 선생님, 경찰관, 의사
9. 유치원생, 아기, 중학생, 초등학생, 고등학생, 어른
10. 84인치, 42인치, 63인치, 50인치

나. 순서에 따라 완성하기

1) 글자를 완성해요 ★★★

한자 획순이 늘어납니다. 한자를 쓰는 순서대로 번호를 적어 보세요.

㇖	子		一	

	一	二	天	工

智	知	智	矢

2) 글자를 완성해요 ★★★

한자 획순이 늘어납니다. 한자를 쓰는 순서대로 번호를 적어 보세요.

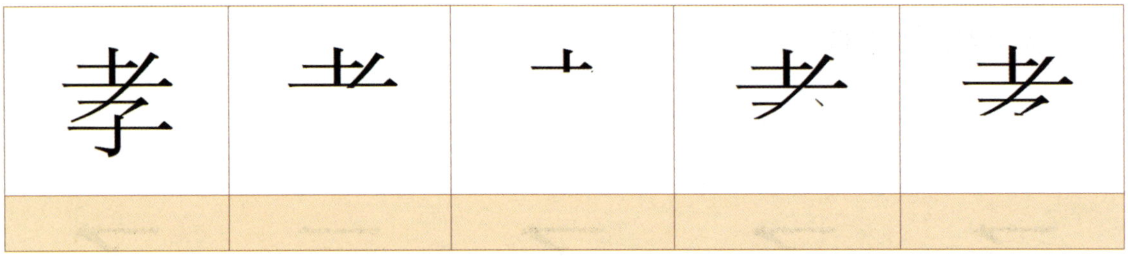

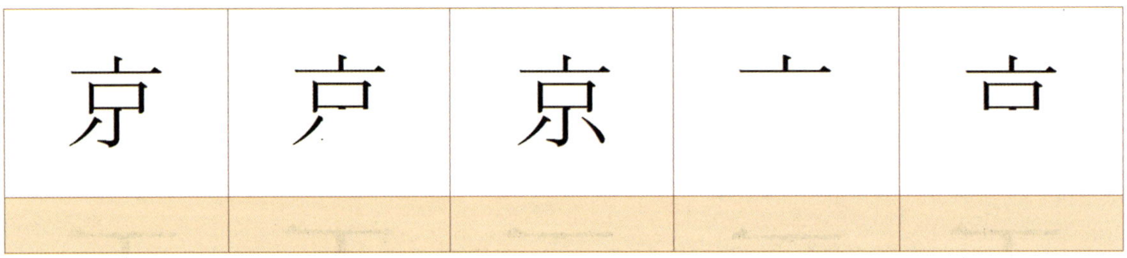

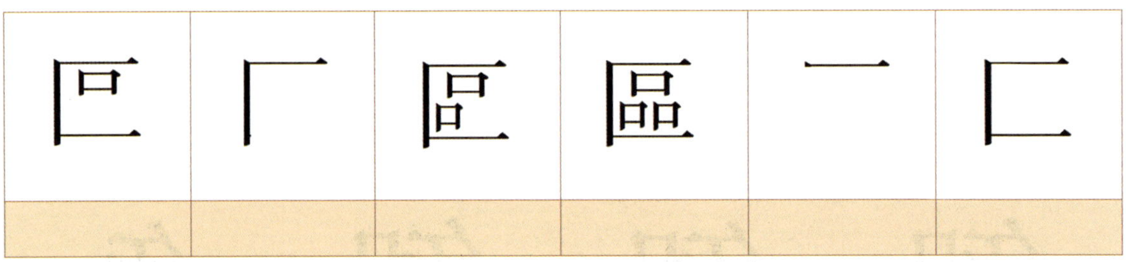

1) 단어를 완성해요 ★★★

글자들이 뒤섞여 있어요. 순서를 바르게 고쳐서 단어가 되도록 써넣어 보세요.

고	장	냉	→
두	비	꺼	→
년	소	청	→
보	키	드	→

3

2) 단어를 완성해요 ★★★

글자들이 뒤섞여 있어요. 순서를 바르게 고쳐서 단어가 되도록 써넣어 보세요.

어	전	영	사	➡
도	한	무	전	➡
드	이	라	기	➡
텔	전	레	비	➡
항	천	인	공	➡
수	께	수	끼	➡

3) 단어를 완성해요 ★★★

보기의 글자를 사용해서, 장바구니에 담을 수 있는 물건들의 이름을 최대한 많이 만들어 보세요. 글자를 중복해서 사용해도 상관없어요.

보기

수	수	이	국	과	가	금	박	크	쌀
파	인	양	소	자	올	애	케	호	플

3

〈보기〉

케 이 크

4) 단어를 완성해요 ★★☆

보기의 글자를 사용해서, 책가방에 넣을 수 있는 물건들의 이름을 최대한 많이 만들어 보세요. 글자를 중복해서 사용해도 상관없어요.

보기

연	색	과	필	장	이	트	화	교	지
지	서	종	감	노	연	개	도	물	우

〈보기〉

5) 단어를 완성해요 ★★★

글자들이 뒤섞여 있어요. 순서를 바르게 고쳐서 의미가 통하도록 써넣어 보세요.

림 이 스 아 크 →

수 차 운 가 빙 →

름 다 아 꽃 운 →

교 선 장 님 생 →

기 돈 장 용 입 →

3

1) 문장을 완성해요 ★★★

뒤죽박죽되어 있는 말의 순서를 고쳐서 올바른 문장으로 만들어 보세요.

놓여 있다	식사가	저녁	맛있는	식탁 위에

➡

감동을	남자친구의	깜짝 선물에	받았다

➡

많아졌다	모기가	여름이	되자

➡

아파서	이가	너무	어제부터	다녀왔다	병원에

➡

2) 문장을 완성해요 ★★★

뒤죽박죽되어 있는 말의 순서를 고쳐서 올바른 문장으로 만들어 보세요.

삶아요	고구마를	맛있는	푹

➡

잔다	쌔근쌔근	아기가	잠을

➡

찐빵을	아빠가	사오셨다	따끈한

➡

도와줬다	숙제를	나는	동생이	하도록

➡

3

3) 문장을 완성해요 ★★★

뒤죽박죽되어 있는 말의 순서를 고쳐서 올바른 문장으로 만들어 보세요.

디어드 | 를학중교 | 업졸다했

➡

는너 | 디에어 | 니사?

➡

을선우주 | 고타보 | 싶요어

➡

리카을머락 | 르자려고 | 실미용에 | 녀다다왔

➡

4) 문장을 완성해요 ★★★

뒤죽박죽되어 있는 말의 순서를 고쳐서 올바른 문장으로 만들어 보세요. 단, 필요하지 않은 단어는 빼도 좋습니다.

피었다	가을이	들판에	많이	코스모스가	되니	흥겹게

➡

일어나기로	약속했다	일찍	반드시	어제부터	아빠와	낮잠을

➡

끝나고	슬픈	학교가	찐빵을	집에	오는 길에	샀다

➡

생각났다	놀이동산에	친구와	약속했던 것이	가자고	지난번에	정말

➡

3

1) 속담을 완성해요 ★★★

아래의 도형들 안에 적혀 있는 단어들을 조합해 보면 〈보기〉에 제시된 여러 속담들 중 하나가 완성됩니다. 〈예시〉를 참고해 도형은 ○ → △ → □ 순서대로, 동시에 색깔은 빨간색 → 노란색 → 초록색 순서대로 연결하여 어떤 속담이 나오는지 맞혀 보세요.

보기

- 가재는 게 편
- 꿩 먹고 알 먹고
- 가는 날이 장날

예시

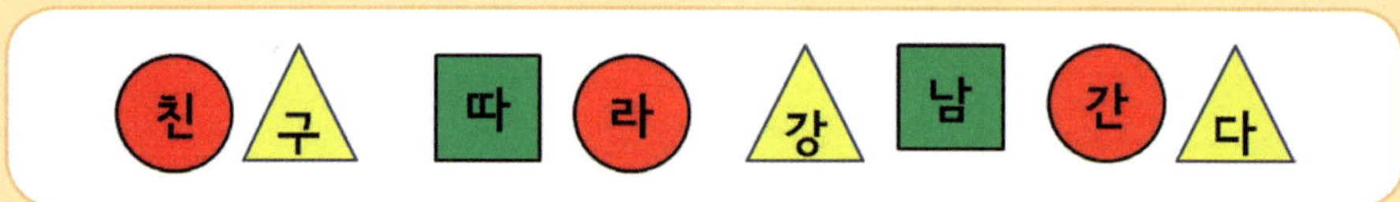

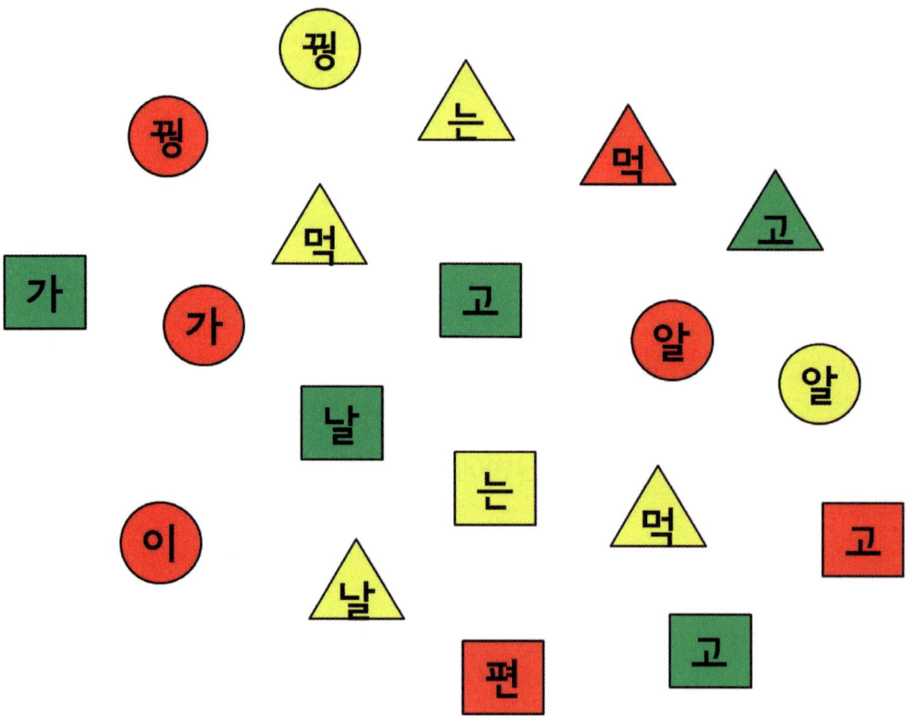

2) 속담을 완성해요 ★★★

아래의 도형들 안에 적혀 있는 단어들을 조합해 보면 〈보기〉에 제시된 여러 속담들 중 하나가 완성됩니다. 〈예시〉를 참고해 도형은 △ → ○ → □ 순서대로, 동시에 색깔은 초록색 → 분홍색 → 하늘색 순서대로 연결하여 어떤 속담이 나오는지 맞혀보세요.

보기

- 백지장도 맞들면 낫다.
- 소 잃고 외양간 고친다.
- 낫 놓고 기역자도 모른다.

예시

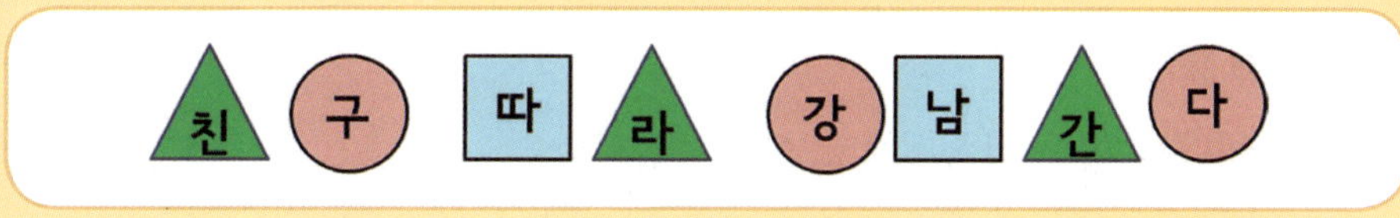

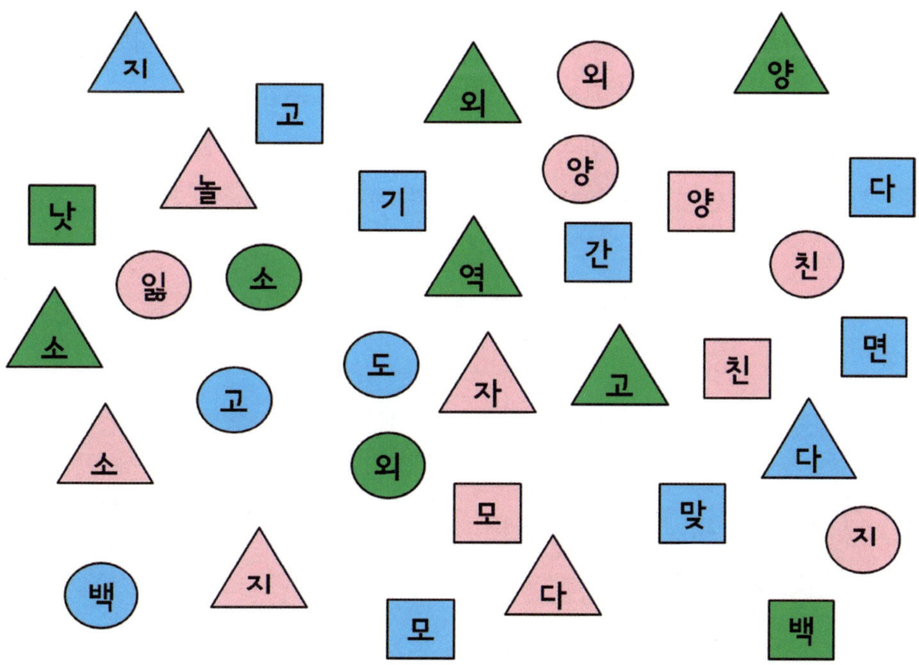

4. 수학퀴즈

〈지도방법〉

- 숫자 지식, 수 세기와 같은 기본적인 수 개념을 강조합니다.
- 아동이 조작할 수 있는 구체적인 사물이나 교구를 활용합니다(예: 수 막대, 나무젓가락, 빨대).
- 손가락 세기나 메모하기를 허용하되 점진적으로 암산을 활용하도록 유도합니다.
- 학교에서 수학 성취가 저조한 아동의 경우, 추가적인 진단 및 활동을 계획합니다.
- 치료를 위해 기존의 다양한 상품화된 교재와 교구를 사용합니다(예: 학습지, 컴퓨터 프로그램, CD, DVD 등).
- 수학 관련 어휘나 용어를 지속적으로 학습시킵니다.
- 수학적 개념을 숙달하기 위해 충분한 시간을 제공합니다.
- 복습을 강조하고 충분한 연습이 이루어지도록 반복합니다.
- 아동의 수준에 따라 학습의 속도를 세밀하게 조절합니다.
- 수학적 개념을 실제 생활에서 적용할 수 있도록 다양한 활동을 계획합니다(예: 화폐, 비례).
- 수학적 개념에 대해서 치료사(교사)와 아동이 충분히 토론합니다.
- 이야기를 통해 수학적 상황을 인식하고 해결합니다(스토리텔링식 접근).
- 용어, 공식, 개념을 암기합니다. 충분한 활동과 예시를 통해 수학적 과정을 이해하도록 합니다.
- 그래프 그리기, 스티커 모으기 등 시각자료를 통해 매일의 성취를 구체적으로 보여 줍니다.

■ 수학퀴즈의 각 영역에서 할 수 있는 활동들!

(※ 이와 관련된 수학교과서 목차정리가 수학퀴즈 활동지 뒤에 제시)

수개념	수체계	사칙연산
• 수직선에서의 위치 가르치기: 수선을 사용하는 것이 순서, 위치, 숫자, 연산을 가르칠 때 매우 중요! • 구슬 꿰기 • 수 세기/구체물 세기 • 숫자 암송하기 • 쌍으로 짝지어 보기 • 숫자 쓰기(1～100) • 서수 알기 • 수 비교(더 큰 수 등) • 숫자 패턴에서 빠진 숫자 알기	• 100까지의 수 세기, 100까지의 숫자와 그 수의 위치, 자릿값(십진법) 가르치기 • 숫자와 수 이름 알기(한글, 한자어 체계)	• 균형저울을 사용하여 4+2=3+3과 같은 등식의 조합을 익히기 • 연산의 원리, 5보수와 10보수, 교환법칙과 같은 기본 원리 가르치기: 훈련과 연습 작업이 반드시 포함되어야 함! • 곱셈과 덧셈의 관계, 나눗셈과 뺄셈의 관계 익히기 • 같은 합이 나오는 다른 식 찾기(가르기와 모으기)
분수와 소수	**도형**	**측정 & 그래프**
• 구체물, 활동(실제로 나누고, 접고, 자르고, 빼는 활동 등)을 사용하여 나눗셈, 분수 익히기	• 생활 속 기본도형(△, ○, □) 익히기 • 정육면체, 구, 원기둥, 그림 및 막대그래프 알기 • 각도 알기	• 실제적인 수 활동 계획하기: 물체의 길이나 무게 측정, 온도계 읽기, 시간 계산, 물건 구입과 계산 및 배열 • 돈의 가치를 알고 배열하기
비 & 비례식	**규칙 찾기 & 문제 해결**	**기타(문장제)**
• 비, 비율, 백분율, 비례배분을 활용한 문제해결	• 규칙을 수나 식으로 나타내기 • 일정한 규칙에 따라 배열하기 • 배열의 규칙을 찾아 빠진 부분 넣기	• 문장제 학습 수행하기: 핵심 단어(더, 덜, 모두, 차이 등) 찾기와 식 세우기 활동을 꾸준히 시행!

가. 수체계

1) 재미있는 숫자 세계

그림에 적혀 있는 수를 읽어 보세요.

1

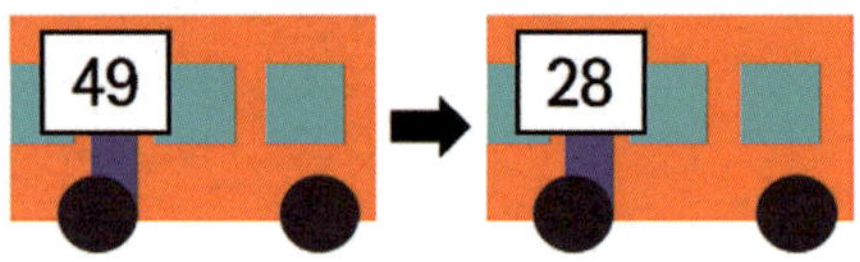

나는 지금 ___번 버스에서 내려서,
___번 버스로 갈아타려고 합니다.

2

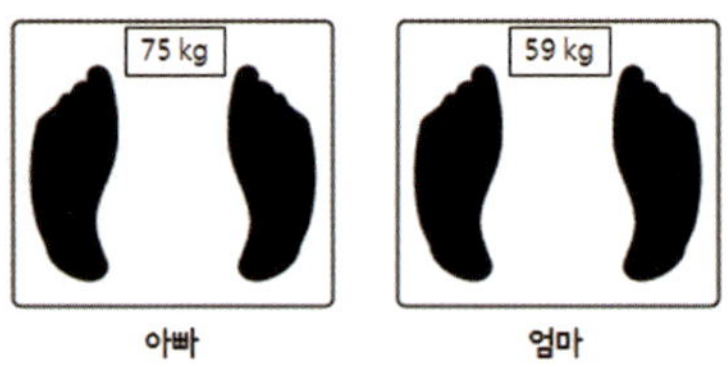

엄마의 몸무게는 ___kg이고,
아빠의 몸무게는 ___kg입니다.

3

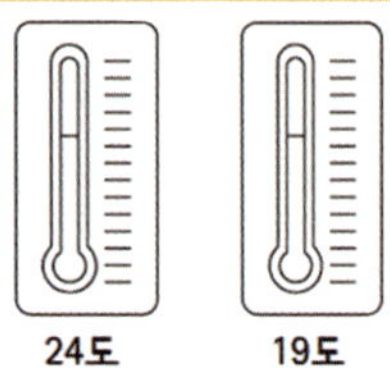

어제 우리 집의 온도가 ___도였고,
오늘은 ___도입니다.

4

나는 우리 집에서 막내입니다.
우리 할아버지의 연세는 ___세이고,
나의 나이는 ___살입니다.

5

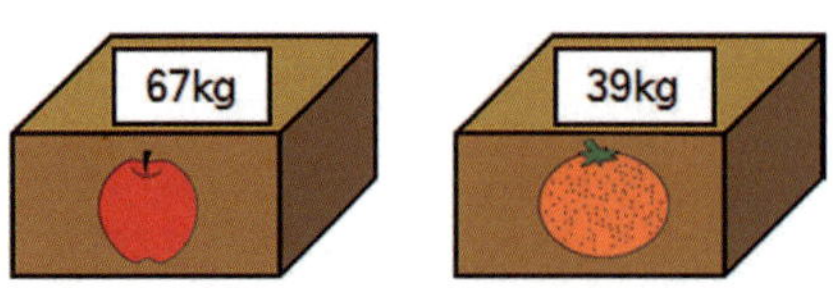

사과 1상자의 무게는 ___kg이고
귤 1상자의 무게는 ___kg입니다.

2) 재미있는 숫자 세계

아래 숫자를 다음과 같이 두 가지 방법으로 읽고, 알맞은 그림과 연결하세요.

56 (오십육 , 쉰여섯) •

48 (,   ) •

97 (,   ) •

84 (,   ) •

35 (,   ) •

78 (,   ) •

21 (,   ) •

62 (,   ) •

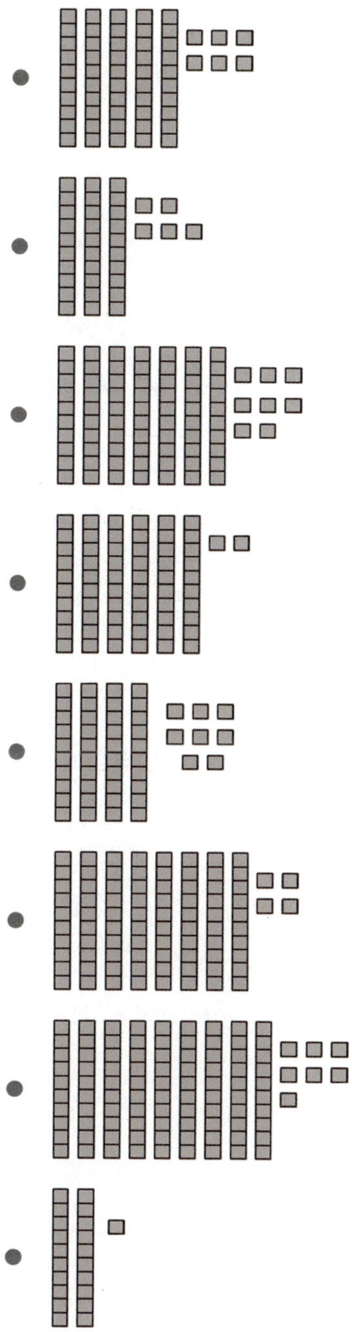

3) 재미있는 숫자 세계

◉ 같은 숫자를 선으로 연결하세요.

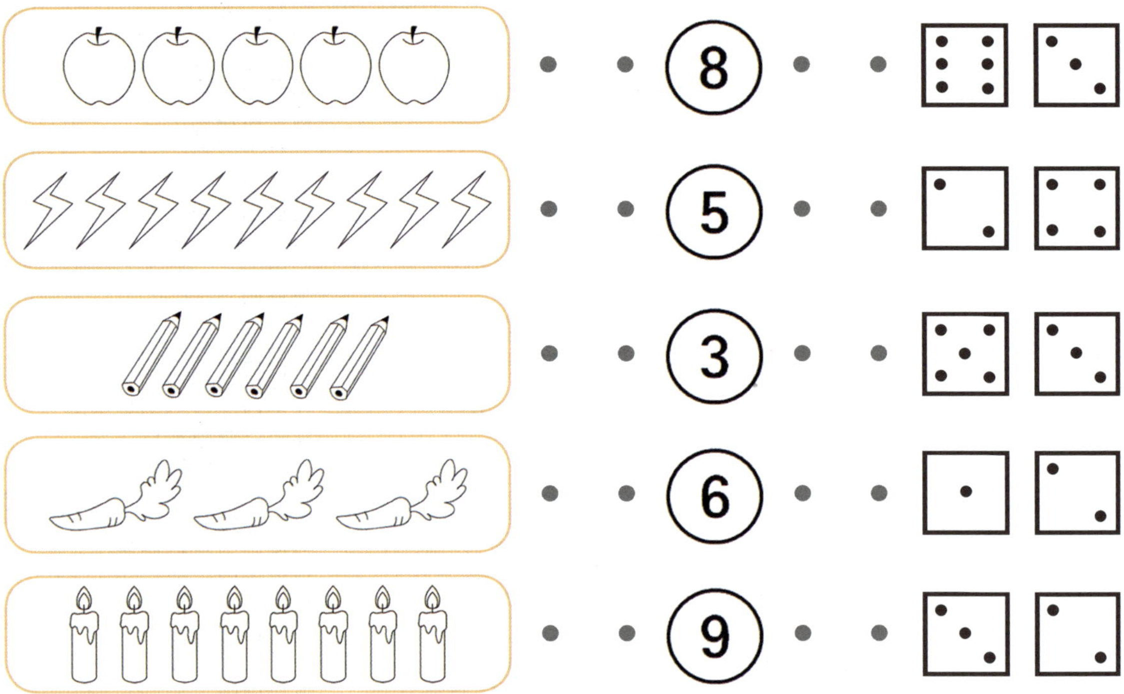

◉ 〈예시〉처럼, 다음의 수보다 1만큼 큰 수, 1만큼 작은 수를 빈칸에 각각 쓰세요.

예시

1	←	2	→	3

	←	7	→	
	←	9	→	
	←	4	→	
	←	6	→	

4) 재미있는 숫자 세계

다음 주어진 조건에 맞는 수를 쓰고, 모두 몇 개인지 알아보세요.

1
- 0~9까지의 수입니다.
- 3보다 크고 7보다 작습니다.

2
- 5보다 작은 수입니다.
- 3은 아닙니다.
- 2보다 큽니다.

주어진 조건에 맞는 ○를 찾아 색칠하세요.

3
- 왼쪽에서 셋째
- 오른쪽에서 넷째

○ ○ ○ ○ ○ ○

4
- 왼쪽에서 다섯째
- 오른쪽에서 셋째

○ ○ ○ ○ ○ ○ ○

5) 재미있는 숫자 세계

아래 장난감들이 종류별로 각각 몇 개인지 최대한 빠르고 정확하게 세어 보고 수를 쓰고, 읽어 보세요.

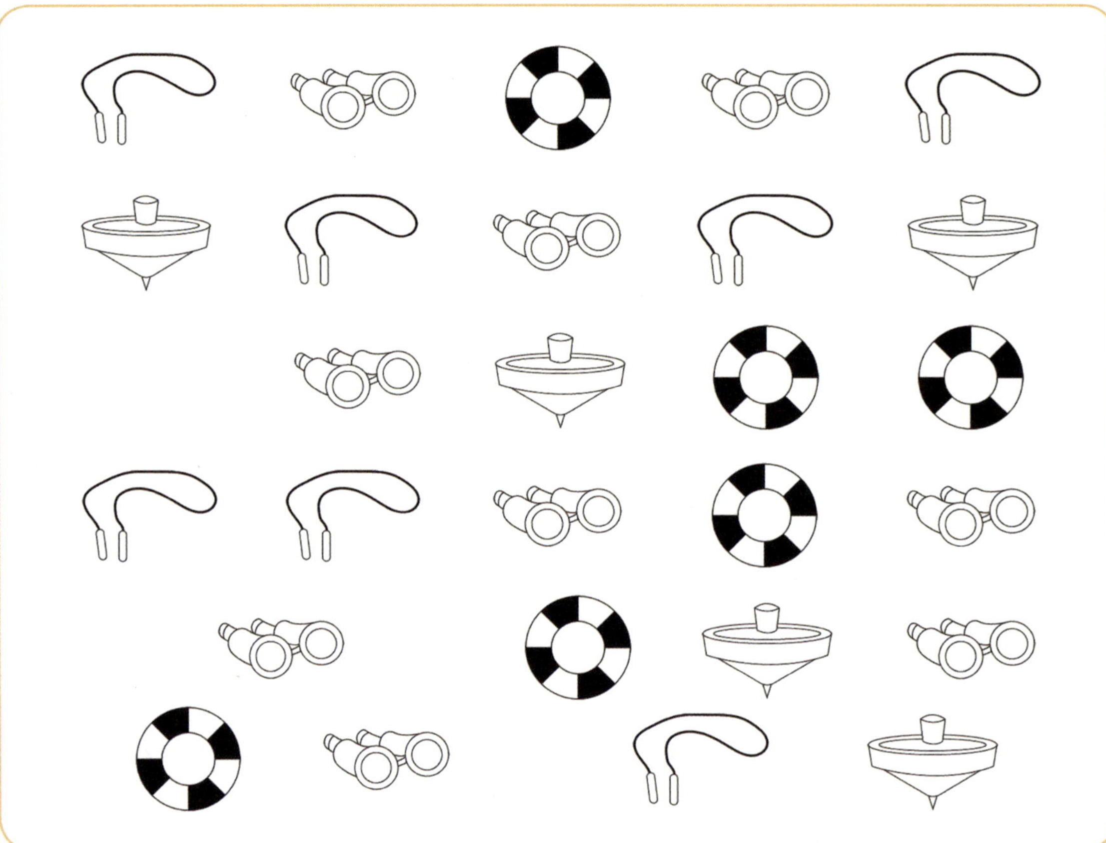

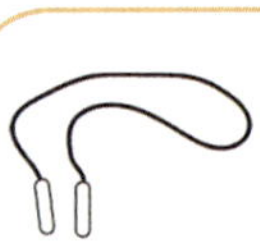 : ____개

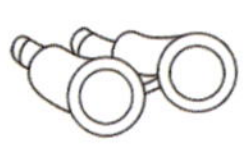 : ____개

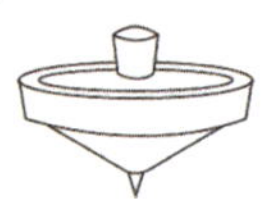 : ____개

 : ____개

1) 위에 나온 개수 중에 가장 큰 수와 가장 작은 수를 쓰세요.

2) 위에 나온 수를 큰 순서대로 써 보세요.

(→ → →)

6) 재미있는 숫자 세계

맨 위의 〈보기〉처럼 박수를 몇 번 쳤는지 세어서 쓰고, 그 수만큼 옆 칸에 ○를 그려 보세요.

짝 짝 짝 짝짝짝짝	7	〈보기〉 ○○○○○○○
짝 짝 짝 짝 짝		
짝 ~ 짝 짝 짝		
짝 짝 짝 짝 짝 짝 짝 짝 짝		
짝 ~ 짝 ~ 짝 ~ 짝 짝 짝		
짝 짝 짝 짝 짝 짝 ~ 짝 짝		
짝 짝 짝 짝 짝 ~ 짝 짝 짝 짝 짝		
짝짝짝짝 짝짝짝짝 짝짝짝 ~ 짝		

4

7) 재미있는 숫자 세계

수를 세어 빈 곳에 알맞게 써넣고, 같은 수끼리 선으로 이으세요.

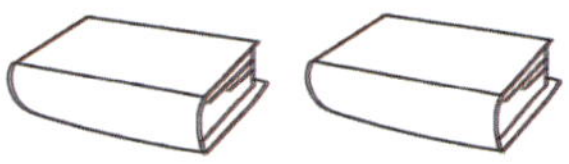
: ____권 •　　• 1 •　　• 셋

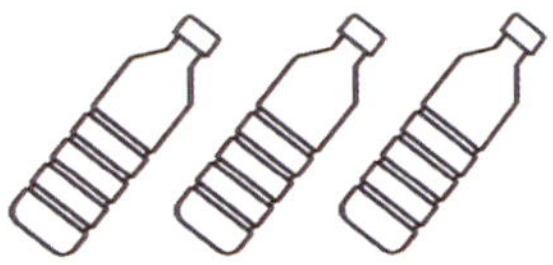
: ____병 •　　• 2 •　　• 다섯

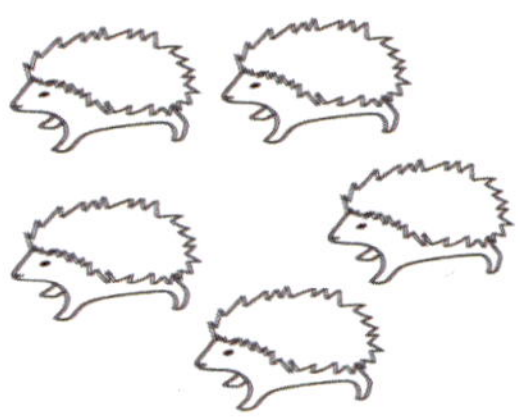
: ____마리 •　　• 3 •　　• 하나

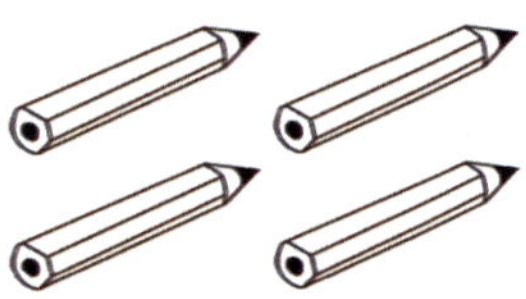
: ____자루 •　　• 4 •　　• 넷

: ____대 •　　• 5 •　　• 둘

8) 재미있는 숫자 세계

아래 문장을 읽어 보세요. 숫자는 조금 더 큰 목소리로 읽어 봅시다.

내 친구 민규네 집은	5 오	층 입니다.
학교에서 집에 가는 버스는	1 일	번 버스 입니다.
내가 타는 지하철은	7 칠	호선 입니다.
제비뽑기에서 나온 종이에	8 팔	이 적혀 있습니다.
올 해 추석이	9 구	월 입니다.

4

9) 재미있는 숫자 세계

나뭇가지로 여러 가지 모양을 만들었어요. 같은 개수로 이루어진 것을 찾아 연결해 보세요.

10) 재미있는 숫자 세계

★ 100 숫자판 ★

손가락으로 숫자를 짚어 가며 1부터 100까지 읽어 보세요.

1	2	3	4	5	6	7	8	9	10
11	12	13	14	15	16	17	18	19	20
21	22	23	24	25	26	27	28	29	30
31	32	33	34	35	36	37	38	39	40
41	42	43	44	45	46	47	48	49	50
51	52	53	54	55	56	57	58	59	60
61	62	63	64	65	66	67	68	69	70
71	72	73	74	75	76	77	78	79	80
81	82	83	84	85	86	87	88	89	90
91	92	93	94	95	96	97	98	99	100

11) 재미있는 숫자 세계

앞에서 배운 100숫자판을 참고로 하여, 빈칸에 알맞은 숫자를 적어 넣으세요.

		3		5	6	7		9	10
11	12	13	14		16		18		20
		23		25			28	29	
31	32	33	34	35	36				40
	42			45		47	48	49	
	52		54	55			58		60
		63		65	66	67	68		70
71	72	73		75				79	
		83	84					89	
91				95		97		99	100

12) 재미있는 숫자 세계

앞에서 배운 100숫자판을 참고로 하여, 빈칸에 알맞은 숫자를 적어 넣으세요.

1) 숫자 ____부터 ____까지 있습니다.

1		3		5	6		8	9	10
11	12		14	15		17		19	20
21		23			26	27		29	30
31		33		35	36	37	38		40
41	42		44	45		47		49	50

2) 숫자 ____부터 ____까지 있습니다.

	62		64		66	67		69	
71		73		75		77	78		80
81		83		85	86		88		90
91		93	94				98	99	

4

13) 재미있는 숫자 세계

아래 수는 100숫자판에서 일부분을 떼어 놓은 것입니다. 100숫자판의 규칙을 생각하면서 빈칸에 알맞은 수를 써넣으세요.
(157쪽의 100숫자판을 익히고 오면 더 좋습니다!)

1	2	3	4	5	6	7	8	9	10
11	12	13	14	15	16	17	18	19	20
21	…	…	…	…	…	…	…	…	…

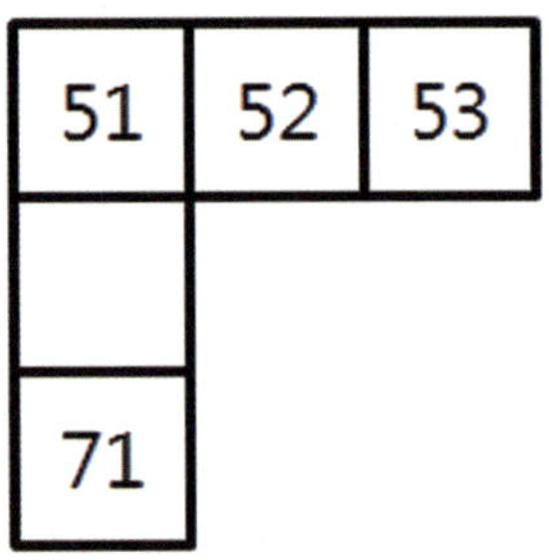

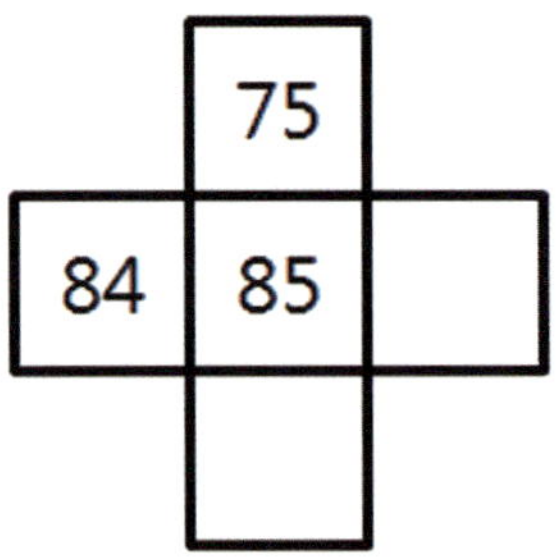

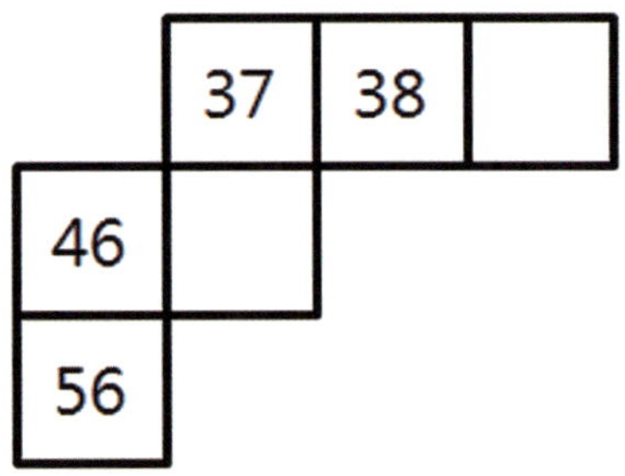

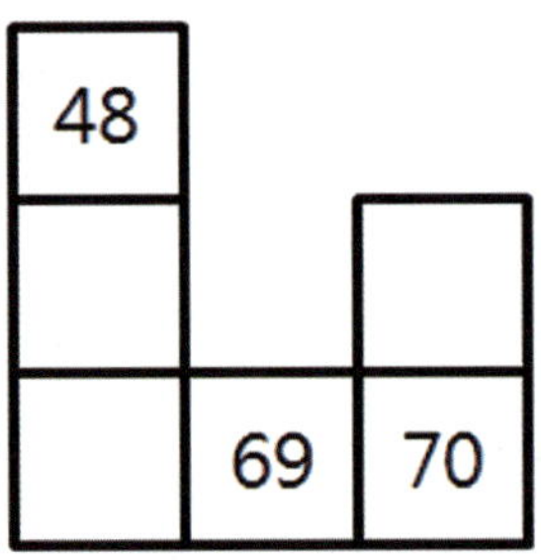

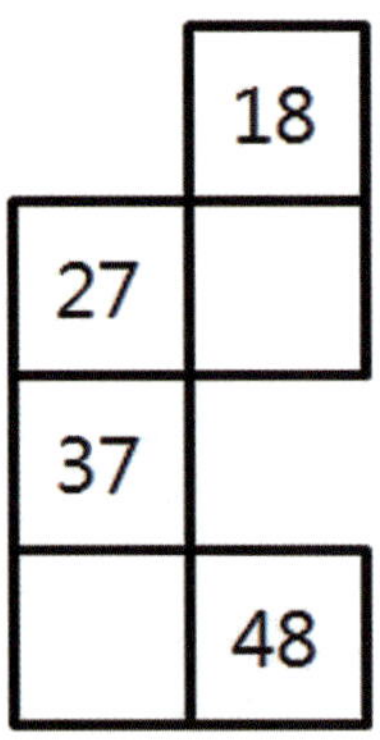

14) 재미있는 숫자 세계

규칙을 찾아 화살표의 방향을 잘 보고, [ ] 안에 알맞은 수를 써넣으시오. 그리고 규칙을 말로 설명해 보세요.

1 →	3 →	5 →	↓
↓ ←	←	11 ←	←
→	→	→	↓
↓ ←	←	←	25 ←
33 →	→	→	

→	13 →	14 →	↓
↓ ←	←	←	←
→	21 →	→	↓
↓ ←	←	←	24 ←
→	→	30 →	

15) 재미있는 숫자 세계

다음 [ ] 안에 들어갈 알맞은 수를 쓰세요.

① 1000이 2개, 100이 8개, 10이 3개, 1이 9인 수는 [ ] (이)고,
[ ] (이)라고 읽는다.

② 7569는 1000이 [ ] 개, 100이 5개, 10이 [ ] 개, 1인 9인 수이며,
[ ] (이)라고 읽는다.

③ 4000 + 300 + 8을 모두 합하면 [ ] 이고,
[ ] (이)라고 읽는다.

④ 오천육십오를 숫자로 나타내면 [ ] (이)라고 쓴다.

⑤ 1000이 4개, 100이 13개, 10이 1개인 수는 [ ] (이)고,
[ ] (이)라고 읽는다.

16) 재미있는 숫자 세계

다음 설명을 읽고, 알맞은 수를 쓰세요.

① 10의 자리가 2, 1의 자리가 7인 수는? [ ]

② 10개씩 5묶음이 있고, 낱개가 9개인 수는? [ ]

③ 10모형이 7개, 낱개가 15개인 수는? [ ]

④ 십의 자리와 일의 자리가 각각 8인 수는 [ ] 이고 [ ] 라고 읽습니다.

⑤ 90보다 10 큰 수는? [ ]

4

다음 [ ] 안에 들어갈 알맞은 수를 쓰세요.

① $300 + 20 + 7 =$ [ ]

② $400 +$ [ ] $+ 2 = 482$

③ $500 + 7 =$ [ ]

④ $900 + 90 + 9 =$ [ ]

⑤ [ ] $+$ [ ] $+$ [ ] $= 876$

17) 재미있는 숫자 세계

다음 설명 중, 알맞지 않은 설명을 모두 찾으세요. 그리고 그 이유를 설명해 보세요.

① 150에서 100씩 두 번 뛰어세기 한 것은 350이다.

② 302에서 10씩 3번 뛰어세기 한 것은 332이다.

③ 450은 250에서 100씩 4번 뛰어세기 한 것이다.

④ 290에서 10씩 5번 뛰어세기 한 것은 350이다.

⑤ 500에서 900까지는 100씩 4번 뛰어세기 한 것이다.

보기를 본 후, 동그라미 되어 있는 숫자를 알맞은 색깔로 색칠하세요.
백의 자리는 초록색, 십의 자리는 빨간색, 일의 자리는 파란색입니다. 그리고 그 숫자가 실제로 얼마를 나타내는지 수를 쓰세요.

보기

①	②	③
2 5 4	5 2 8	4 9 6

④	⑤	⑥
8 1 0	7 7 7	9 0 8

18) 재미있는 숫자 세계

다음 보기와 같이 자릿수에 맞는 기호를 써서 나타내세요. 그리고 그 숫자가 실제로 나타내는 수를 쓰세요.

보기

천의 자리 – ○ 백의 자리 – □
십의 자리 – × 일의 자리 – ◇

〈예〉
① 8 8 6 5 (밑줄: 8 천의 자리)
○ → 8000

〈예〉
② 6 7 8 9 (밑줄: 8 십의 자리)
× → 80

③ 3 4 5 6

④ 2 1 0 7

⑤ 1 9 6 1

⑥ 3 4 7 0

⑦ 5 8 9 2

⑧ 3 5 8 5

⑨ 5 0 1 2

⑩ 1 0 3 9

4

19) 재미있는 숫자 세계

다음 수 중 가장 큰 수는 맨 위 칸에, 가장 작은 수는 맨 아래 칸에 써 보세요.

① 249, 250, 312, 263

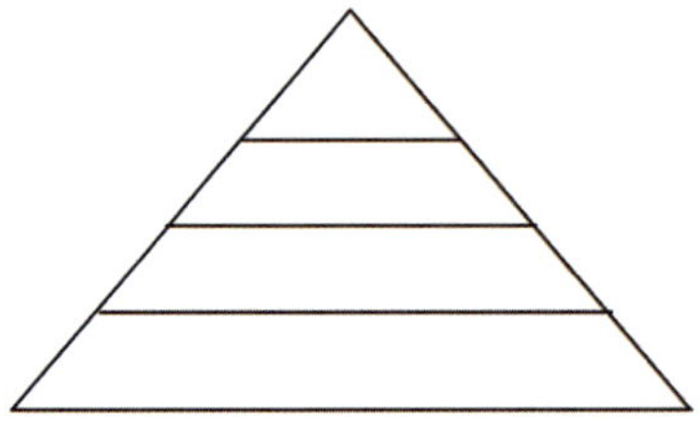

② 582, 499, 601, 523

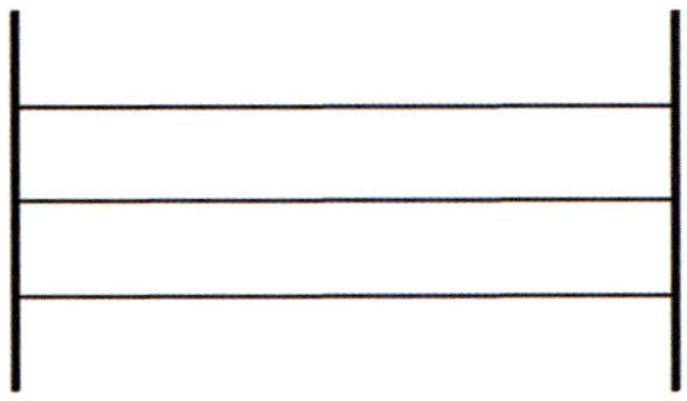

③ 913, 875, 789, 834

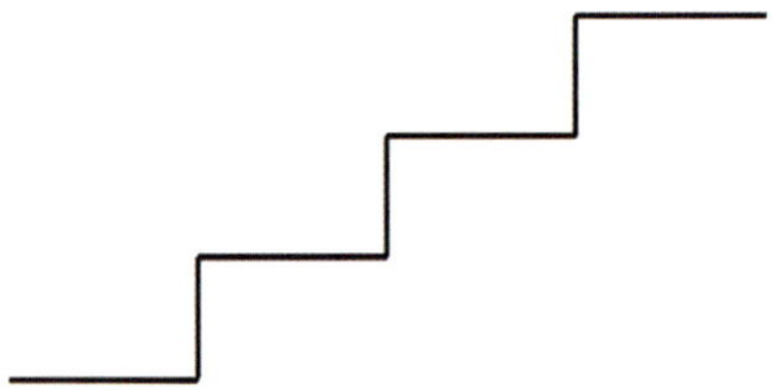

다음 주어진 수를 크기가 작은 순서대로 쓰고, 수직선 위의 대략적인 위치에 점도 찍어 보세요.

427, 581, 399, 701, 690

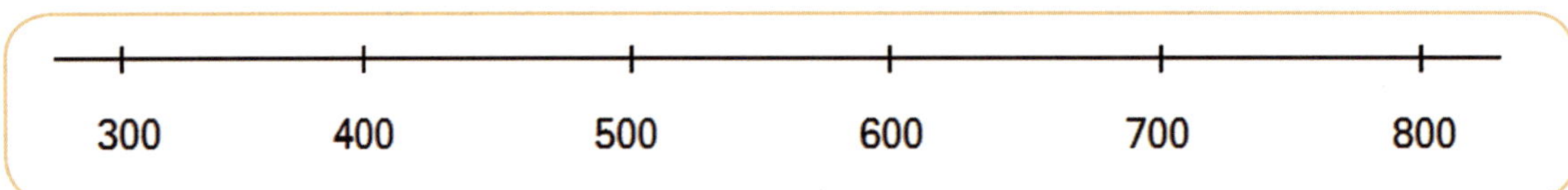

690과 701 사이의 수를 모두 쓰세요.

20) 재미있는 숫자 세계

다음 수의 알맞은 대략적인 위치를 찾아 선으로 연결하세요.

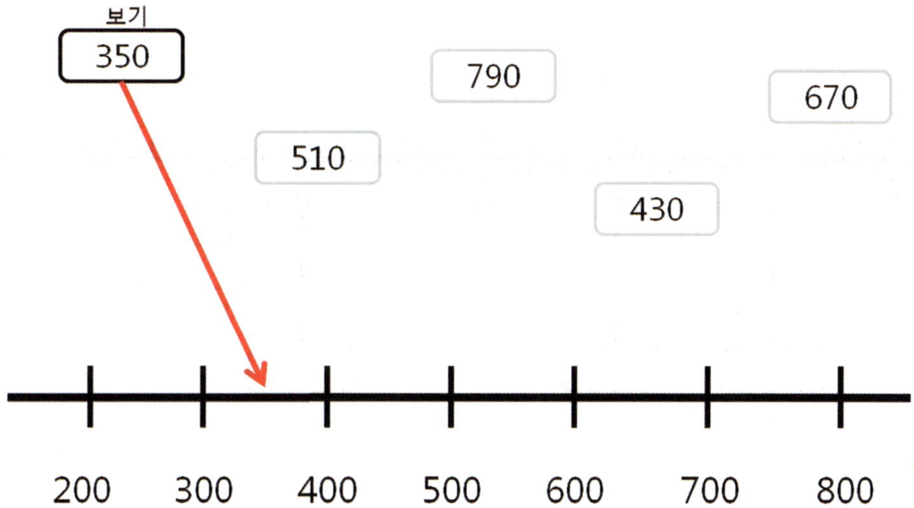

위에 제시된 수를 큰 순서대로 쓰시오.

21) 재미있는 숫자 세계

다음 [ ] 안에 알맞은 수를 써넣으시오.

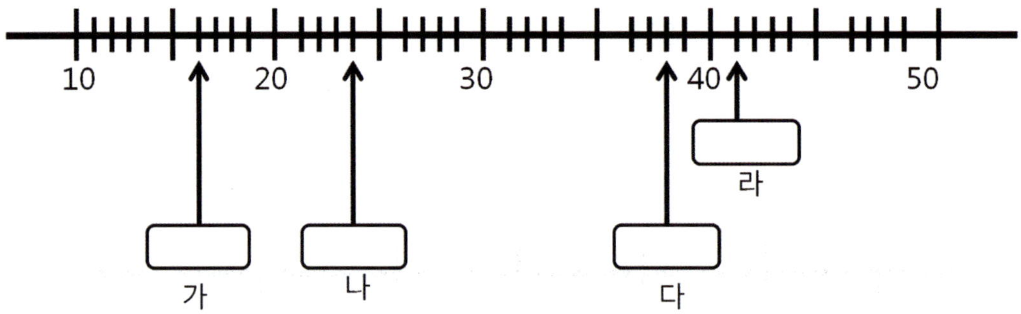

위의 수직선을 보고, 다음 빈칸에 알맞은 수를 쓰세요.

① ㉮보다 4 큰 수는 (　　　　　)입니다.

② ㉯보다 3 작은 수는 (　　　　　)입니다.

③ ㉰에서 2씩 두 번 뛰어세기 한 수는 (　　　　　)입니다.

④ ㉱보다 5 큰 수는 (　　　　　)입니다.

⑤ ㉰와 ㉱ 사이에 있는 수는 (　　　　　)이고 모두 (　　　　　)개입니다.

⑥ ㉮보다 크고 ㉯보다 작은 수는 (　　　　　)입니다.

22) 재미있는 숫자 세계

다음 색칠된 빈칸에 알맞은 수를 찾아 쓰세요. 단, 하나씩 세지 말고 주어진 수들을 참고하여 알맞은 수를 찾아 쓰세요.

701				705					710
			724						730
					746				

다음 수직선에서 색칠된 빈칸에 알맞은 수를 찾아 쓰세요.

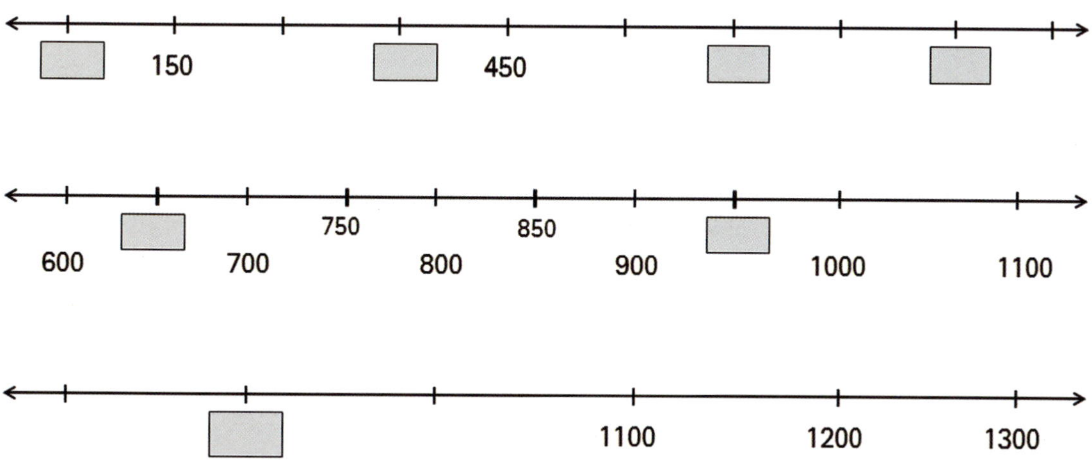

23) 재미있는 숫자 세계

다음 숫자카드로 만들 수 있는 두 자리 수를 모두 써 보세요.

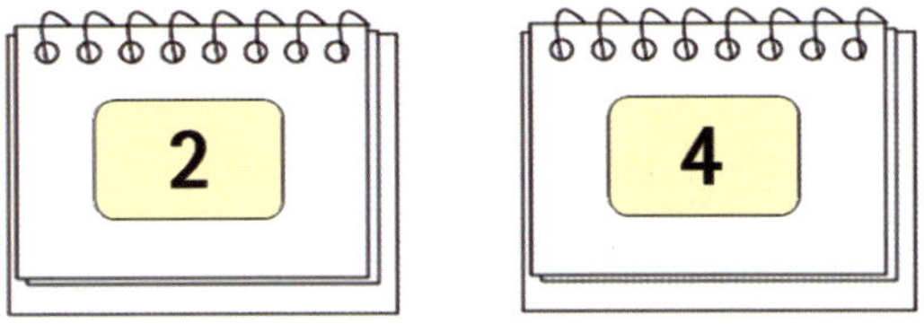

〈보기〉와 같이 다음 숫자카드로 만들 수 있는 세 자리 수를 모두 써 보세요.

보기

1	3	5

24) 재미있는 숫자 세계

다음 숫자카드로 만들 수 있는 두 자리 수를 모두 써 보세요.

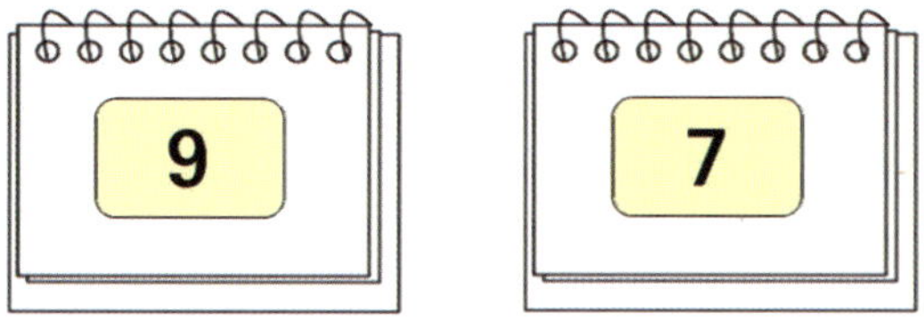

〈보기〉와 같이 다음 숫자카드로 만들 수 있는 세 자리 수를 모두 써 보세요.

보기

4	6	8

4

25) 재미있는 숫자 세계

뛰어세기를 하여 빈칸에 알맞은 수를 쓰세요.

① 850 – 860 – ☐ – ☐ – 890 – ☐

② 147 – 247 – ☐ – 447 – 547 – ☐

③ 555 – 545 – 535 – ☐ – ☐ – ☐

④ 400 – 420 – ☐ – 460 – ☐ – 500

⑤ 960 – ☐ – 980 – ☐ – ☐ – 1010 – ☐

⑥ 50 – ☐ – 150 – ☐ – 250 – ☐ – 350

26) 재미있는 숫자 세계

아래 각 동물들이 절벽을 건너려면 빈칸을 채워야 해요! 규칙을 잘 보고, 빈칸을 알맞은 숫자로 채워 주세요.

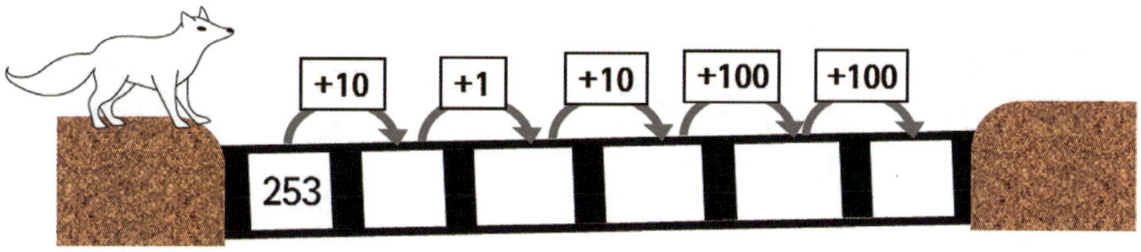

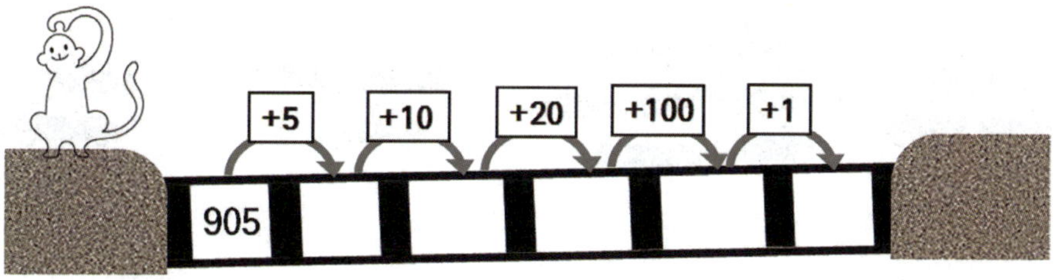

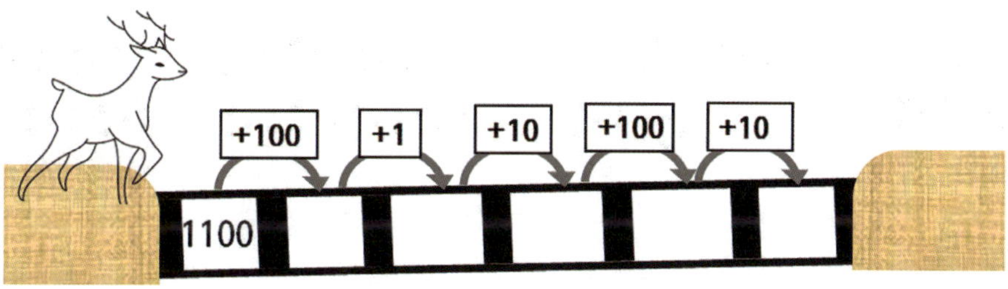

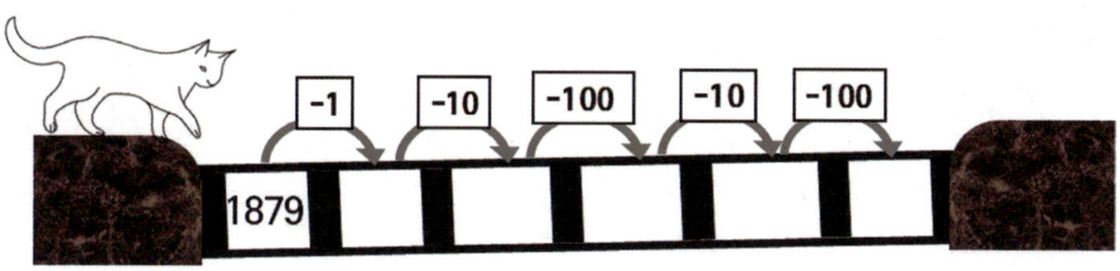

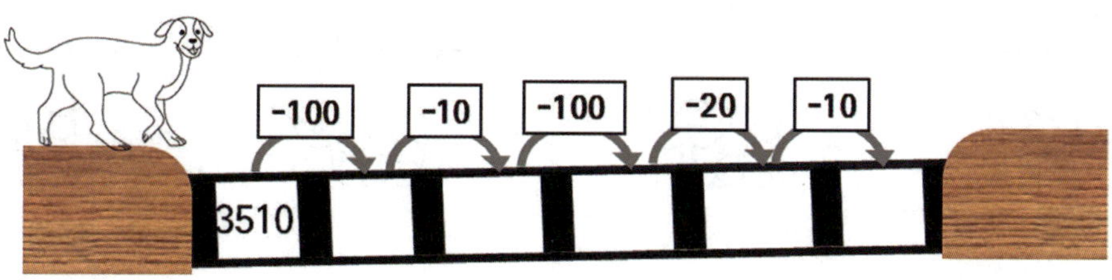

27) 재미있는 숫자 세계

양이 많은 순서대로 1부터 4까지 번호를 쓰세요.

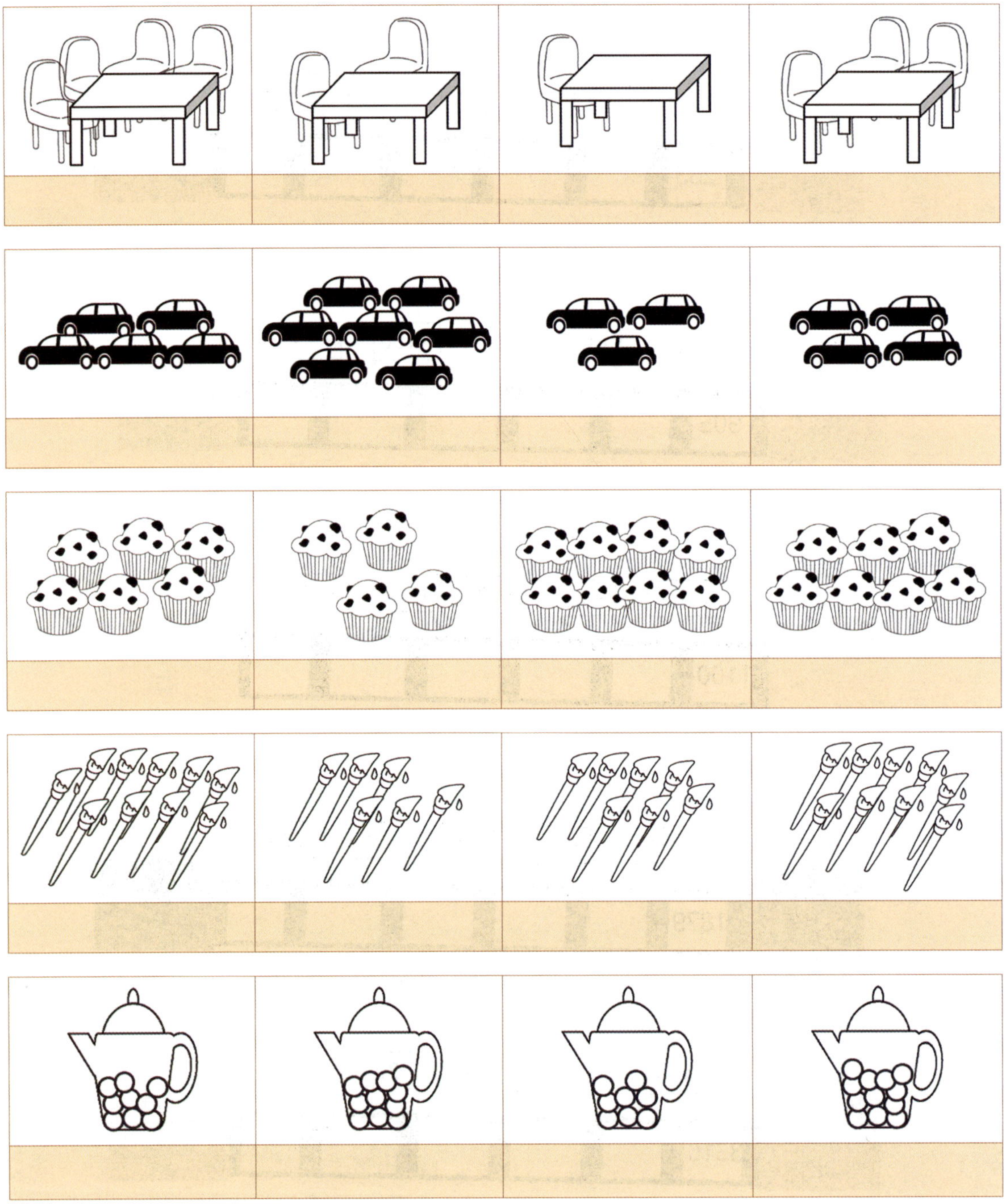

28) 재미있는 숫자 세계

다음의 각 □ 안에서 가장 큰 수를 찾은 후, 찾은 수를 크기가 큰 순서대로 나열하세요.

1, 5, 8	9, 3, 7
7, 5, 6	3, 4, 2
2, 4, 6	4, 3, 5

(→ → → → →)

다음의 각 □ 안에서 가장 작은 수를 찾은 후, 찾은 수를 크기가 작은 순서대로 나열하세요.

25, 32, 18	57, 46, 52
90, 89, 79	65, 47, 56
39, 52, 28	82, 91, 88

(→ → → → →)

나. 사칙연산

1) 무한도전 연산 세계

덧셈을 나타내는 다양한 표현이 있어요. 한 번 알아볼까요?

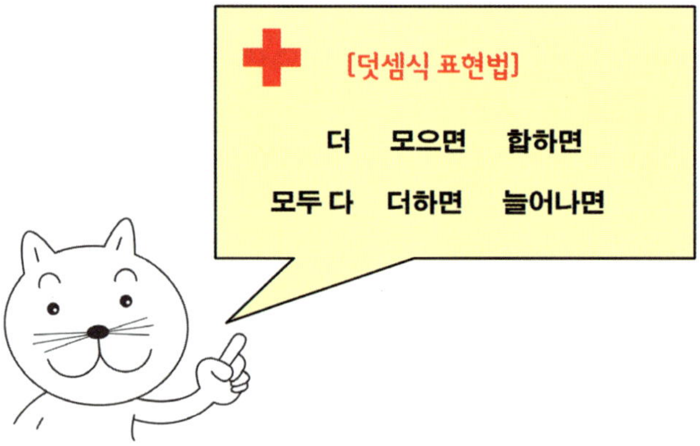

♠ 다음 문장을 읽은 후, 아래의 질문에 답해 보세요.

3학년 1반은 18명이고, 3학년 2반은 17명입니다. 1, 2반은 모두 몇 명일까요?

Q. 어떤 계산 방법이 필요할지 ○하세요. [+ − × ÷]
Q. 그렇게 생각한 이유를, 문장 속 단어를 찾아서 ○하세요.
Q. 알맞은 식을 세워 보세요.
Q. 정답을 써 보세요.

♠ 다음 문장을 읽고 계산식과 답을 적어 보세요.

Q. 공책 4권과 공책 6권을 더하면 10권이다. →
Q. 전깃줄에 참새 2마리가 있었는데, 4마리가 더 날아왔습니다. →

♠ 다음 계산식과 답을 보고 문장으로 표현해 보세요.

Q. $3 + 4 = 7$ →
Q. $9 + 2 = 11$ →

2) 무한도전 연산 세계

뺄셈을 나타내는 다양한 표현이 있어요. 한 번 알아볼까요?

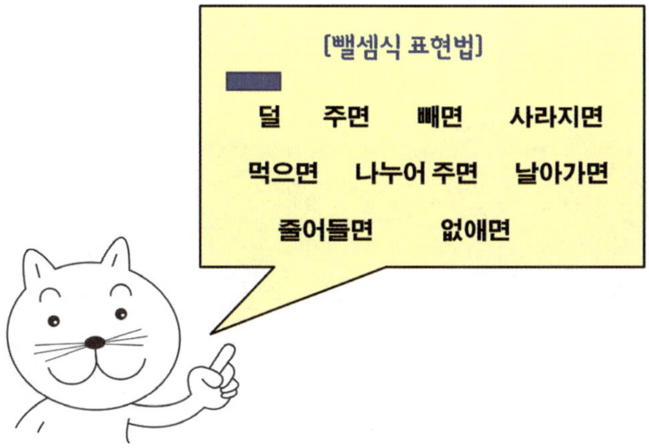

♠ 다음 문장을 읽은 후, 아래의 질문에 답해 보세요.

오늘 새 연필을 7개 샀습니다. 그중에 동생에게 3개를 줬습니다.

Q. 어떤 계산 방법이 필요할지 ○하세요. [+ − × ÷]

Q. 그렇게 생각한 이유를, 문장 속 단어를 찾아서 ○하세요.

Q. 알맞은 식을 세워 보세요.

Q. 정답을 써 보세요.

♠ 다음 문장을 읽고 계산식과 답을 적어 보세요.

Q. 동전이 10개 있었는데, 친구에게 2개를 주었습니다. →

Q. 옷에 묻은 얼룩이 12개였는데, 빨래를 했더니 3개가 사라졌습니다. →

♠ 다음 계산식과 답을 보고 문장으로 표현해 보세요.

Q. 7 − 3 = 4 →

Q. 6 − 1 = 5 →

3) 무한도전 연산 세계

마트 진열대를 보고 아래 문제에 답해 보세요.

1) 오늘 엄마가 사과 3개, 귤 6개, 오이 5개, 당근 2개, 감자 4개를 샀어요. 과일과 채소를 모두 합쳐 몇 개 사셨을까요?

2) 오늘 엄마가 사신 과일은 몇 개일까요?

3) 오늘 엄마가 사신 채소는 몇 개일까요?

4) 과일과 채소 중, 어떤 것을 몇 개 적게 샀나요?

5) 오늘 엄마는 (사과 / 귤 / 오이 / 당근 / 감자)(을)를 가장 많이, (사과 / 귤 / 오이 / 당근 / 감자)(을)를 가장 적게 사셨어요. ________이 ______보다 ______개 더 많아요.

4) 무한도전 연산 세계

1층에서 2층까지 올라가는데 계단이 15개 있습니다.
민준이와 재일이는 선생님과 각각 가위바위보 게임을 하여 계단을 올라가기로 했어요.
가위바위보에서 이기면 3칸 올라가고, 지면 제자리에 있어야 합니다.

민준이 대 선생님

선생님 대 재일이

1) 민준이는 선생님과 가위바위보를 했을 때, 5판 중 3판 이겼습니다.
민준는 모두 몇 칸 올라갔을까요?

2) 재일이가 선생님과 가위바위보를 5판 했는데, 재일이가 2판 이겼습니다.
그렇다면 재일이는 모두 몇 칸을 올라갔을까요?

3) 민준이와 재일이 중, 누가 몇 칸 더 올라갔을까요?

4) 민준이가 계단 끝까지 올라가려면 몇 칸 남았나요?

5) 재일이가 계단 끝까지 올라가려면 몇 칸 더 올라가야 하나요?

5) 무한도전 연산 세계

세모에 적힌 세 숫자를 이용하여 알맞은 식을 완성해 보세요.

1)

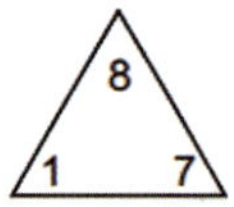

□ + □ = □

□ + □ = □

□ - □ = □

□ - □ = □

2)

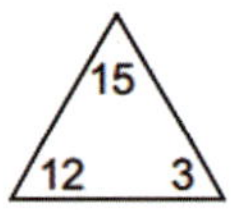

□ + □ = □

□ + □ = □

□ - □ = □

□ - □ = □

3)

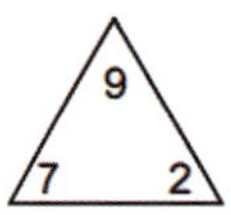

□ + □ = □

□ + □ = □

□ - □ = □

□ - □ = □

4)

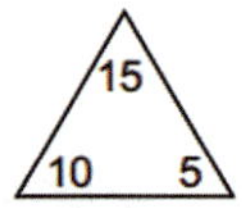

□ + □ = □

□ + □ = □

□ - □ = □

□ - □ = □

5)

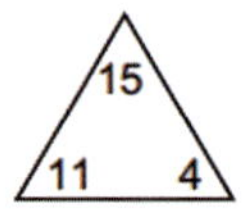

□ + □ = □

□ + □ = □

□ - □ = □

□ - □ = □

6)

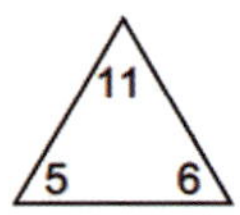

□ + □ = □

□ + □ = □

□ - □ = □

□ - □ = □

6) 무한도전 연산 세계

나무 4그루의 밑동에 숫자가 적혀 있습니다. 나무의 가장 아래에 있는 숫자들을 서로 더하거나 빼서 위로 올라가세요.

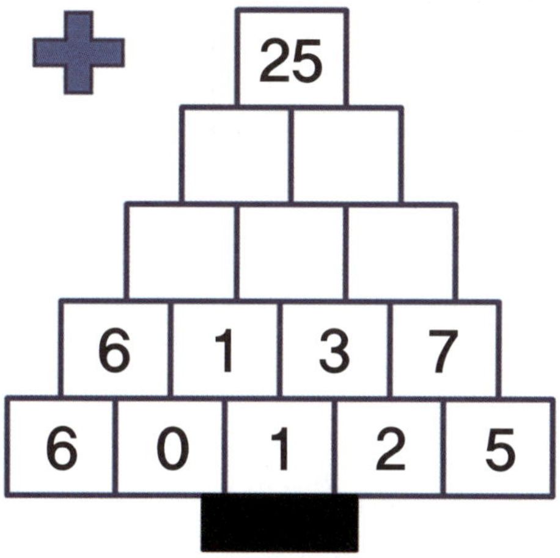

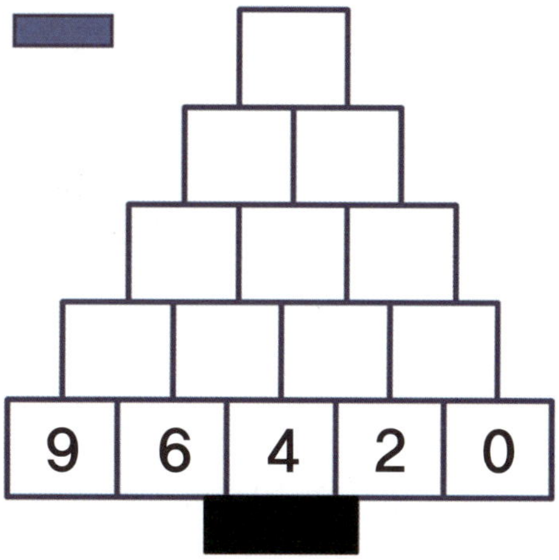

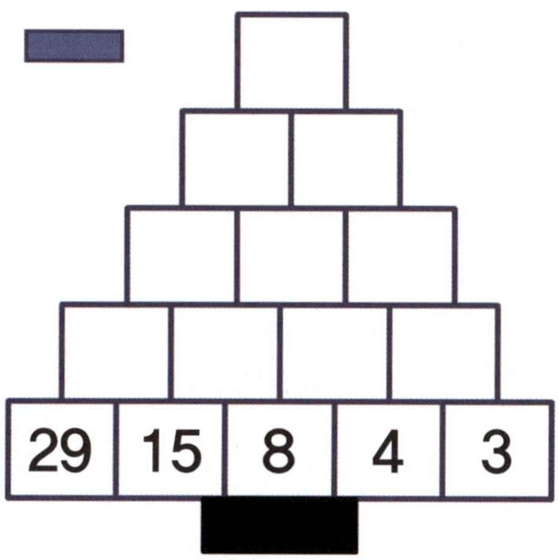

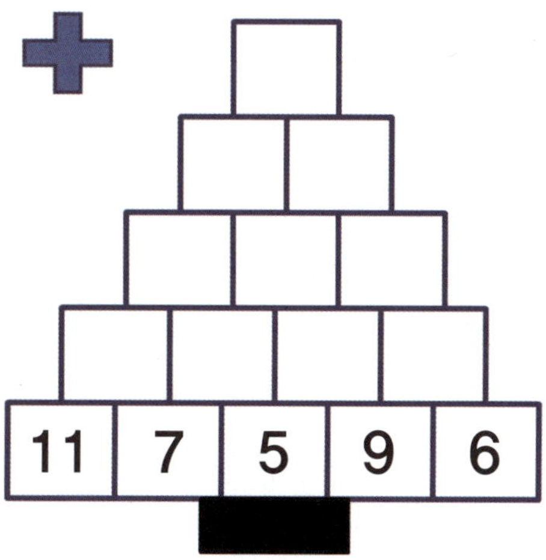

7) 무한도전 연산 세계

곱셈을 나타내는 다양한 표현이 있어요. 한 번 알아볼까요?

♠ 다음 문장을 읽은 후, 아래의 질문에 답해 보세요.

나는 책 2권을 샀고, 내 친구 솔이는 나보다 3배 많은 책을 샀습니다.

Q. 어떤 계산 방법이 필요할지 ○ 하세요. [+ − × ÷]

Q. 그렇게 생각한 이유를, 문장 속 단어를 찾아서 ○ 하세요.

Q. 알맞은 식을 세워 보세요.

Q. 정답을 써 보세요.

♠ 다음 문장을 읽고 계산식과 답을 적어 보세요.

Q. 혜진이는 색종이가 5장 있고, 성준이는 혜진이보다 3배 더 있습니다. →

Q. 일규는 아침에 밥 세 공기를 먹었습니다. 은석이는 일규의 2배를 먹었습니다. →

♠ 다음 계산식과 답을 보고 문장으로 표현해 보세요.

Q. $3 \times 3 = 9$ →

Q. $9 \times 2 = 18$ →

8) 무한도전 연산 세계

문제를 잘 읽고 대답해 보세요.

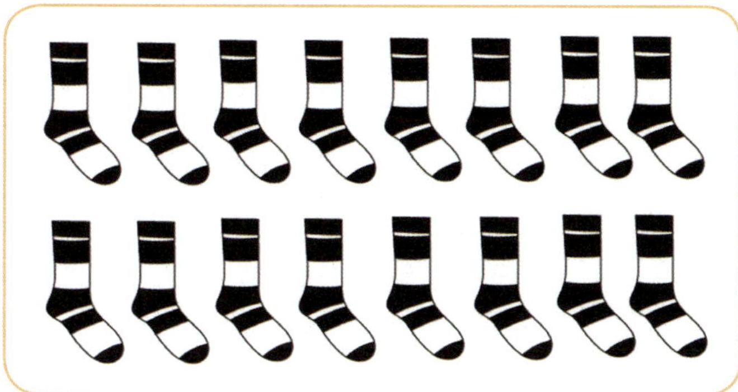

양말이 모두 몇 개 있나요?

______개

2개씩 묶어 보세요

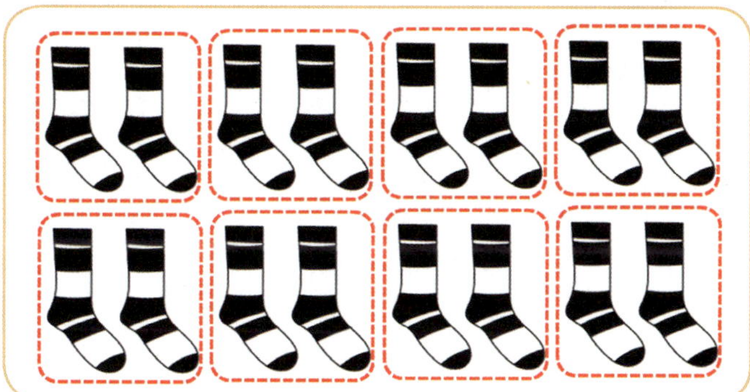

이것을 덧셈식으로 표현해 보면,

2 + 2 + 2 + 2 + 2 + 2 + 2 + 2 = 16

이 식은, 다시 곱셈식으로 바꿀 수 있어요.

2개 × 8묶음 = 16개

★ 그러므로 곱셈은 덧셈으로, 덧셈은 곱셈으로 바꾸어 표현할 수 있어요!

[2 × 8 = 16] 을 문장으로 어떻게 표현할까요?

☆ 2개씩 8번 세면, 모두 16이 된다.

☆ 2씩 8묶음이므로 2의 8배는 16이다.

☆ 2 곱하기 8은 16과 같다.

☆ 2씩 8번 뛰어세기와 같다.

☆ 16은 2의 8배다.

9) 무한도전 연산 세계

다음 그림을 보고, 곱셈식과 덧셈식으로 나타내 보세요.

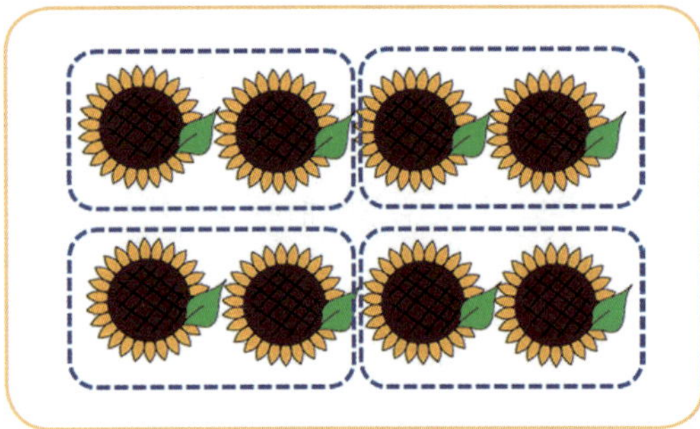

____ × 4 = 8

____ + ____ + ____ + ____ = 8

(____ × ____) + 2 = 8

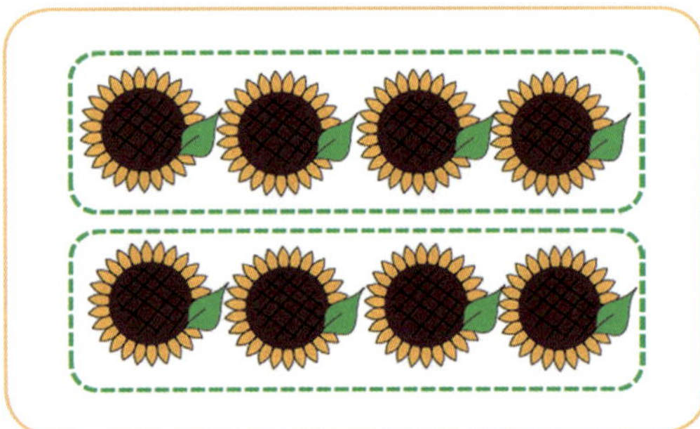

____ × 2 = 8

____ + ____ = 8

(____ × ____) + 4 = 8

____ × 3 = 12

____ + ____ + ____ = 12

(____ × ____) + 4 = 12

____ × 6 = 12

____ + ____ + ____ + ____ + ____

+ ____ = 12

(____ × ____) + 2 = 12

10) 무한도전 연산 세계

〈보기〉를 보고, 다음 곱셈구구를 곱셈식과 덧셈식을 함께 사용하여 다양하게 표현해 보고 답도 적어 보세요.

보기

$2 \times 8 = (2 \times 7) + 2 = 16$
$5 \times 5 = (5 \times 2) + 5 + 5 + 5 = 25$
…

1. $7 \times 4 \quad = \qquad\qquad =$

2. $3 \times 5 \quad = \qquad\qquad =$

3. $10 \times 6 = \qquad\qquad =$

4. $8 \times 9 \quad = \qquad\qquad =$

5. $5 \times 7 \quad = \qquad\qquad =$

6. $6 \times 3 \quad = \qquad\qquad =$

7. $9 \times 5 \quad = \qquad\qquad =$

8. $2 \times 8 \quad = \qquad\qquad =$

9. $4 \times 9 \quad = \qquad\qquad =$

10. $8 \times 6 = \qquad\qquad =$

4

11) 무한도전 연산 세계

다음 바퀴 가운데에 적혀 있는 숫자를 보고, 곱셈구구의 알맞은 답을 빈칸에 적어 보세요.

12) 무한도전 연산 세계

다음 바퀴 가운데에 적혀 있는 숫자를 보고, 곱셈구구의 알맞은 답을 빈칸에 적어 보세요.

13) 무한도전 연산 세계

다음 그림을 다양한 곱셈식으로 표현해 보세요.

____ × ____ = ____

____ × ____ = ____

____ × ____ = ____

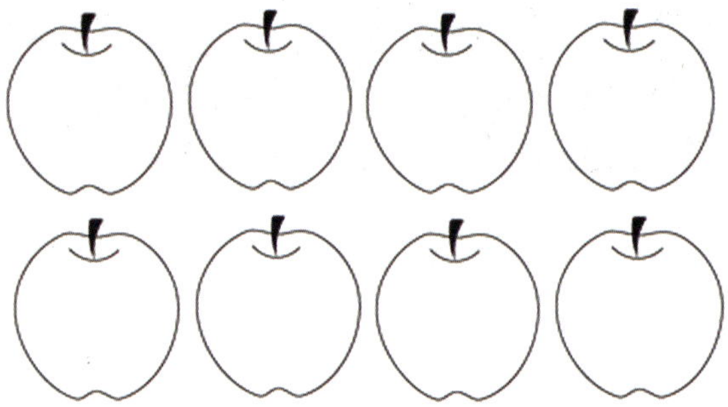

____ × ____ = ____

____ × ____ = ____

____ × ____ = ____

____ × ____ = ____

____ × ____ = ____

____ × ____ = ____

14) 무한도전 연산 세계

나눗셈을 나타내는 다양한 표현이 있어요. 한 번 알아볼까요?

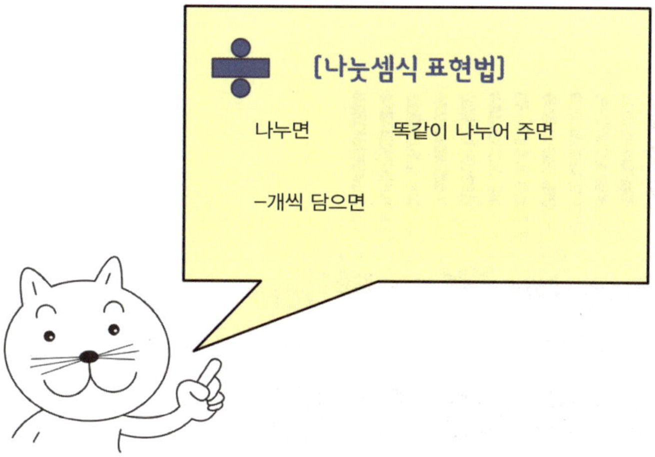

♠ 다음 문장을 읽은 후, 아래의 질문에 답해 보세요.

> 오늘 내 친구 5명이 우리 집에 놀러 왔습니다. 엄마가 사이좋게 나누어 먹으라고 과자 15개를 주셨습니다. 한 사람당 몇 개씩 먹으면 될까요?

Q. 어떤 계산 방법이 필요할지 ○ 하세요. [+ − × ÷]
Q. 그렇게 생각한 이유를, 문장 속 단어를 찾아서 ○ 하세요.
Q. 알맞은 식을 세워 보세요.
Q. 정답을 써 보세요.

♠ 다음 문장을 읽고 계산식과 답을 적어 보세요.

Q. 내가 가진 공책 15권을 민지, 솔희, 영민이에게 5권씩 나누어 줬습니다. →
Q. 피자 6판을 시켜서 6명이 똑같이 나누어 먹었습니다. →

♠ 다음 계산식과 답을 보고 문장으로 표현해 보세요.

Q. $8 \div 2 = 4$ →
Q. $12 \div 4 = 3$ →

4

15) 무한도전 연산 세계

과자파티에서 4명의 아이들의 개인접시에 똑같은 수의 과자를 담으려고 해요. 막대과자 16개, 사탕 20개, 도넛 7개가 있어요. 그림을 보고 아래 문제에 답해 보세요.

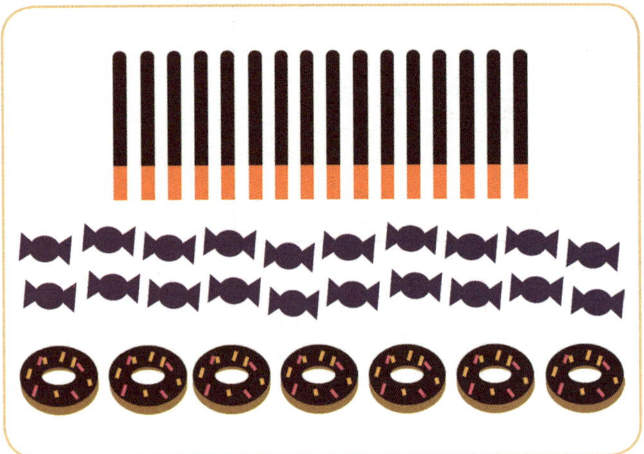

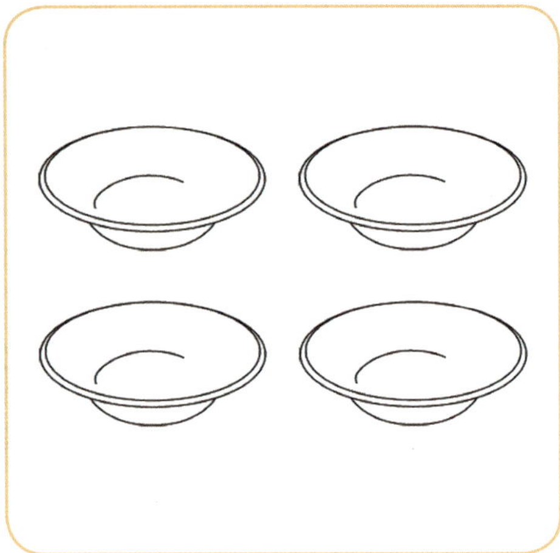

1) 막대과자는 몇 개씩 나누어 주어야 할까요?

2) 사탕은 몇 개씩 나누어 주어야 할까요?

3) 도넛은 똑같이 나누어 주고 나면 몇 개가 남을까요?

4) 마실 것으로는 요구르트를 2개씩 나누어 주려고 해요. 몇 개가 필요할까요?

5) 현수는 막대과자 ____개, 사탕 ____개, 도넛 ____개, 요구르트 ____개를 받았어요.

▶ 간식의 총 개수는 몇 개인가요?

16) 무한도전 연산 세계

놀이동산으로 소풍을 가서 재미있는 놀이기구를 타려고 해요. 우리 반은 모두 26명이에요.

1) 회전컵은 3명씩 타야 해요.

빙글빙글 회전컵

① 회전컵은 모두 몇 개가 필요할까요?

② 3명이 타지 못하는 회전컵이 있어요.
이 회전컵에는 몇 명이 탔을까요?

2) 바이킹을 타러 갔어요. 그런데 2명이 무서워서 타지 않겠다고 해서 밖에서 기다리기로 했어요. 바이킹은 한 줄에 8명씩 타야 해요. 우리 반은 총 몇 줄에 걸쳐서 탔을까요?

천하무적 바이킹

17) 무한도전 연산 세계

묶어 덜어 내기

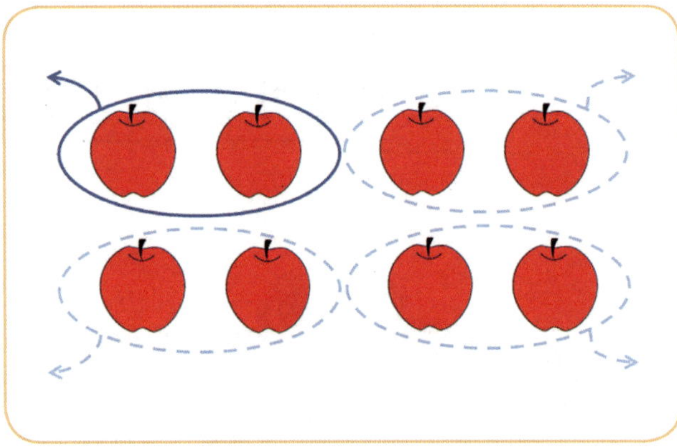

사과를 두 개씩 묶어서 덜어 내 보세요.
몇 번 덜어 낼 수 있나요?
사과 8개를 2개씩 묶어 4번 덜어 낼 수 있어요. 이를 나눗셈식으로 표현해 보면,
8개(전체) ÷ 2개씩 = 4번

이 식은,
다시 뺄셈식으로 바꿀 수 있어요.
$8 - 2 - 2 - 2 - 2 = 0$

★ 그러므로 **나눗셈은 뺄셈으로, 뺄셈은 나눗셈으로** 바꾸어 표현할 수 있어요!

이것을 나눗셈식을 통해 다시 살펴보면 다음과 같아요.

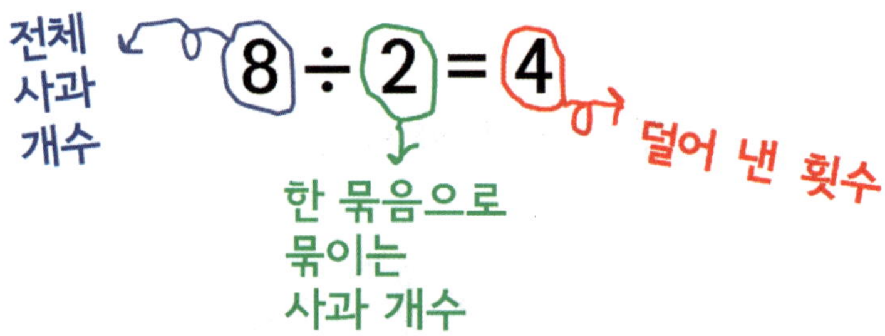

★ 이때 8은 **나눠지는 수**, 2는 **나누는 수**, 4는 **몫**이라고 해요!

똑같게 나누기

그러면 이번에는 사과 8개를 접시 2개에 똑같이 나누어 담아 볼까요?

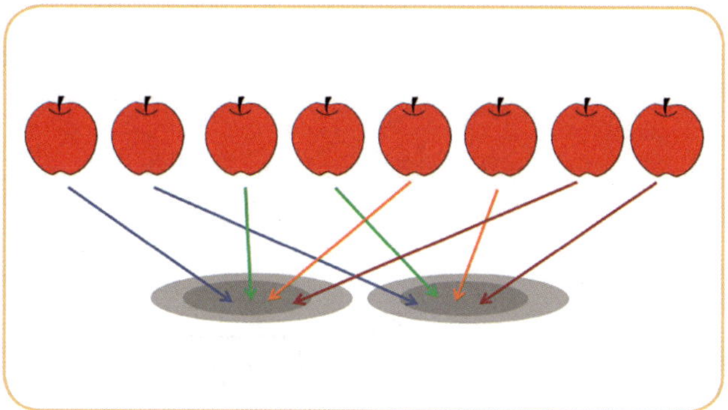

사과 8개를 접시 2개에 똑같게 나누면 한 접시에 4개씩 담을 수 있어요.
이것을 나눗셈식으로 표현해 보면,
8개(전체) ÷ 2접시 = 4개씩

이 식은,
곱셈식으로도 표현할 수 있어요.
2 × 4 = 8 또는 4 × 2 = 8

이것을 나눗셈식을 통해 다시 살펴보면 다음과 같아요.

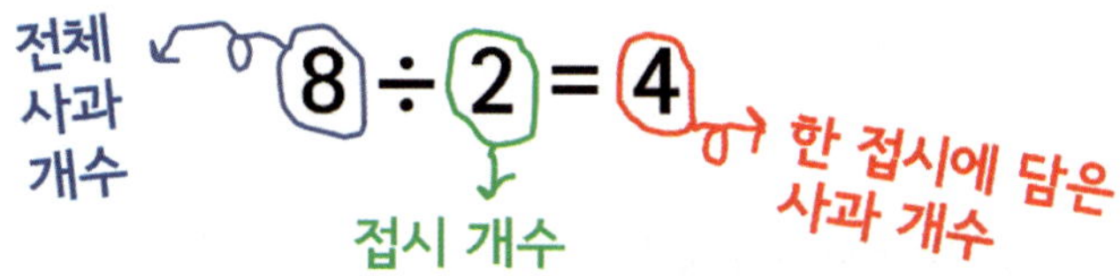

★ 이때 8은 **나눠지는 수**, 2는 **나누는 수**, 4는 **몫**이라고 해요!

※ **나누는 수**와 **몫**을 곱하면 **나눠지는 수**가 돼요.

이것을 곱셈식과 나눗셈식을 통해 살펴보면 다음과 같아요.

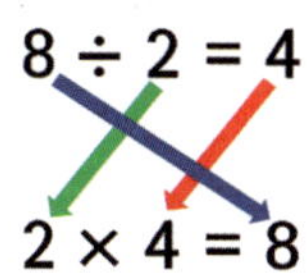

[8 ÷ 2 = 4] 를 문장으로 어떻게 표현할까요?

☆ 8개를 2개씩 4번 덜어 낼 수 있다.
☆ 8개를 2개의 접시에 똑같게 나누면 한 접시에 4개씩 담게 된다.
☆ 8 나누기 2는 4와 같다.

18) 무한도전 연산 세계

두 자릿수 이상 나누기하는 방법!

82 ÷ 3 의 답을 어떻게 구할 수 있을까요?

[방법 1]

$3\overline{)\,8\,2}$

① 먼저, 십의자리 숫자 '8'에
3이 몇 번 들어갈 수 있는지
생각해서 적어 보세요.

② 3) 82 → 몫 2, 8에서 6을 빼고 22

십의자리 숫자
8에서 6을 빼기

일의자리 숫자
2는 그대로

③ 그런 다음, '22'에는 3이 몇 번
들어갈 수 있는지 생각해 보세요.
헷갈리면 하나씩 써서 풀 수 있어요!
22와 가까운지 비교하세요.
22보다 큰 수가 나오면 그 숫자에 X하고,
바로 앞 숫자에 ◯ 하고 적으세요.

3 × 1 = 3
3 × 2 = 6
3 × 3 = 9
3 × 4 = 12
…
3 × ⑦ = ㉑
3 × ~~8 = 24~~

④ 3) 82 → 몫 27
6
22
21
1

22 − 21 = 1
1은 3보다 작으므로,
더 이상 나눌 수 없어요.
1은 나머지라고 해요.

⑤ 따라서, 82 ÷ 3의
몫은 27, 나머지는 1

그렇다면 더 큰 수는?

127 ÷ 15 의 답을 어떻게 구할 수 있을까요?

```
15 / (12)7
```

① 나누는 수가 두 자리 수이면, 먼저
나눠지는 수도 두 자리를 ○ 하고 생각하세요.

② ○와 15의 크기를 비교해 보아요.
○가 15로 묶일 수 있나요?
묶일 수 없다면(○가 더 작다면),
127을 15씩 묶어야(127을 15로 나누어야) 해요!

③ [방법 1]대로 할 수도 있어요.

15의 곱셈구구는
앞의 수에 15씩을 더해 준다고
생각하면 돼요!

127에 최대한 가까운 수를
찾으세요. 127보다 큰 수가 나오면,
그 숫자에 X 하고,
바로 앞 숫자에 ○ 하고 적으세요.

15 × 1 = 15
15 × 2 = 30
15 × 3 = 45
15 × 4 = 60
…
15 × (8) = (120)
~~15 × 9 = 135~~

```
        8
15 / 1 2 7
     1 2 0
     -----
         7
```

③ 그러면 [방법 2]를 알아볼까요?

ⓐ 15의 10배 (15 × 10)를 먼저 해 봐요.
15 뒤에 0을 하나만 붙이면 돼요!
☞ 150

ⓑ 150이 127보다 크니까,
15에 곱하는 수를 하나씩 줄여 보아요.

15 × 10 = 150
15 × 9 = 135
15 × (8) = (120)

앞의 수에서
15씩을 빼면 돼요!

ⓒ 이번에는, 127보다 작은 수가 나오면
바로 그 수에 동그라미를 하세요!

```
        8
15 / 1 2 7
     1 2 0
     -----
         7
```

ⓓ 따라서, 127 ÷ 15의
몫은 8, 나머지는 7

19) 무한도전 연산 세계

다음 뽑기통에 들어 있는 산수 문제들을 풀어서 답을 같은 것끼리 모으면 단어가 나와요. 산수 문제를 풀면 어떤 답들이 나오는지, 또 어떤 단어들이 나오는지 아래에 적어 보세요.

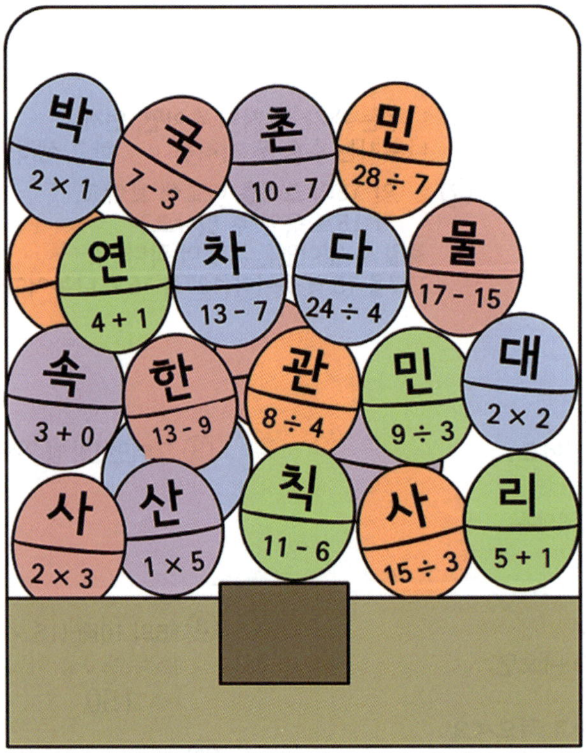

산수 문제의 답	나오는 단어

20) 무한도전 연산 세계

가로, 세로로 식이 완성될 수 있도록 빈칸에 알맞은 숫자를 적어 넣으세요.

①

+ −

7	−	2	+	9	=	
+		+		−		+
5	−	1	+	6	=	
−		+		+		−
4	+	5	−	3	=	
=		=		=		=
	+		−		=	

②

× ÷ + −

4	×	3	−	2	=	
÷		+		×		×
2	+	10	−	8	=	
+		−		÷		÷
7	−	7	+	4	=	
=		=		=		=
	−		+		=	

21) 무한도전 연산 세계

가로, 세로로 식이 완성될 수 있도록 빈칸에 알맞은 숫자를 적어 넣으세요.

×, ÷, +, −

9	×	6	÷	2	÷	3	=	
÷		×		×		÷		−
3	×	4	÷	6	+	3	=	
×		÷		×		×		+
8	÷	4	×	2	+	7	=	
−		+		÷		+		−
10	÷	5	×	8	−	3	=	
=		=		=		=		=
	+		−		−		=	

다. 분수와 소수

1) 알쏭달쏭 분수 세계

$$\text{분수} = \frac{\text{선택된 조각 수}}{\text{전체 조각 수}} = \frac{\text{분자}}{\text{분모}}$$

◉ 그렇다면 아래 도형을 분수로 표현해 볼까요?

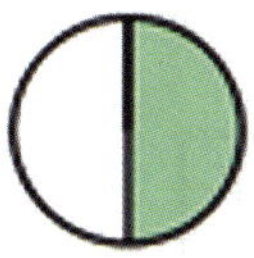

선택된 조각 수	
전체 조각 수	
분자	
분모	
분수로 표현하면?	

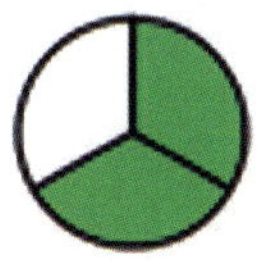

선택된 조각 수	
전체 조각 수	
분자	
분모	
분수로 표현하면?	

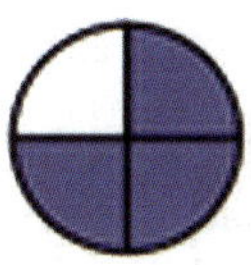

선택된 조각 수	
전체 조각 수	
분자	
분모	
분수로 표현하면?	

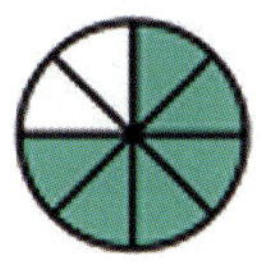

선택된 조각 수	
전체 조각 수	
분자	
분모	
분수로 표현하면?	

2) 알쏭달쏭 분수 세계

아래 도형을 분수로 표현해 볼까요?

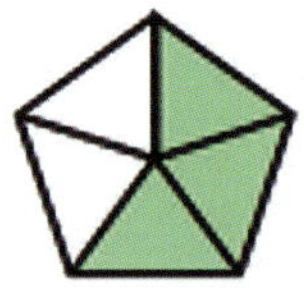

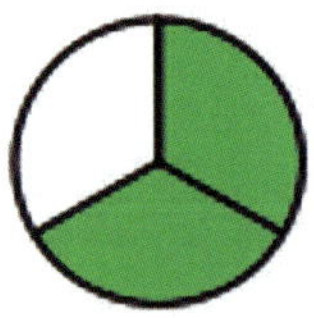

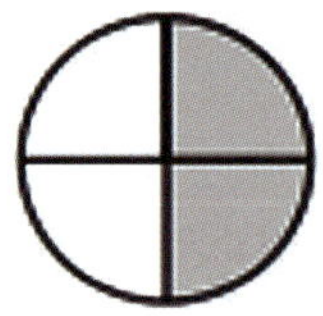

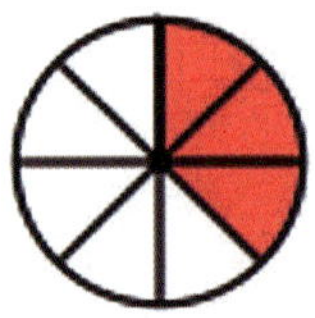

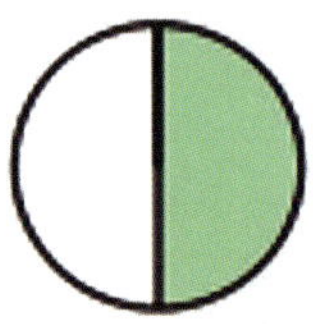

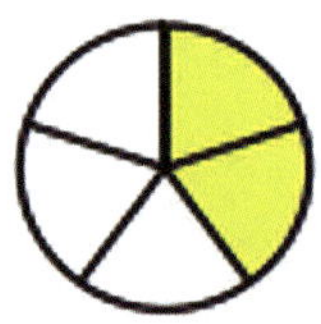

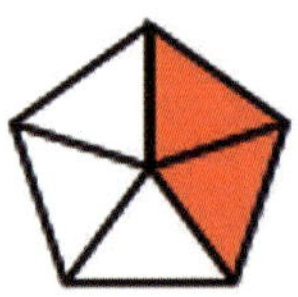

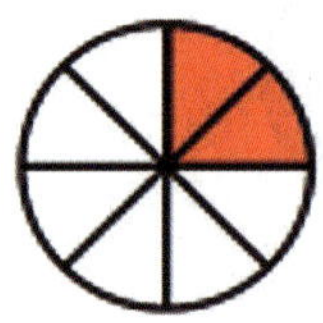

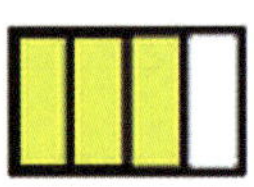

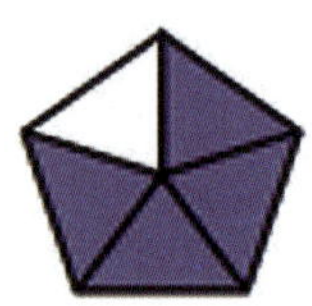

3) 알쏭달쏭 분수 세계

아래 도형을 분수로 표현해 볼까요?

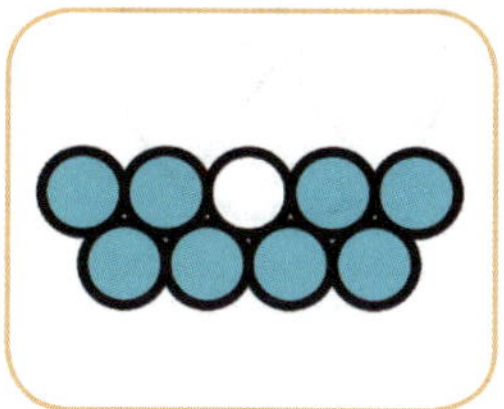

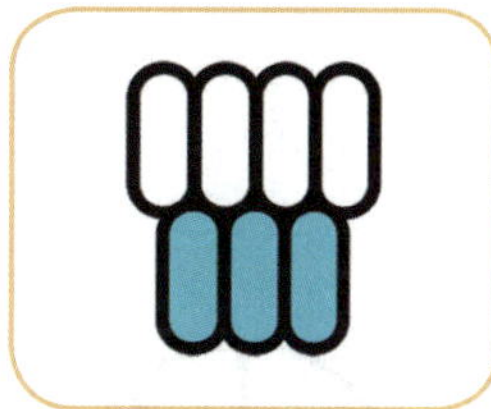

4) 알쏭달쏭 분수 세계

분수식을 보고 도형에 알맞게 색칠해 볼까요?

1) $\frac{1}{3}$

2) $\frac{4}{5}$

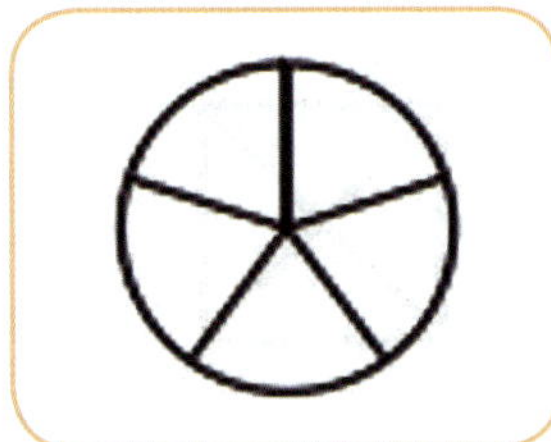

3) $\frac{5}{8}$

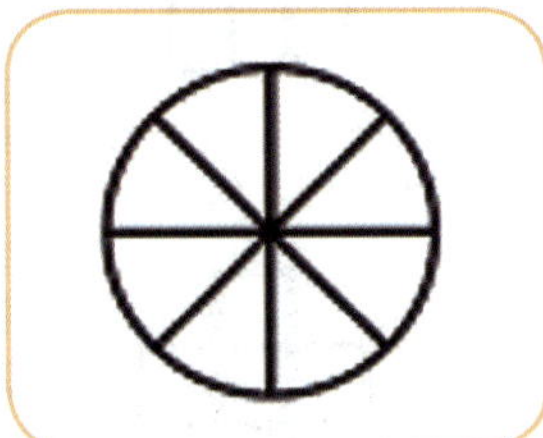

4) $\frac{2}{5}$

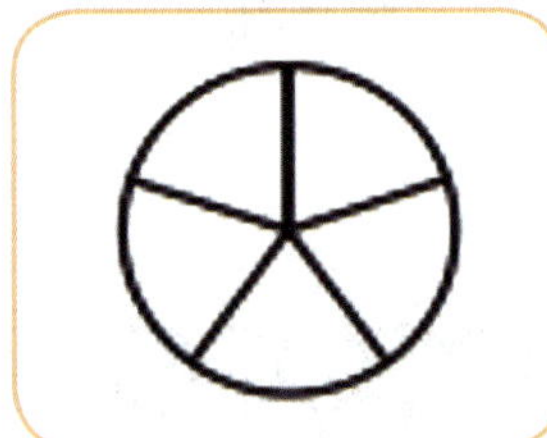

5) $\frac{1}{4}$

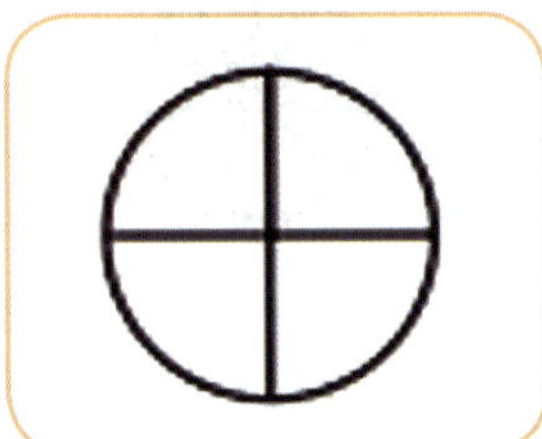

6) $\frac{4}{8}$

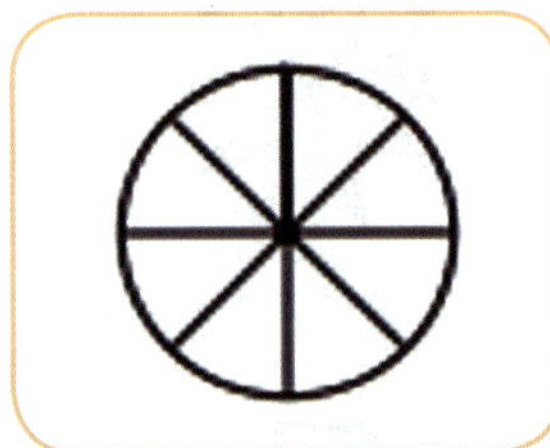

7) $\frac{7}{8}$

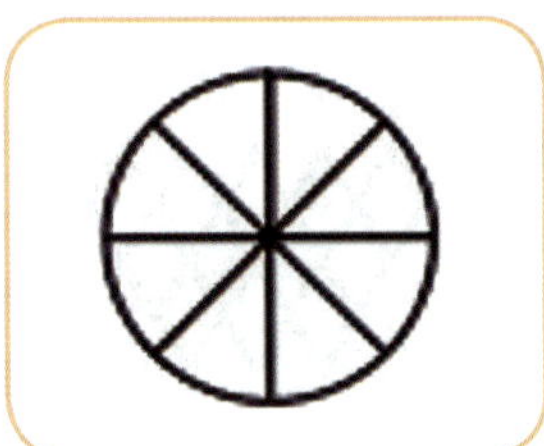

8) $\frac{1}{5}$

5) 알쏭달쏭 분수 세계

색칠된 부분을 잘 살펴보고, 분수로 나타내세요.

분자

분모

6) 알쏭달쏭 분수 세계

분수의 종류에 대해 알아보아요.

		 $2\frac{1}{4}$
진분수 '눈사람처럼' 분모보다 분자가 작은 경우	가분수 '눈사람이 거꾸로' 분모보다 분자가 큰 경우	대분수 자연수와 분수가 더해진 것 $2+\frac{1}{4}=2\frac{1}{4}$

아래에 제시된 진분수를 도형으로 표현해 보면 다음과 같아요.

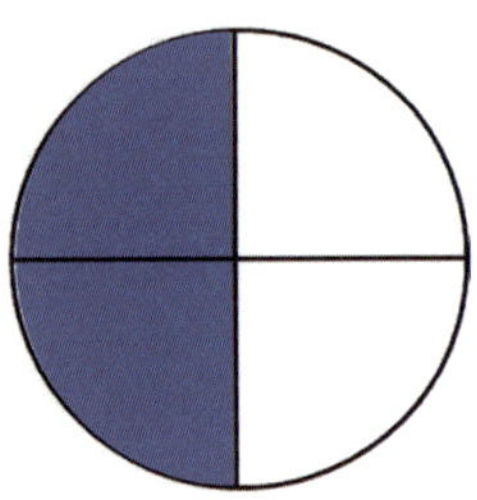

$\frac{2}{4}$

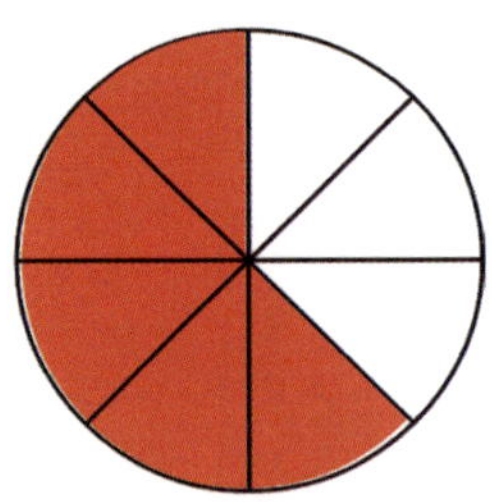

$\frac{5}{8}$

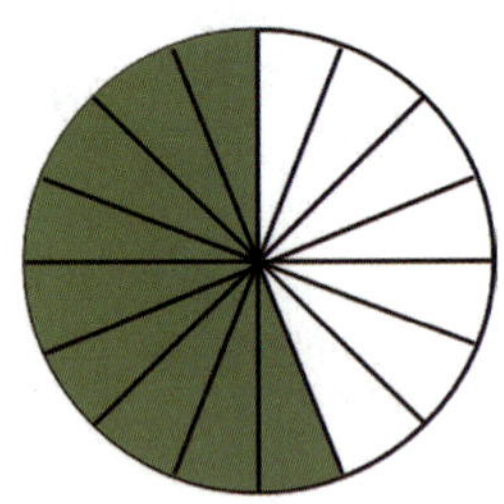

$\frac{9}{16}$

7) 알쏭달쏭 분수 세계

그러면 이번에는 가분수를 도형으로 표현해 볼까요?

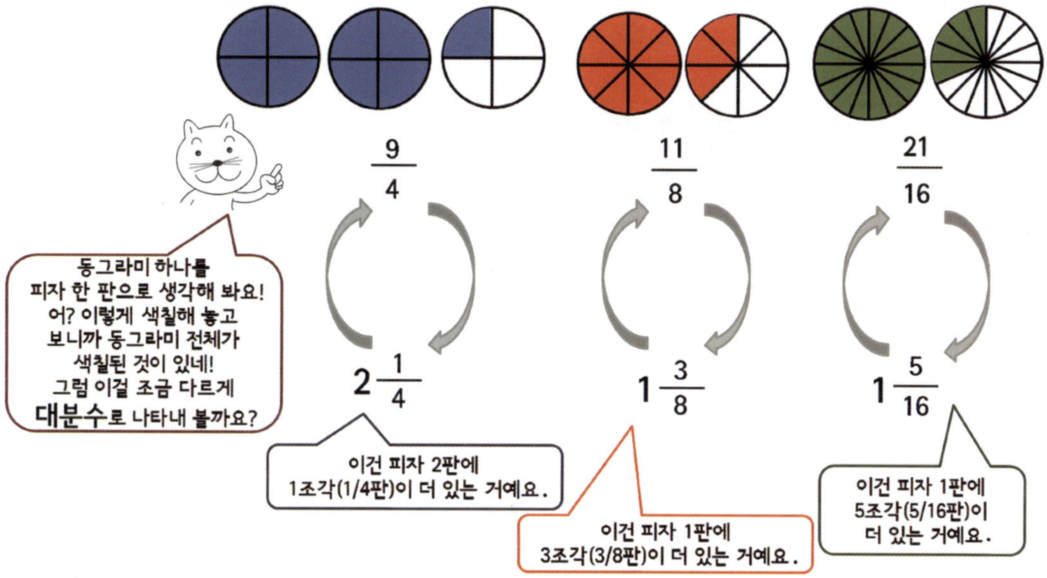

이렇게 가분수와 대분수는 서로 모양을 바꿀 수 있어요. 여기서 중요한 건 **분모**예요. 분모는 가분수와 대분수가 서로 모양을 바꾸어도 **절대 변하지 않아요**!

다시 한 번 정리해 볼까요?

$\frac{9}{4}$는 전체를 똑같이 4조각으로 나눈 것이 모두 9조각 있다는 얘기예요. 이것을 대분수로 나타내면 $2\frac{1}{4}$이 돼요. 여기서 2는 $\frac{4}{4}$가 2개 있다는 거예요.

좀 더 간단히 계산하는 방법을 살펴볼까요?

가분수를 대분수로 바꿀 때에는 **분자를 분모로 나누어야** 하는 거예요!

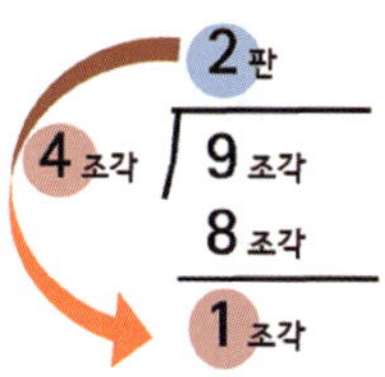

9조각은 4조각으로 나눈 피자 2판이 있고, 1조각이 더 있다는 거예요. 이것을 화살표 방향대로 쓰기만 하면 돼요.

$$\frac{9}{4} = 2\frac{1}{4}$$

이제 ○○가 선생님처럼 $1\frac{3}{8}$을 설명해 볼까요?

8) 알쏭달쏭 분수 세계

분수 공장에서는 가분수는 대분수로, 대분수는 가분수로 바뀌어요. 분수에 맞게 도형을 칠해 보고, 빈칸에 알맞은 분수를 넣어 보세요.

예시

$\frac{5}{4}$ → 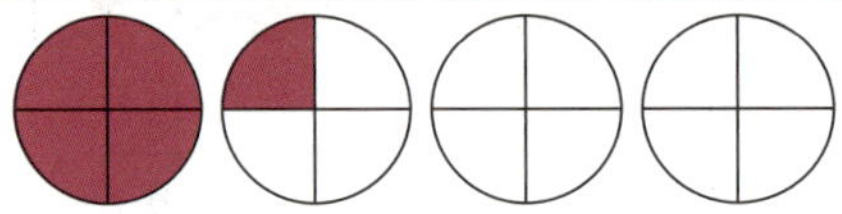 → $1\frac{1}{4}$

$\frac{7}{2}$ → 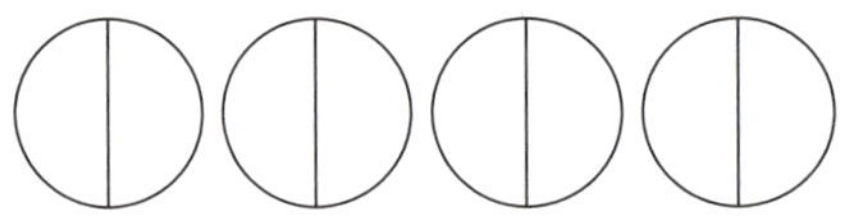 → ☐

$\frac{5}{3}$ → 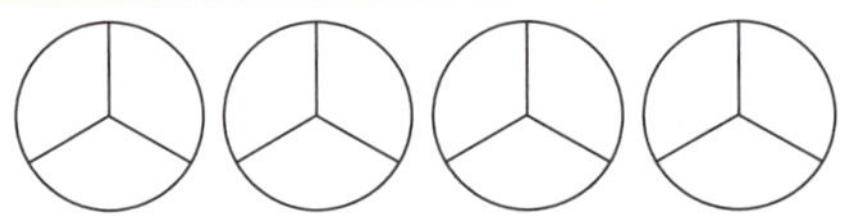 → ☐

$\frac{15}{4}$ → 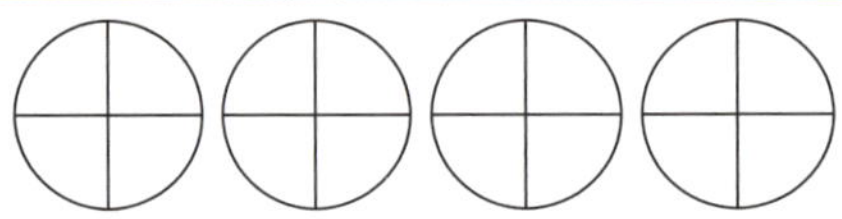 → ☐

$\frac{13}{6}$ → 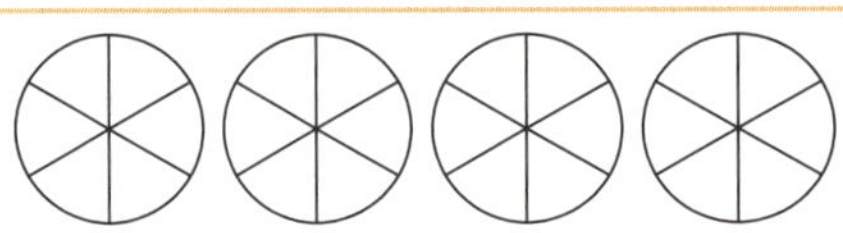 → ☐

☐ ← 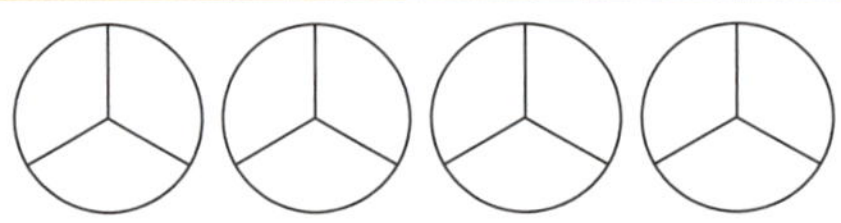 ← $3\frac{2}{3}$

☐ ← 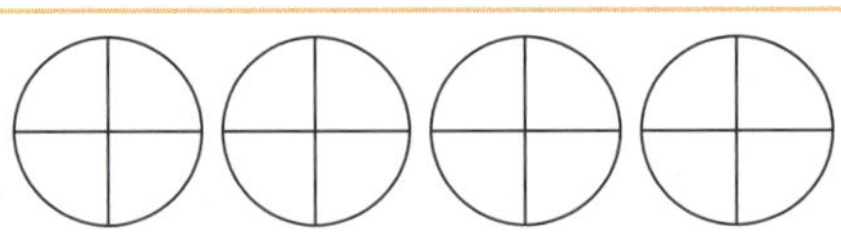 ← $1\frac{3}{4}$

☐ ← 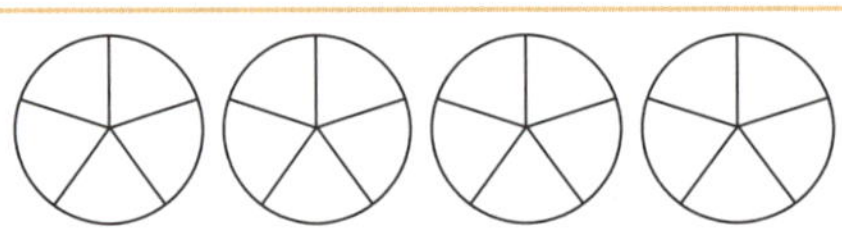 ← $2\frac{4}{5}$

☐ ← 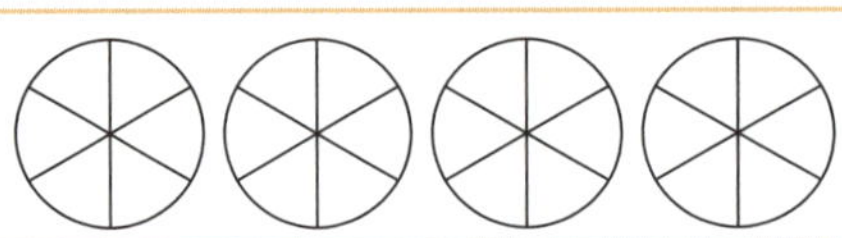 ← $3\frac{1}{6}$

9) 알쏭달쏭 분수 세계

피자 한 판을 다양한 크기로 똑같이 나누었습니다.
피자 한 판을 크기에 따라 분수로 어떻게 표현할 수 있는지 함께 살펴볼까요?

다양한 크기의 조각 피자로 피자 한 판을 완성해 보세요.

피자 한 판이 되려면 몇 조각이 필요할까요?	2조각			
조각을 사용해서 피자 한 판을 그림으로 표현해 보세요.				
분수식으로 써 보세요.	$\frac{1}{2}+\frac{1}{2}$			

10) 알쏭달쏭 분수 세계

조각의 크기가 작아질수록 조각의 개수가 많아져요. 그러나 전체 크기는 똑같아요.

$\frac{1}{2}$	$\frac{2}{4}$	$\frac{4}{8}$

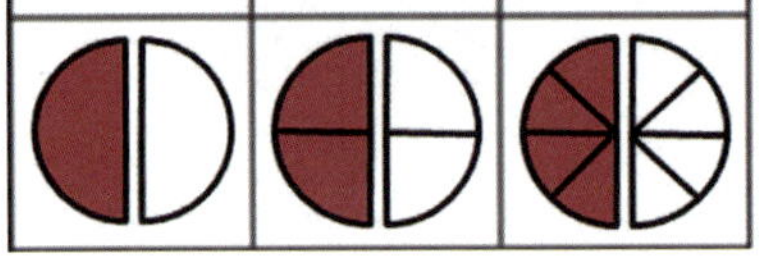

$\frac{1}{3}$	$\frac{2}{6}$	$\frac{4}{12}$

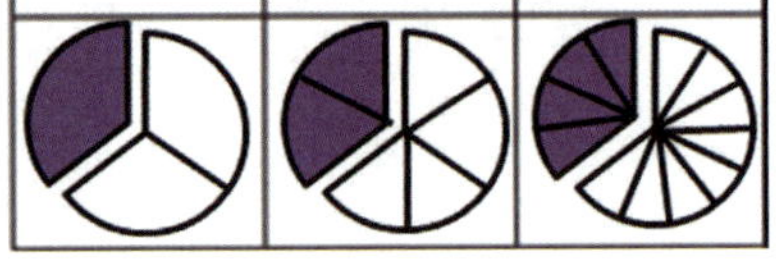

$\frac{1}{2} = \frac{\square}{4}$	$\frac{1}{3} = \frac{\square}{6}$	$\frac{2}{6} = \frac{\square}{12}$
$\frac{1}{2} = \frac{\square}{8}$	$\frac{1}{3} = \frac{\square}{12}$	$\frac{2}{6} = \frac{\square}{3}$
$\frac{2}{4} = \frac{\square}{8}$	$\frac{4}{8} = \frac{\square}{2}$	$\frac{4}{12} = \frac{\square}{3}$
$\frac{2}{4} = \frac{\square}{2}$	$\frac{4}{8} = \frac{\square}{4}$	$\frac{4}{12} = \frac{\square}{6}$

11) 알쏭달쏭 분수 세계

두 개의 분수의 크기를 비교해서 $>$, $<$ 로 나타내세요.

1 $\frac{3}{5}$ □ $\frac{2}{5}$

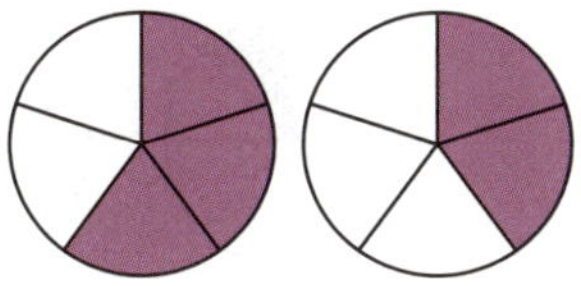

2 $\frac{6}{12}$ □ $\frac{5}{12}$

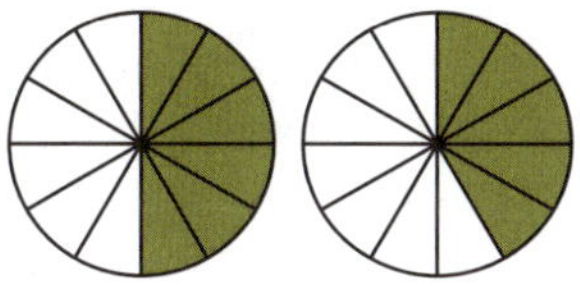

3 $\frac{1}{4}$ □ $\frac{2}{4}$

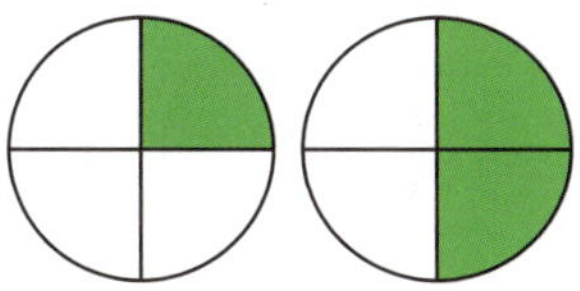

4 $\frac{4}{8}$ □ $\frac{5}{8}$

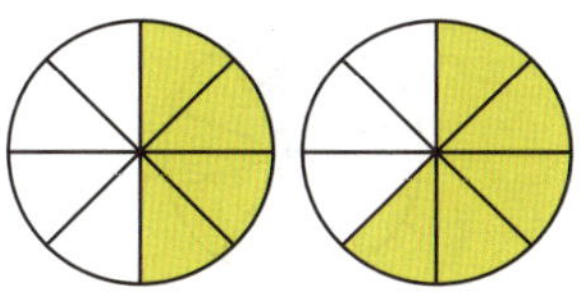

5 $\frac{2}{12}$ □ $\frac{1}{12}$

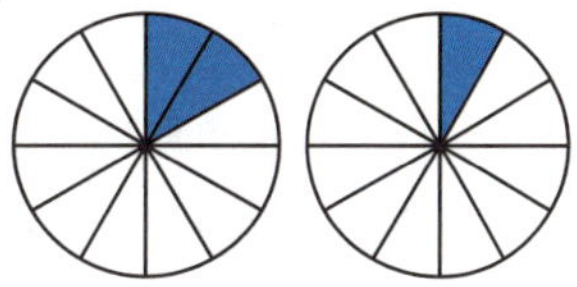

6 $\frac{4}{6}$ □ $\frac{5}{6}$

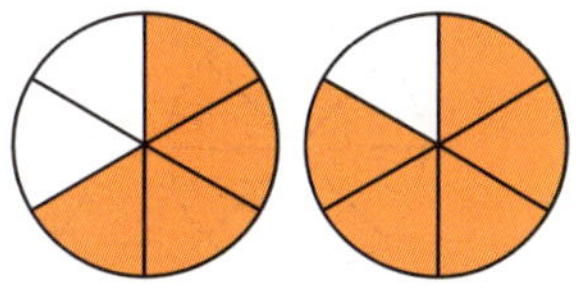

7 $\frac{3}{7}$ □ $\frac{2}{7}$

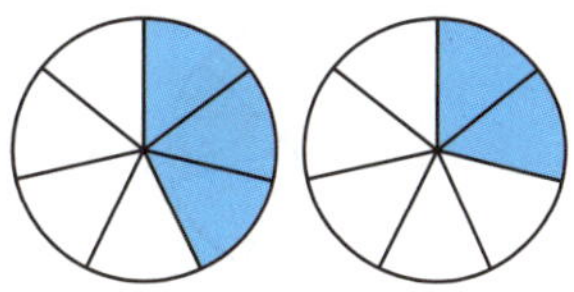

8 $\frac{2}{8}$ □ $\frac{3}{8}$

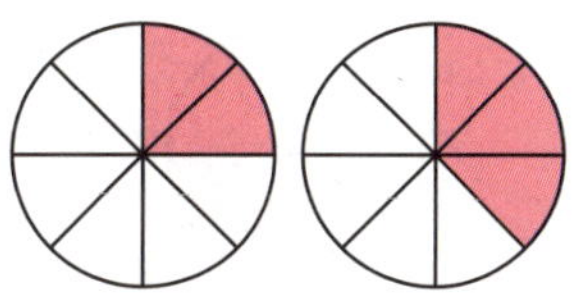

12) 알쏭달쏭 분수 세계

두 개의 분수의 크기를 비교해서 >, < 로 나타내세요.

1

$\frac{1}{2}$ $\square$ $\frac{1}{5}$

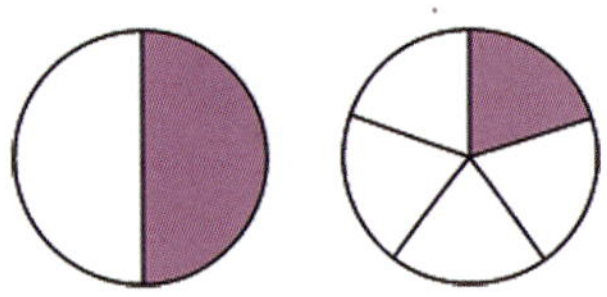

2

$\frac{3}{8}$ $\square$ $\frac{3}{4}$

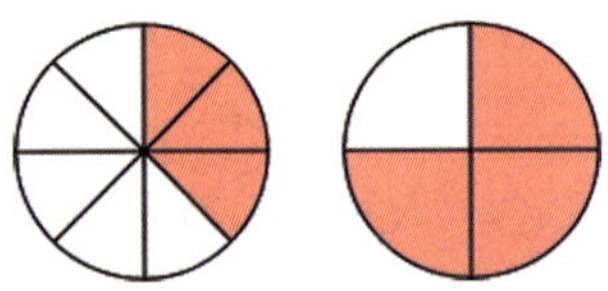

3

$\frac{2}{7}$ $\square$ $\frac{2}{8}$

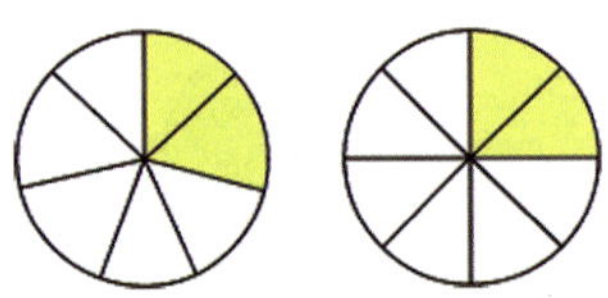

4

$\frac{2}{3}$ $\square$ $\frac{2}{10}$

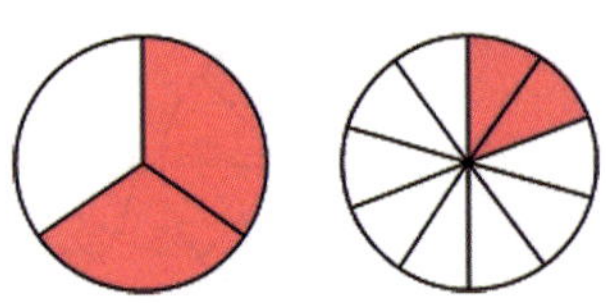

5

$\frac{1}{8}$ $\square$ $\frac{1}{5}$

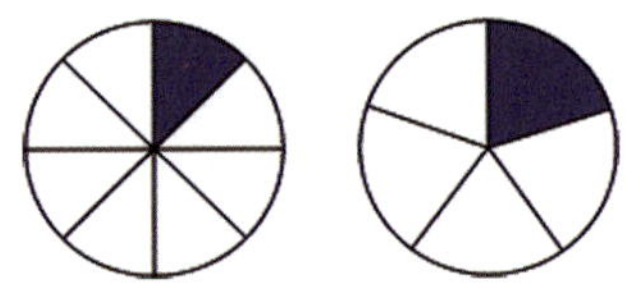

6

$\frac{3}{10}$ $\square$ $\frac{3}{4}$

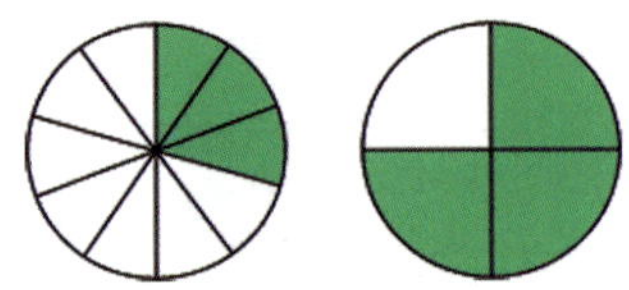

7

$\frac{1}{4}$ $\square$ $\frac{1}{7}$

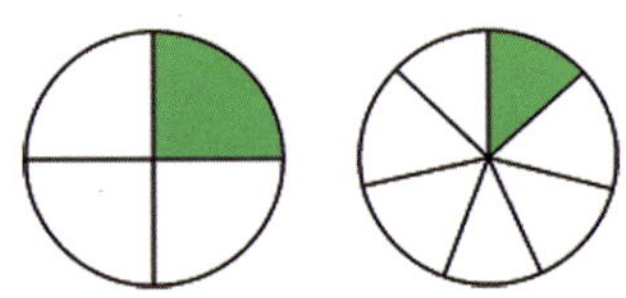

8

$\frac{1}{10}$ $\square$ $\frac{1}{7}$

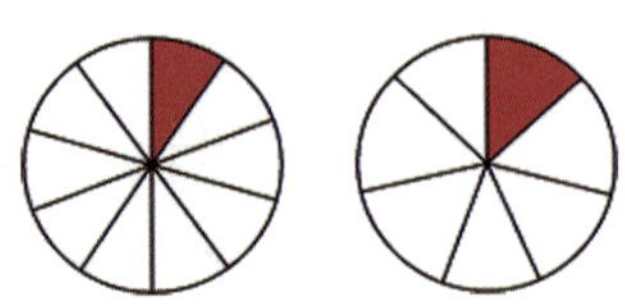

13) 알쏭달쏭 분수 세계

1. 크기가 같은 분수: **전체에 대해 색칠한 부분의 양이 같으면** 크기가 같은 분수

$$\frac{1}{2}=\frac{2}{4}=\frac{4}{8}$$

– 분모와 분자에 0이 아닌 같은 수를 곱하여도 크기가 같은 분수가 됨

$$\frac{1}{4}=\frac{1\times2}{4\times2}=\frac{1\times3}{4\times3}=\frac{1\times4}{4\times4}=\cdots\cdots \Rightarrow \frac{1}{4}=\frac{2}{8}=\frac{3}{12}=\frac{4}{16}=\cdots\cdots$$

– 분모와 분자에 0이 아닌 같은 수로 나누어도 크기가 같은 분수가 됨

$$\frac{12}{30}=\frac{12\div2}{30\div2}=\frac{12\div3}{30\div3}=\frac{12\div6}{30\div6}=\cdots\cdots \Rightarrow \frac{12}{30}=\frac{6}{15}=\frac{4}{10}=\frac{2}{5}=\cdots\cdots$$

4

2. 약분: 분모와 분자를 그들의 **공약수**로 나누는 것

3. 기약분수: 분모와 분자의 공약수가 1인 분수. 분모와 분자를 그들의 **최대공약수**로 나누면 기약분수가 됨!

예) $\frac{12\div6}{30\div6}=\frac{2}{5}$: 가장 작아졌으므로, 기약분수! (6이 12와 30의 최대공약수)

4. 통분: 분수의 **분모를 같게** 하는 것. 통분한 분모를 **공통분모**라고 함.

두 분수를 통분할 때, 두 분모의 **최소공배수를 공통분모로 하여 통분**하는 것이 가장 간단함.

※ 그러면, 왜, 그리고 언제 통분할까?

① 두 분수의 크기를 비교할 때

② 분수의 덧셈과 뺄셈을 할 때

14) 알쏭달쏭 분수 세계

소수 알아보기

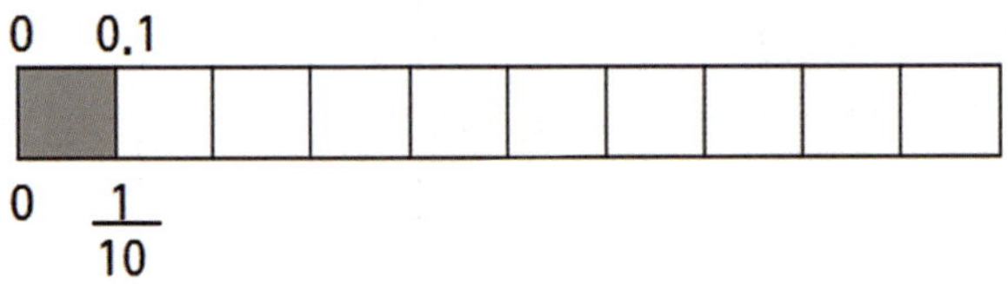

– 전체를 똑같게 10으로 나눈 것 중 하나는 1/10

분수 1/10을 **0.1**이라 쓰고 '**영점 일**'이라고 읽으며, 이때 '.'은 **소수점**

♣ 빈칸에 알맞은 소수나 분수 써넣기

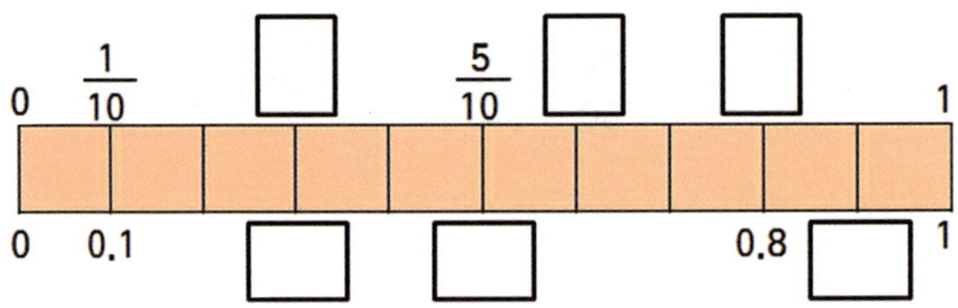

분수와 소수의 관계

	분수	소수
1을 10등분한 것 중의 하나	1/10	0.1
1을 100등분한 것 중의 하나	1/100	0.01
1을 1000등분한 것 중의 하나	1/1000	0.001

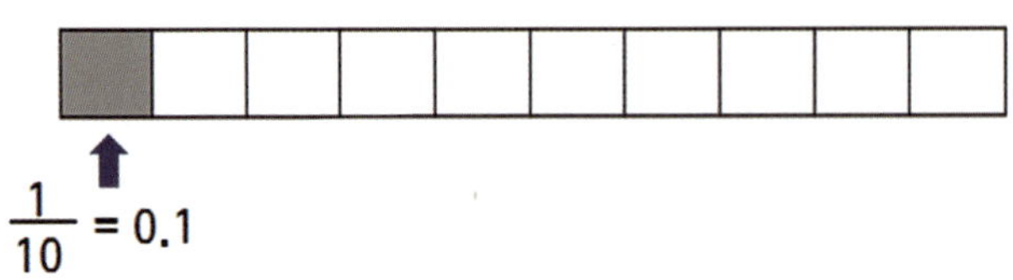

15) 알쏭달쏭 분수 세계

♣ 자연수가 없는 소수

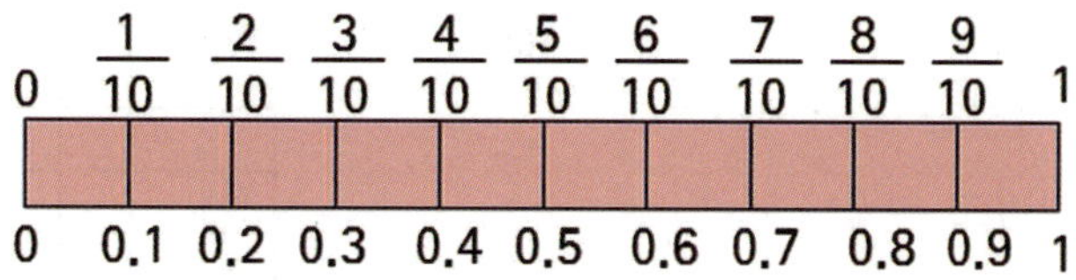

– 전체를 똑같게 10으로 나눈 것 중의 2개, 3개, …… , 9개는 2/10, 3/10, …… , 9/10이며, 각각의 분수를 0.2, 0.3, …… , 0.9라 쓰고 **영점 이, 영점 삼, …… , 영점 구**라고 읽어요.

♣ 자연수가 있는 소수

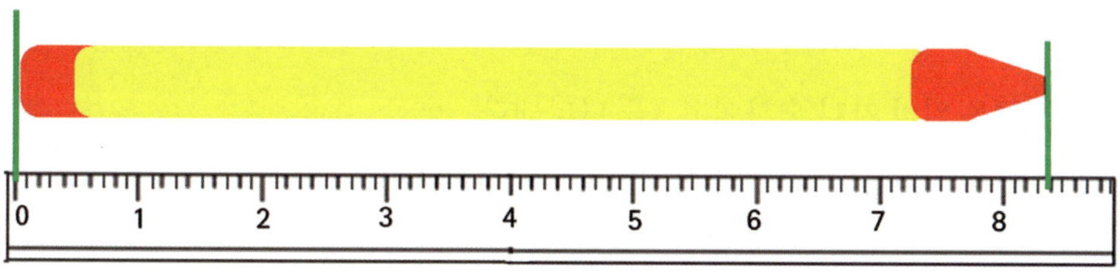

크레파스는 8.4cm이고 이것은 84mm와 같아요.
[왜냐하면 1cm = 10mm이므로 8cm = 80mm가 돼요.]

16) 알쏭달쏭 분수 세계

소수 두 자리 수

전체를 100으로 나눈 것 중 한 칸은 전체의 1/100이며, 이것을 **0.01**이라고 쓰고 '**영점 영일**'이라고 읽음

- 소수점 아래의 수는 자릿값을 읽지 않고, 숫자만 차례로 읽음. 0이 있을 경우 '영'이라고 읽음!

$\frac{1}{100} = 0.01$ →

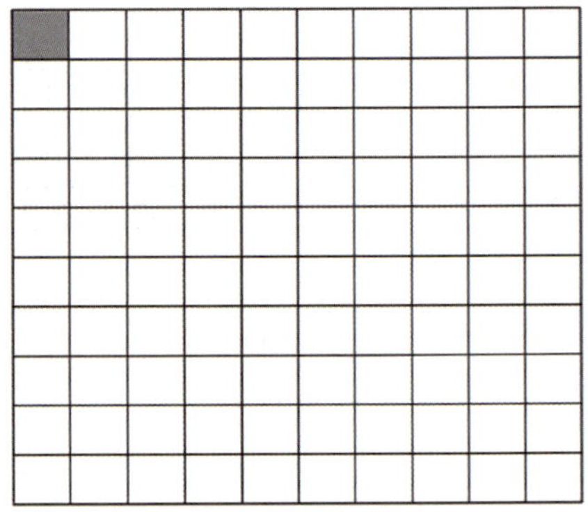

소수 두 자리의 자릿값

- 3과 0.24 → 쓰기: 3.24, 읽기: 삼점 이사
- 3.24에서 **3은 일의 자리 숫자**이고 3을 나타낸다.
  2는 영점 일의 자리 숫자이고 0.2를 나타낸다.
  4는 영점 영일의 자리 숫자이고, 0.04를 나타낸다.

다음의 소수를 읽어 보세요.

① 4.27 →	② 9.64 →
③ 7.32 →	④ 8.55 →
⑤ 2.25 →	⑥ 3.81 →
⑦ 6.33 →	⑧ 0.08 →

17) 알쏭달쏭 분수 세계

소수 세 자리 수

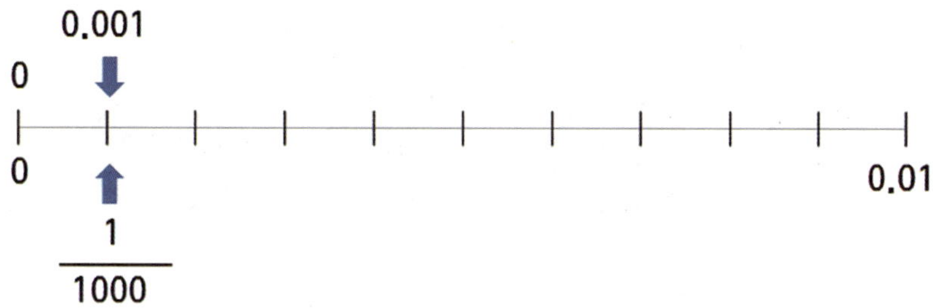

분수 1/1000을 소수로 0.001이라 쓰고 '**영점 영영일**'이라고 읽음

♣ 소수 세 자리의 자릿값

– 2와 0.875 → 쓰기: 2.875, 읽기: 이점 팔칠오

– 2.875에서 **2는 일의 자리 숫자**이고 2를 나타낸다.

8은 영점 일의 자리 숫자이고 0.8을 나타낸다.

7은 영점 영일의 자리 숫자이고, 0.07을 나타낸다.

5는 영점 영영일의 자리 숫자이고, 0.005를 나타낸다.

※ 분수를 소수로 어떻게 나타낼까요? 분모가 10인 분수는 소수 한 자리 수로, 분모가 100인 분수는 소수 두 자리 수로, 분모가 1000인 분수는 소수 세 자리 수로 나타내요.

예) 1km = 1000m이므로, 1m = 1/1000km = 0.001km

245m = 0.245km

♣ 다음의 소수를 읽어 보세요.

① 4.279 → ② 9.457 →

③ 8.235 → ④ 0.078 →

⑤ 5.070 → ⑥ 14.235 →

18) 알쏭달쏭 분수 세계

◉ 소수 사이의 관계

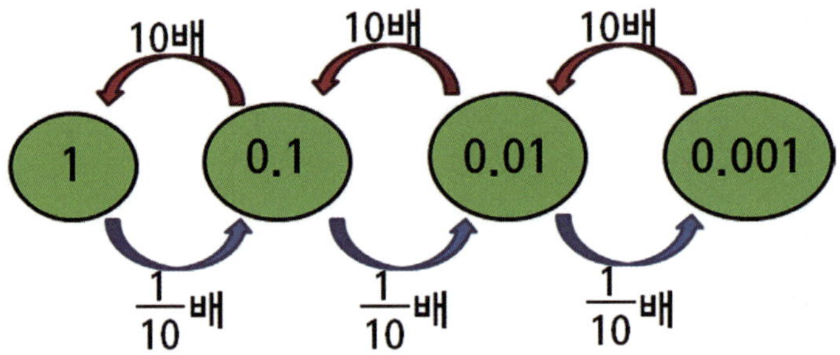

▶ 숫자가 커지거나 작아지고 있나요?

♣ 숫자가 커지도록, 혹은 작아지도록 하려면 소수점을 어디로 옮겨야 할까요?

– 소수의 **10배, 100배, 1000배**는 소수점이 각각 **오른쪽으로 한 칸, 두 칸, 세 칸** 옮겨지고, 소수의 **1/10배, 1/100배, 1/1000배**는 소수점이 각각 **왼쪽으로 한 칸, 두 칸, 세 칸** 옮겨져요.

♣ 소수의 비교

– 일의 자리 숫자 → 영점 일의 자리 숫자 → 영점 영일의 숫자 순서대로 비교하세요.

→ **3**.14 > **2**.45

→ 3.**5**1 > 3.**4**9

→ 3.6**5** > 3.6**2**

라. 도형

1) 즐거운 도형 세계

다음 도형을 보고 물음에 답해 보세요.

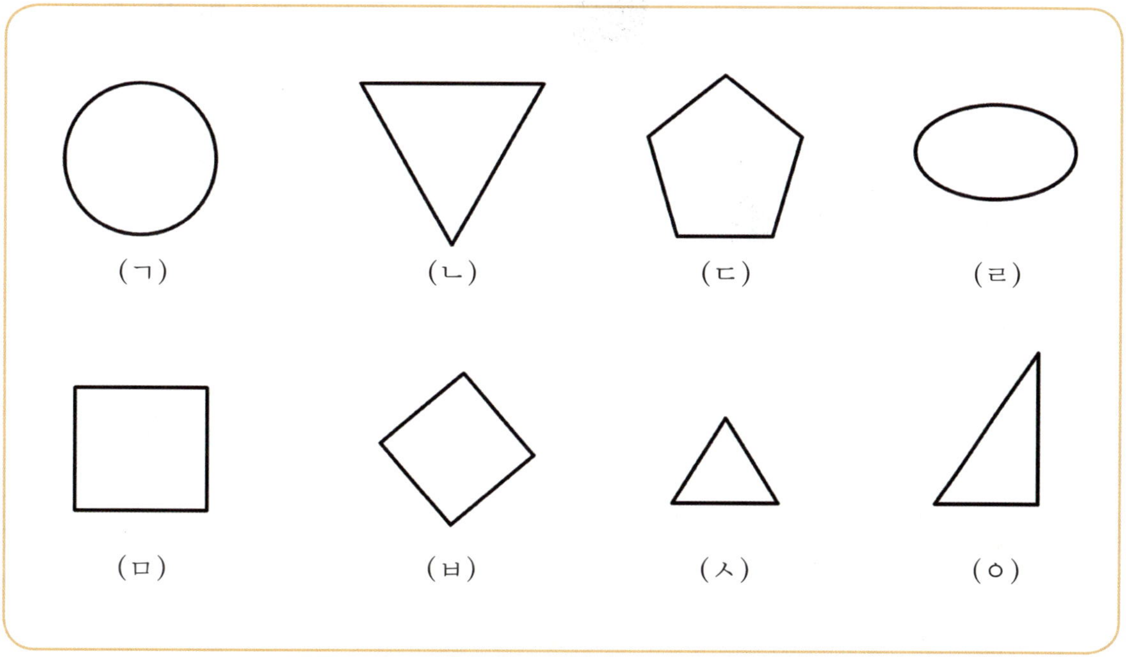

1) 원을 모두 찾아 기호를 쓰세요.

2) 삼각형을 모두 찾아 기호를 쓰세요.

3) 사각형을 모두 찾아 기호를 쓰세요.

4

2) 즐거운 도형 세계

다음 물체를 보고 물음에 답해 보세요.

1) 이 중에서 네모를 포함하고 있는 것은 어떤 것일까요?

2) 축구공과 비슷한 모양이 포함된 것을 모두 찾으세요.

3) 즐거운 도형 세계

여러 가지 모양

♣ 여러 가지 모양 알아보기

는 평평한 네모난 모양으로만 이루어진 모양으로, 뾰족한 부분이 많고, 평평하게 보이는 모양이에요. 이러한 모양들은 어느 방향으로도 잘 구르지 않아요.

은 위와 아래가 동그랗고 기둥처럼 길게 세워진 모양이고, 위와 아래는 평평한 부분이 있어요. 이러한 모양들은 한 방향으로만 잘 굴러갑니다.

(구)는 어떻게 보아도 항상 둥글게 보이는 모양으로, 모든 부분이 둥글게 보이는 모양이에요. 이러한 모양들은 어느 방향으로든 잘 굴러갑니다.

♣ 여러 가지 모양 알아보기

 모양과  모양은 반듯한 선으로 되어 있고, 뾰족한 부분이 있습니다.

 모양은 꺾이는 부분 없이 한 번에 그려지고, 뾰족한 부분이 없습니다.

 모양은 4개의 점을,  모양은 3개의 점을 곧은 선으로 이어 그립니다.

여러 가지 도형

- 원: 동그란 모양으로 된 물건을 본떠서 그린 도형
  - 특징: 어느 방향에서 보아도 똑같은 모양, 곧은 선이 없음, 크기는 서로 다르지만 생긴 모양이 같아요.

♣ 도형에서 뾰족한 부분을 '꼭짓점', 곧은 선을 '변'이라고 해요.

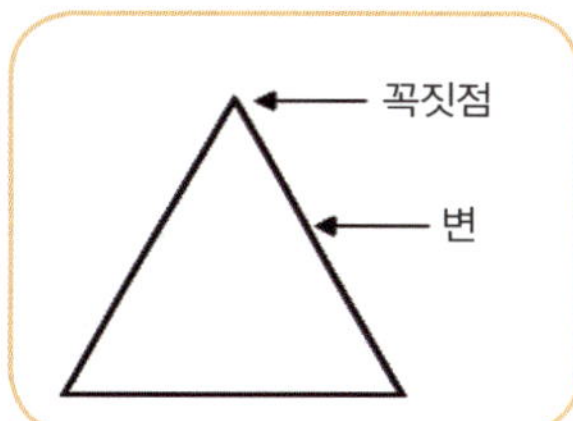

- 삼각형: 꼭짓점이 3개이고, 3개의 변으로 둘러싸인 도형
- 사각형: 꼭짓점이 4개이고, 4개의 변으로 둘러싸인 도형
- 오각형: 꼭짓점이 5개이고, 5개의 변으로 둘러싸인 도형
- 육각형: 꼭짓점이 6개이고, 6개의 변으로 둘러싸인 도형

♣ 선분과 직선

- 선분: 두 점을 곧게 이은 선
- 직선: 선분을 양쪽으로 끝없이 늘인 곧은 선

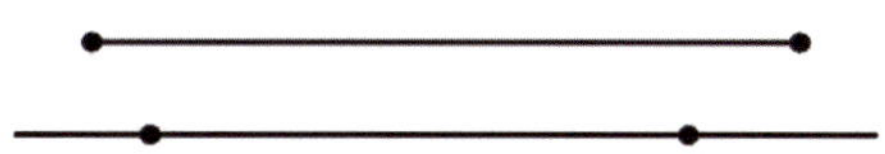

4) 즐거운 도형 세계

평면도형

♣ 각 알아보기

한 점에서 그은 두 직선으로 이루어진 도형을 **각**이라고 합니다.

각에서 점 ㄴ을 **각의 꼭짓점**이라고 하고, 두 직선 ㄱㄴ, ㄴㄷ을 **각의 변**이라고 합니다. 또, 이 각을 **각ㄱㄴㄷ 또는 각ㄷㄴㄱ**이라고 합니다.

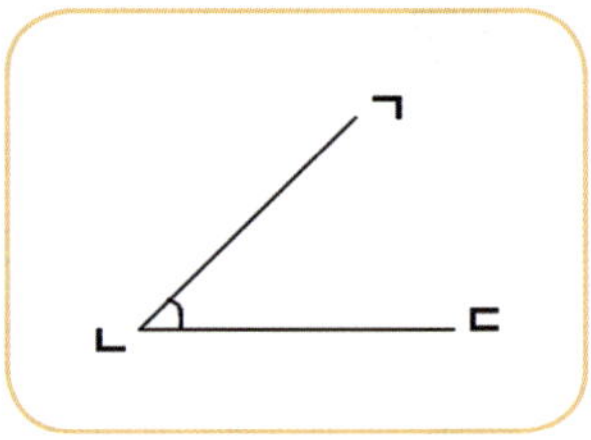

♣ 직각 알아보기

오른쪽 그림과 같은 각ㄱㄴㄷ을 **직각**이라고 합니다.

- 직각삼각형: 한 각이 직각인 삼각형
- 직사각형: 네 각이 모두 직각인 사각형
- 정사각형: 네 각이 모두 직각이고, 네 변의 길이가 모두 같은 사각형(직사각형에 포함됨)

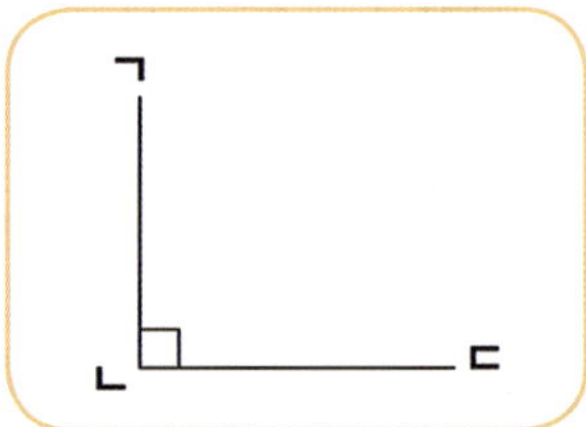

원

- 원의 중심: 원을 그릴 때 누름 못이 꽂혔던 점, 한 원의 원의 중심은 한 개
- 원의 반지름: 원의 중심과 원 위의 한 점을 이은 거리, 한 원의 반지름은 무수히 많음
- 원은 지름: 원의 중심을 지나면서 원 위의 두 점을 이은 선분 중 길이가 가장 긴 선분
- 원의 반지름과 지름의 성질
  - 한 원에서 반지름의 길이는 모두 같음. 한 원에서 지름의 길이는 모두 같음. 한 원에서 지름의 길이는 반지름의 2배임

5) 즐거운 도형 세계

각도

• 각의 크기를 각도라 하고, 변의 길이와 관계없이 두 변의 벌어진 정도를 말함

• 각도를 나타내는 단위는 1직각과 1도가 있음: 1직각 = 90도

→ 1직각을 똑같이 90으로 나눈 하나를 1도라 하고, 1°라고 씀

• 삼각형 세 각의 크기의 합은 180°, 사각형 네 각의 크기의 합은 360°

삼각형

• 이등변 삼각형: 두 변의 길이가 같은 삼각형, 두 각의 크기도 같음

• 정삼각형: 세 변의 길이가 같은 삼각형, 세 각의 크기가 60°로 같음

• 예각삼각형: 세 각이 모두 예각인 삼각형

• 둔각삼각형: 한 각이 둔각인 삼각형

> 예각: 직각(90°)보다 작은 각
> 둔각: 직각(90°)보다 크고 180°보다 작은 각

수직과 평행

• 두 직선이 만나서 이루는 각이 직각일 때, 두 직선은 서로 **수직**이라고 함

이때 한 직선을 다른 직선에 대한 **수선**이라고 함

• 직각 삼각자나 각도기를 이용하여 수선을 그을 수 있음

• 서로 만나지 않는 두 직선을 **평행하다**고 하고, 평행한 두 직선을 **평행선**이라 함

4

6) 즐거운 도형 세계

사각형과 다각형

- 사다리꼴: 마주 보는 한 쌍의 변이 서로 평행한 사각형
- 평행사변형: 마주 보는 두 쌍의 변이 서로 평행한 사각형
  - 마주 보는 두 변의 길이가 같고, 마주 보는 두 각의 크기가 같음
  - 이웃하는 두 각의 크기의 합이 180°
- 마름모: 네 변의 길이가 모두 같은 사각형
  - 마주 보는 두 쌍의 변이 서로 평행, 마주 보는 두 각의 크기가 같음
  - 평행사변형의 성질을 가지고 있음
- 직사각형: 네 각의 크기가 모두 직각인 사각형
  - 평행사변형의 성질을 가지고 있음
- 정사각형: 네 각의 크기가 모두 직각이며, 네 변의 길이가 모두 같은 사각형
  - 평행사변형, 마름모, 직사각형의 성질을 가지고 있음

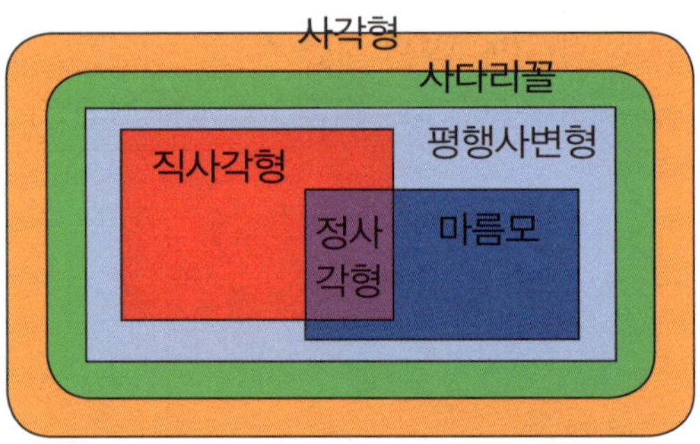

- 다각형: 선분으로만 둘러싸인 도형
  - 다각형은 변의 수에 따라 삼각형, 사각형, 오각형, 육각형 등으로 부름
  - 변의 길이와 각의 크기가 모두 같은 다각형을 정다각형이라고 함
    (예: 정삼각형, 정사각형, 정오각형, 정육각형 등)
- 대각선: 다각형에서 이웃하지 않은 두 꼭짓점을 이은 선분

7) 즐거운 도형 세계

평면도형의 둘레와 넓이

- 직사각형의 둘레 = {(가로) + (세로)} × 2
- 정사각형의 둘레 = (한 변) × 4
- 넓이를 직접 비교할 수 없을 때에는 단위넓이를 이용
- 도형의 넓이를 나타낼 때에는 한 변이 1cm인 정사각형 넓이를 단위넓이로 사용
  - 이 정사각형의 넓이를 **$1cm^2$**라 하고 **1 제곱센티미터**라고 읽음
- 직사각형의 넓이 = (가로) × (세로)
- 정사각형의 넓이 = (한 변) × (한 변)
- 직사각형의 넓이를 이용하여 여러 가지 도형의 넓이를 구할 수 있음

4

도형의 합동

- 모양, 크기가 같아서 포개었을 때 완전히 겹쳐지는 두 도형을 서로 **합동**이라 함
- 합동인 두 도형을 완전히 포개었을 때 겹쳐지는 꼭짓점을 **대응점**, 겹쳐지는 변을 **대응변**, 겹쳐지는 각을 **대응각**이라 함
- 합동인 두 도형에서 대응변의 길이와 대응각의 크기는 각각 같음
- 합동인 삼각형을 그릴 수 있는 조건: ① 세 변의 길이가 주어질 때, ② 두 변의 길이와 그 사이의 각의 크기가 주어질 때, ③ 한 변의 길이와 그 양 끝 각의 크기가 주어질 때

8) 즐거운 도형 세계

직육면체, 정육면체

- 평면으로 둘러싸인 부분을 **면**, 면과 면이 만나는 선분을 **모서리**, 모서리와 모서리가 만나는 점을 **꼭짓점**이라고 함
- 직육면체: 직사각형 모양의 면 6개로 둘러싸인 도형
- 정육면체: 정사각형 모양의 면 6개로 둘러싸인 도형
  → 직육면체와 정육면체의 면의 수 6개, 모서리 수 12개, 꼭짓점의 수 8개
- 직육면체에서 서로 평행한 두 면을 **밑면**이라고 하며, 밑면과 수직인 면을 **옆면**이라고 함: 밑면이 될 수 있는 두 면은 3쌍, 한 밑면에 대한 옆면은 4개
- 겨냥도: 직육면체의 보이는 모서리는 실선으로, 보이지 않는 모서리는 점선으로 그린 그림
- 전개도: 직육면체를 펼쳐서 평면에 그린 그림: 평행한 면은 모양과 크기가 같음

평면도형의 넓이

- 평행사변형에서 평행한 두 변을 **밑변**, 두 밑변 사이의 거리를 **높이**라 함
  평행사변형의 넓이 = (밑변) × (높이)
- 삼각형의 넓이 = (밑변) × (높이) ÷ 2
- 사다리꼴에서 평행한 두 변을 밑변, 밑변의 위치에 따라 **윗변**, **아랫변**이라 하며, 두 밑변 사이의 거리를 **높이**라 함
  사다리꼴의 넓이 = {(윗변) + (아랫변)} × (높이) ÷ 2
- 마름모의 넓이 = (한 대각선) × (다른 대각선) ÷ 2

9) 즐거운 도형 세계

도형의 대칭

- 선대칭도형: 한 도형을 어떤 직선을 기준으로 접었을 때 완전히 겹치는 도형이며, 이때 그 직선을 **대칭축**이라 함
  - 선대칭도형에서 대응변의 길이와 대응각의 크기는 각각 같고, 대칭축은 대응점을 이은 선분을 수직이등분하고 있어서 각각의 대응점에서 대응축까지의 거리가 같음
- 점대칭도형: 한 도형을 어떤 점을 중심으로 180° 돌렸을 때 처음 도형과 완전히 겹치는 도형
  - 점대칭도형에서 대응변의 길이와 대응각의 크기는 각각 같고, 대응점을 이은 선분은 대칭의 중심에 의해 이등분됨

4

각기둥, 각뿔

- 입체도형: 평면도형이 아닌 도형
- 각기둥: 위와 아래에 있는 면이 서로 평행하고 합동인 다각형으로 이루어진 기둥 모양의 입체도형
- 각기둥에서 서로 평행한 두 면을 **밑면**, 밑면에 수직인 면을 **옆면**이라고 함
- 각기둥에서 면과 면이 만나는 선을 **모서리**, 모서리와 모서리가 만나는 점을 **꼭짓점**, 두 밑면 사이의 거리를 **높이**라고 함
- 각뿔: 밑면이 다각형이고 옆면이 모두 삼각형인 입체도형
- 각뿔에서 옆면을 이루는 모든 삼각형이 공통으로 만나는 꼭짓점을 각뿔의 **꼭짓점**, 각뿔의 꼭짓점에서 밑면에 수직인 선분의 길이를 **높이**라고 함
- 각기둥, 각뿔의 전개도: 모서리 자르는 방법에 따라 여러 모양이 될 수 있음

10) 즐거운 도형 세계

원주율, 원의 넓이

- 원주: 원의 둘레
- 원주율: 원의 지름에 대한 원주의 비율 = (원주) ÷ (지름)
  이를 정확히 계산하면 3.141592... 끝없이 소수로 나타남: 간단히 3.14로 나타냄
- 원주 = (지름) × (원주율) = (지름) × 3.14 = (반지름) × 2 × 3.14
- 원의 넓이는 원 안의 마름모의 넓이와 원 밖의 정사각형 넓이를 통해 어림하여 구할 수 있음
  (마름모의 넓이) < (원의 넓이) < (정사각형의 넓이)
- 원의 넓이 = (반지름) × (반지름) × 3.14

원기둥, 원뿔

- 원기둥: 두 면이 서로 평행하고 합동인 원으로 되어 있는 기둥 모양의 입체도형
- 원기둥의 전개도: 옆면을 펼친 모양은 직사각형. 옆면의 가로는 밑면의 둘레와 같고, 옆면의 세로는 원기둥의 높이와 같음
- 원뿔: 밑면이 원이고 옆면이 곡면인 뿔 모양의 입체도형
  - 원기둥과 다르게 밑면이 1개이고, 원기둥에 없는 모선과 원뿔의 꼭짓점이 있음
- 회전체: 평면도형을 한 직선을 축으로 하여 한 번 돌려 얻는 입체도형
  - 이때 축으로 사용한 직선을 **회전축**이라 함
- 구: 반원의 지름을 회전축으로 하여 한 번 돌려 얻는 회전체
  - 이때 반원의 중심은 구의 중심이 되고, 반원의 반지름은 구의 반지름이 됨
- 단면: 입체도형을 평면으로 자를 때 생기는 도형의 면
  - 회전체를 자르는 방향에 따라 단면의 크기와 모양이 달라질 수 있음

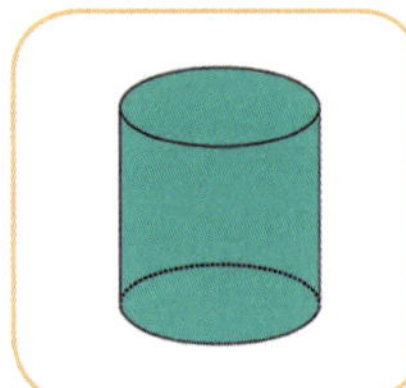

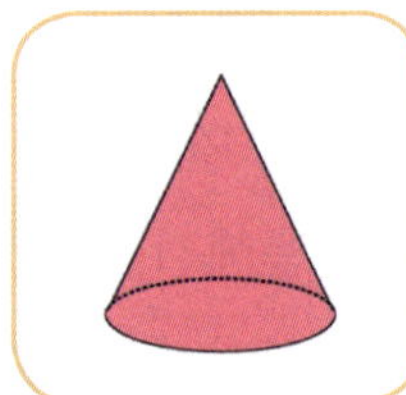

11) 즐거운 도형 세계

원기둥의 겉넓이와 부피

- 원기둥의 겉넓이 = 한 밑면의 넓이(원의 넓이) × 2 + 옆넓이
  - 한 밑면의 넓이(원의 넓이) = 반지름 × 반지름 × 3.14
  - 옆넓이 = 밑면의 원주 × 원기둥의 높이

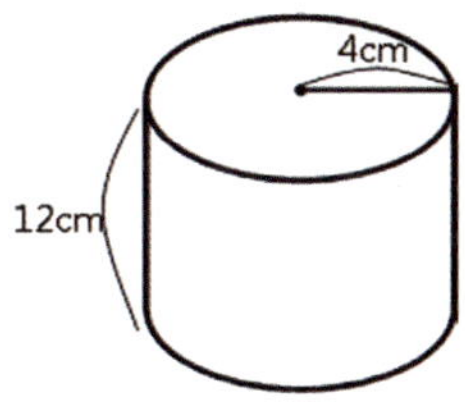

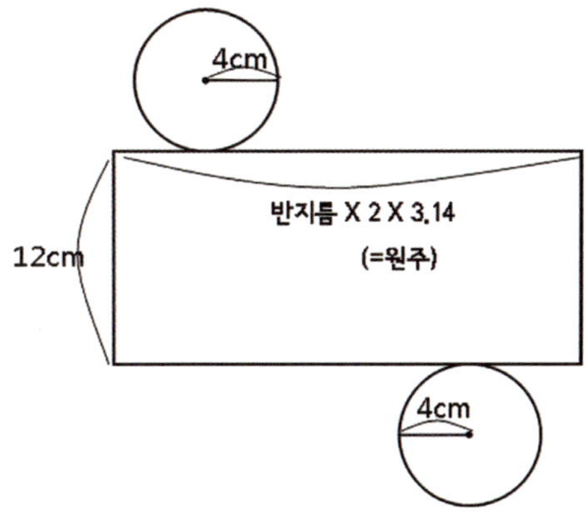

- 원기둥의 부피 = 직육면체의 부피 = 가로 × 세로 × 높이

  = 원주의 $\frac{1}{2}$ × 반지름 × 높이

  = 반지름 × 2 × 3.14 × $\frac{1}{2}$ × 반지름 × 높이

  = 반지름 × 반지름 × 3.14 × 높이

  = **한 밑면의 넓이 × 높이**

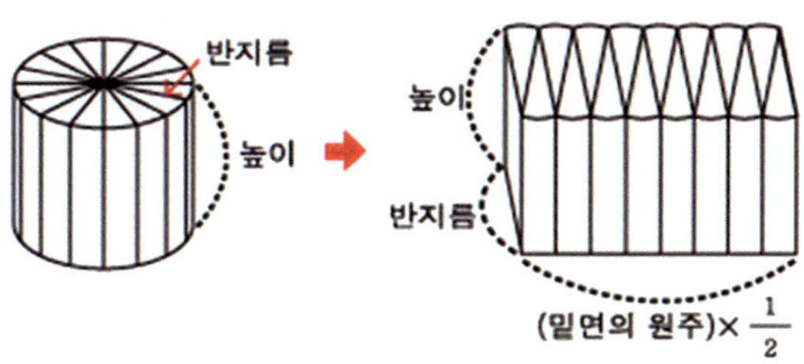

12) 즐거운 도형 세계

직육면체의 겉넓이와 부피

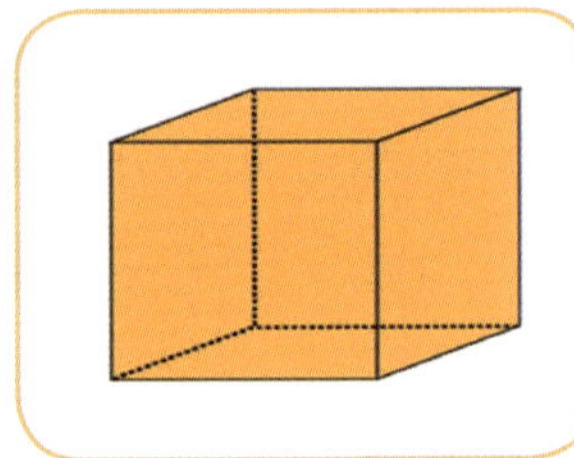

- 직육면체의 겉넓이: 직육면체 여섯 면의 넓이의 합

  = (한 밑면의 넓이) × 2 + (옆넓이)
- 정육면체의 겉넓이 = (한 면의 넓이) × 6
- 부피의 단위: cm^3 (세제곱센티미터)
- 직육면체의 부피 = (가로) × (세로) × (높이)

  = (한 밑면의 넓이) × (높이)
- 정육면체의 부피 = (가로) × (세로) × (높이)

  = (한 모서리의 길이) × (한 모서리의 길이) × (한 모서리의 길이)
- 또 다른 부피의 단위들

  $1m^3$(세제곱미터) = $1000000cm^3$, 1ℓ(리터) = $1000cm^3$, $1m\ell$(밀리리터) = $1cm^3$

원기둥의 겉넓이와 부피

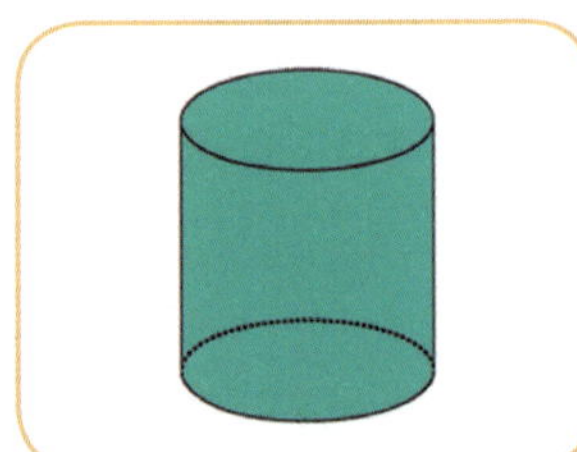

- 원기둥의 겉넓이 = (한 밑면의 넓이) × 2 + (옆넓이)

  ※ 한 밑면의 넓이 = 원의 넓이 = (반지름) × (반지름) × 3.14

  옆넓이 = 직사각형의 넓이 = (밑면의 원주) × (원기둥의 높이)

- 원기둥의 부피 = (원주의 $\frac{1}{2}$) × (반지름) × (높이)

  = (한 밑면의 넓이) × (높이)

마. 측정

1) 신나는 측정 세계

놀이터에서 시소를 탔어요. 가장 가벼운 사람부터 순서대로 적어 보세요.

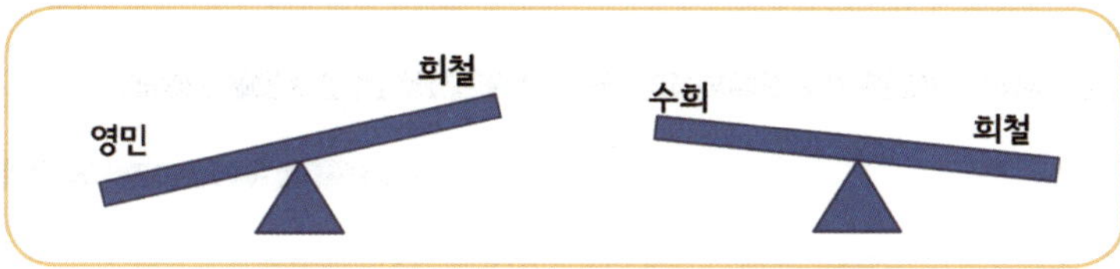

(→ →)

다음의 각 선물을 포장할 수 있는 알맞은 상자를 선으로 연결하고, 상자의 크기가 큰 순서대로 기호를 쓰세요.

ㄱ.

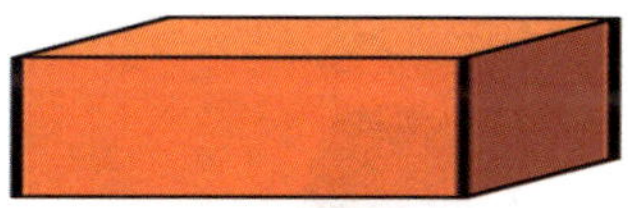

ㄴ.

ㄷ.

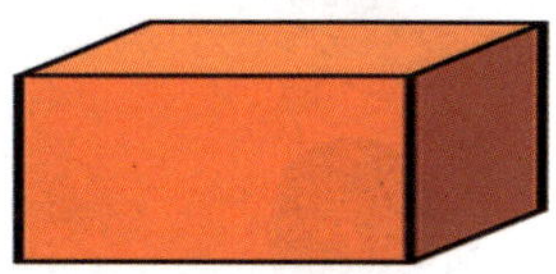

(→ →)

2) 신나는 측정 세계

다음의 줄들이 몇 뼘인지 재 보았어요. 긴 순서대로 번호를 적어 보세요.

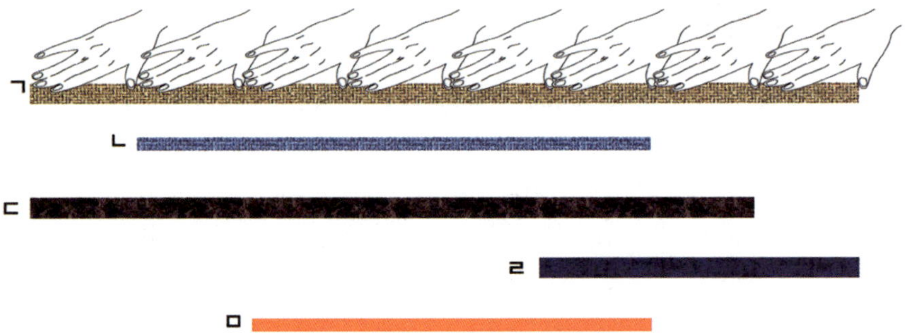

(→ → → →)

같은 양의 물이 들어 있는 유리병이 4개 있습니다. 이것을 각각 컵에 따라 붓고 남은 양의 물이 오른쪽에 있습니다. 컵에 가장 많이 부은 순서대로 ( ) 안에 번호를 쓰세요.

남은 양

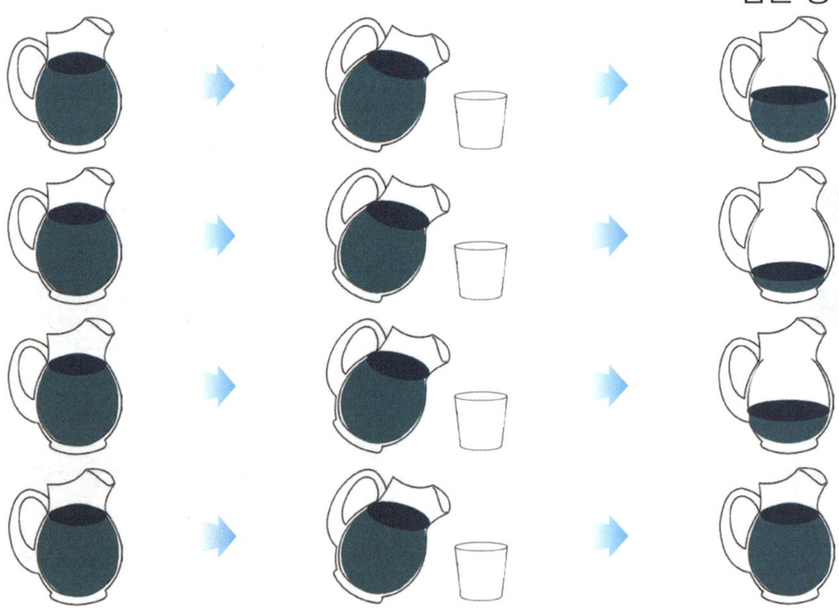

( )

( )

( )

( )

3) 신나는 측정 세계

◉ 달리기 시합이 끝난 후 어떤 사람들이 시상대 위에 올라가 있습니다. 잘 보고, 키가 큰 순서대로 번호를 적어 보세요.

(　　→　　→　　→　　→　　)

◉ 밧줄에 매듭이 지어져 있어요. 매듭을 모두 풀었을 때 밧줄이 긴 순서대로 번호를 쓰세요.

(　　→　　→　　→　　→　　)

4) 신나는 측정 세계

시계에 대해 알아보아요.

♣ 시계를 보기 위해서는 숫자를 60까지 알아야 해요.

작은 눈금은 1분 간격으로 놓여 있어요.

1시간은 60분이고 큰 눈금들은 5분 간격으로 놓여 있어요.

♣ 작은바늘과 큰바늘이 가리키는 이름들이 따로 있어요.

시계 안에 있는 숫자들이 보이죠? 이건 작은바늘의 이름이에요. '시'라고 읽지요.

시계 밖에 있는 숫자들이 보이죠? 그건 큰바늘의 이름이에요. '분'이라고 읽어요.

큰 바늘이 한 바퀴를 돌면 작은 바늘은 다음 숫자를 가리키게 돼요.

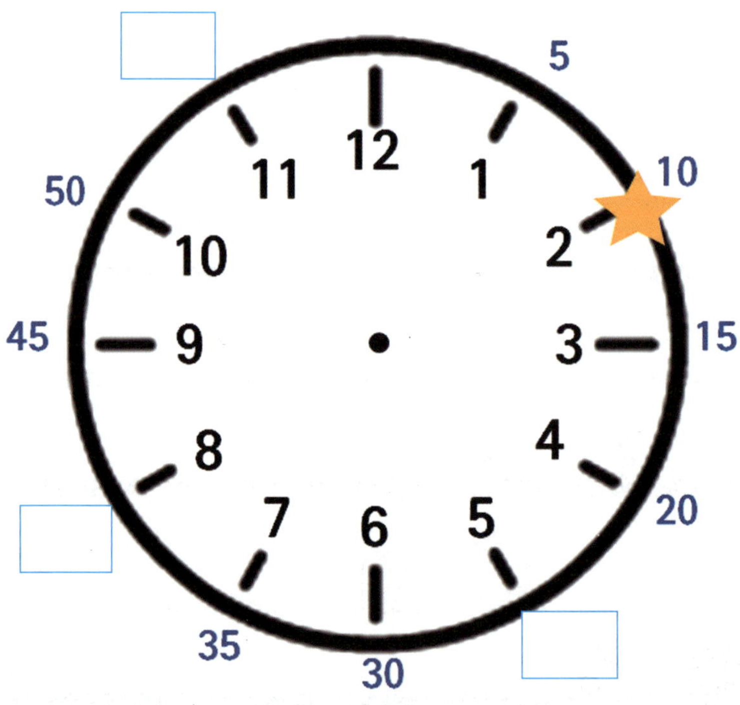

★은 2시가 되기도 하고 10분이 되기도 해요!

그러면 □ 안에 들어가는 숫자들은 무엇일까요? 알맞은 숫자들을 적어 보세요.

5) 신나는 측정 세계

민수의 하루 일정표를 보고 그림과 시계를 알맞게 연결해 보세요.

★민수의 하루★

- 9시에 수업 시작
- 12시 30분 점심시간
- 2시에 수업 끝난 후 교실 청소
- 4시 30분에 피아노학원 가기

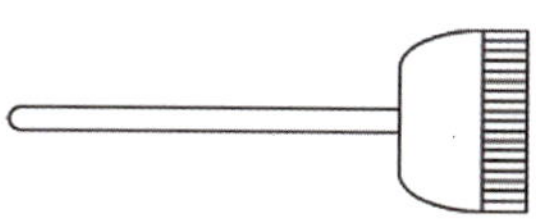

4

6) 신나는 측정 세계

시계에 있는 숫자는 두 가지 얼굴을 하고 있어요.

숫자가 짧은 바늘을 만나면 숫자 그대로 읽으면 되지만, 긴 바늘을 만나면 완전히 다른 수로 바뀌어요. 특히 긴 바늘을 만나면 눈금의 수도 같이 세어야 해요.

짧은 바늘(시)	1	2	3	4	5	6	7	8	9	10	11	12
긴 바늘(분)	5	10	15	20	25	30	35	40	45	50	55	60

긴 바늘이 시계를 한 바퀴 돌면 언제나 60분이 걸려요.
그리고 초침이 시계를 한 바퀴 돌면 60초, 즉 1분이 걸려요.

낮 12시는 정오라고 하고, **밤 12시('0시'라고도 해요)는 자정**이라고 해요.

낮 1시는 12시 다음이라서 **13시**라고도 해요.
시간을 계산할 때는, 낮 1시는 13시로 바꾸어서 계산하면 돼요.

함께 외워 볼까요?!

1시간 = 60분
2시간 = 120분
3시간 = 180분

하루(1일) = 24시간
하루 반(1.5일) = 24 + 12 = 36시간
이틀(2일) = 48시간
사흘(3일) = 72시간

7) 신나는 측정 세계

1시간 = 60분

$\frac{1}{2}$ 시간 = 30분

$\frac{1}{4}$ 시간 = 15분

1시간 30분 = 90분

2시간 = 120분

8) 신나는 측정 세계

시계 문제

1. 지금 시각은 3시입니다. 시계의 긴 바늘이 한 바퀴 반을 돌고 난 후에는 몇 시 몇 분이 될까요?

2. 시계의 짧은 바늘이 5에서 8까지 가는 동안에 긴 바늘은 몇 바퀴를 돌았을까요?

3. 시계의 짧은 바늘은 하루에 시계를 (　　)바퀴 돌고, 긴 바늘은 (　　) 바퀴 돕니다.
하루는 (　　)시간입니다.

4. 오늘 아빠께서는 집에 8시 10분 전에 들어오셨고, 형은 7시 30분에 들어왔습니다.
아빠와 형, 둘 중에 누가 더 늦게 집에 들어왔나요?

5. 민지가 해외여행을 가는 데 1일 하고 3시간 동안 비행기를 탔습니다.
민지가 비행기를 타고 있는 동안 시계의 긴 바늘은 모두 몇 바퀴를 돌았을까요?

9) 신나는 측정 세계

시간 계산하기

아래에는 재석이가 토요일에 무엇을 했는지 적혀 있습니다. 잘 읽어 보고, 질문에 답해 보세요. 다음에 제시된 표에 표시하며 시간을 계산할 수 있습니다.

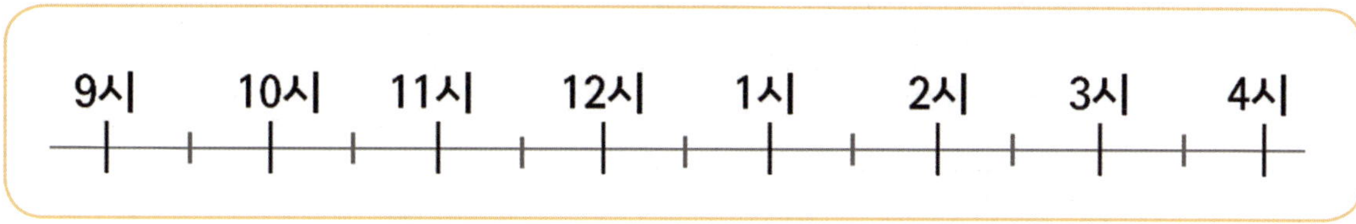

1. 재석이가 토요일 아침에 축구장에 가기 위해 집을 나선 시각은 9시 30분입니다. 축구를 10시 10분에 시작하여 1시간 30분 동안 하였다면, 축구를 마친 시각은 언제인가요?

2. 축구를 마친 후 친구들과 12시 20분에 피자가게에 가서 2시까지 점심을 먹었다면, 점심을 먹은 시간은 얼마인가요?

3. 재석이가 집에 돌아와서 시계를 보니 3시 30분이었습니다. 피자가게에서 집까지 오는 데 걸린 시간은 얼마인가요?

10) 신나는 측정 세계

시간과 날

아래에는 시간과 날의 관계가 나타나 있습니다. 잘 보고 빈칸에 알맞은 말을 써넣으세요.

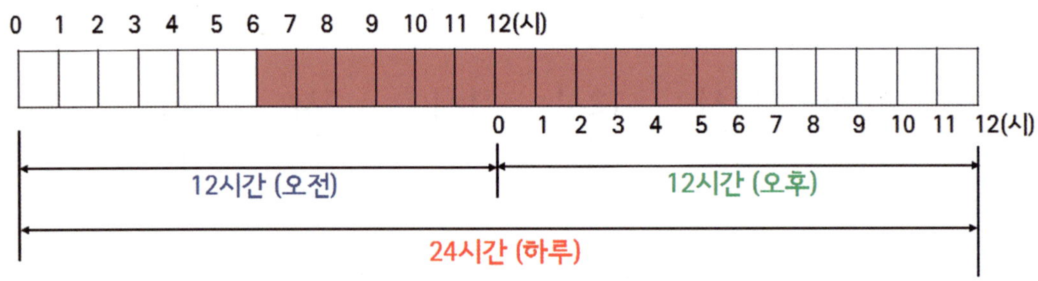

1. 하루에 같은 시각은 (   )번씩 있어요.

2. 0시에서 낮 12시까지를 (   )(이)라고 하고,
낮 12시에서 밤 12시까지를 (   )라고 해요.

3. 오전 0시에서 밤 12시까지가 하루이므로, 하루는 모두 (   )시간이에요.

4. 아침 6시부터 저녁 6시까지 색칠한 칸은 모두 (   )칸이고, 따라서 아침 6시부터 저녁 6시까지는 (   )시간이에요.

11) 신나는 측정 세계

시간 어림잡기

어떤 일을 하는 데 시간을 정확히 잴 수도 있지만, 대략적으로 어림잡을 수도 있어요.
아래 문제들을 잘 읽고 답해 보세요.

1. 다음 두 가지 일 중에 더 금방 할 수 있다고 생각되는 것에 표시하세요.

1) 화분 5개에 물을 준다. ________ 밥을 먹는다. ________

2) 태권도 학원에 다녀온다. ________ 슈퍼에 심부름을 다녀온다. ________

3) 설거지를 한다. ________ 집 안 청소를 한다. ________

4) 머리를 빗는다. ________ 목욕을 한다. ________

2. 집에서 병원까지 가는 데 걸어서 15분이 걸리는데, 만약 뛰어간다면 몇 분 정도가 걸릴까요? 아래에서 골라 보세요.

① 15분 ② 10분 ③ 30분

3. 세수를 하고 이를 깨끗이 닦는 데 몇 분 정도 걸릴까요?

① 10분 ② 30분 ③ 45분

4. 고속버스를 타고 서울에서 대전까지 약 2시간 30분이 걸립니다. 그렇다면 서울에서 부산까지는 얼마 정도 걸릴까요?

① 1시간 30분 ② 5시간 ③ 10시간

12) 신나는 측정 세계

달력

다음은 한 해를 구성하는 달의 예시입니다.

1월

일	월	화	수	목	금	토
	1	2	3	4	5	6
7	8	9	10	11	12	13
14	15	16	17	18	19	20
21	22	23	24	25	26	27
28	29	30	31			

2월

일	월	화	수	목	금	토
				1	2	3
4	5	6	7	8	9	10
11	12	13	14	15	16	17
18	19	20	21	22	23	24
25	26	27	28			

3월

일	월	화	수	목	금	토
				1	2	3
4	5	6	7	8	9	10
11	12	13	14	15	16	17
18	19	20	21	22	23	24
25	26	27	28	29	30	31

4월

일	월	화	수	목	금	토
1	2	3	4	5	6	7
8	9	10	11	12	13	14
15	16	17	18	19	20	21
22	23	24	25	26	27	28
29	30					

5월

일	월	화	수	목	금	토
		1	2	3	4	5
6	7	8	9	10	11	12
13	14	15	16	17	18	19
20	21	22	23	24	25	26
27	28	29	30	31		

6월

일	월	화	수	목	금	토
					1	2
3	4	5	6	7	8	9
10	11	12	13	14	15	16
17	18	19	20	21	22	23
24	25	26	27	28	29	30

7월

일	월	화	수	목	금	토
1	2	3	4	5	6	7
8	9	10	11	12	13	14
15	16	17	18	19	20	21
22	23	24	25	26	27	28
29	30	31				

8월

일	월	화	수	목	금	토
			1	2	3	4
5	6	7	8	9	10	11
12	13	14	15	16	17	18
19	20	21	22	23	24	25
26	27	28	29	30	31	

9월

일	월	화	수	목	금	토
						1
2	3	4	5	6	7	8
9	10	11	12	13	14	15
16	17	18	19	20	21	22
23	24	25	26	27	28	29
30						

10월

일	월	화	수	목	금	토
	1	2	3	4	5	6
7	8	9	10	11	12	13
14	15	16	17	18	19	20
21	22	23	24	25	26	27
28	29	30	31			

11월

일	월	화	수	목	금	토
				1	2	3
4	5	6	7	8	9	10
11	12	13	14	15	16	17
18	19	20	21	22	23	24
25	26	27	28	29	30	

12월

일	월	화	수	목	금	토
						1
2	3	4	5	6	7	8
9	10	11	12	13	14	15
16	17	18	19	20	21	22
23	24	25	26	27	28	29
30	31					

※ 어떤 달은 날수가 많고, 어떤 달은 날수가 적지요? 이것에 대해 좀 더 쉽게 알아봅시다!

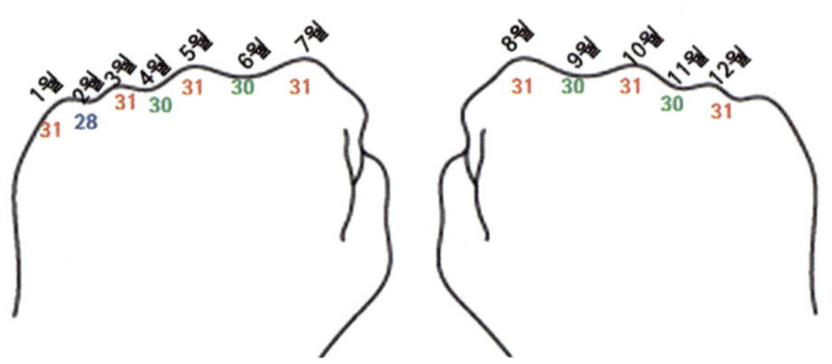

그림처럼 세었을 때, 뼈가 나온 부분에 있는 1, 3, 5, 7, 8, 10, 12월은 31일까지 있는 달이에요.

13) 신나는 측정 세계

달력 문제

앞 장의 달력에 대한 설명을 보고, 아래 질문들에 답해 보세요.

1. 1주일은 (　　)일이고, 1년은 (　　)달입니다.

2. 날수가 가장 적은 달은 (　　)월입니다.

3. 31일까지 있는 달은 (　　　　　　　　)이고, 30일까지 있는 달은 (　　　　　　　　)입니다.

4. 3월은 (　　)요일로 시작합니다.

5. 5월의 마지막 날은 (　　)요일이고, 6월의 첫째 날은 (　　)요일로서, 이 두 날은 이어져 있답니다.

6. 6월 9일에서 일주일 후는 (　　)일입니다.

7. 7월 넷째 주 월요일부터 8월 넷째 주 일요일까지 5주간 여름방학입니다. 방학은 모두 며칠인가요?

4

14) 신나는 측정 세계

분류하기

기준에 따라 같은 종류로 나누기
→ 예: 색깔, 도형, 학용품, 운동경기 …

표와 그래프

표 → 조사한 것의 전체 수 알아보기와 조사한 것의 종류별 수 알아보기 편리함
그래프 → 가장 많은 것과 가장 적은 것을 알아보기 편리함

〈좋아하는 과일〉

과일	딸기	포도	바나나	수박
학생 수	4	7	3	3

자료정리

① 막대그래프: 조사한 수를 막대로 나타낸 그래프
→ 학생 수의 많고 적음을 한눈에 비교할 수 있음

② 그림그래프: 조사한 수를 그림으로 나타낸 그래프
→ 수의 크기를 실제 모양의 그림 크기와 수로 나타내므로 이해하기가 쉬움

③ 자료의 양이 적다면 막대그래프로 표현
자료의 양이 많다면 그림그래프로 표현 → 간단하고 비교하기 쉬움

예: 좋아하는 과일

막대그래프로 나타내면 ……

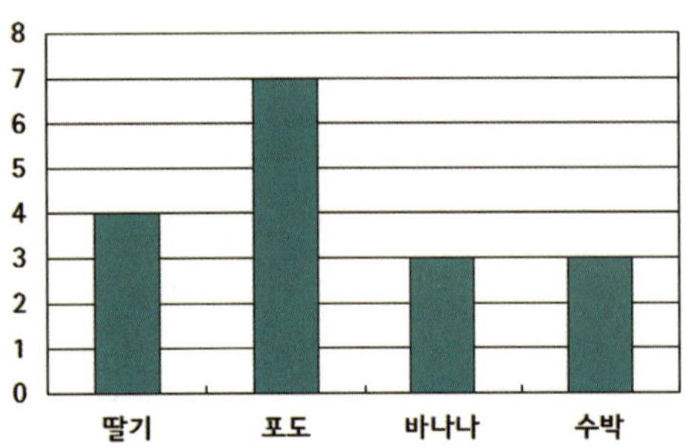

그림그래프로 나타내면 ……

과일	학생 수
딸기	
포도	
바나나	
수박	

15) 신나는 측정 세계

♣ 길이

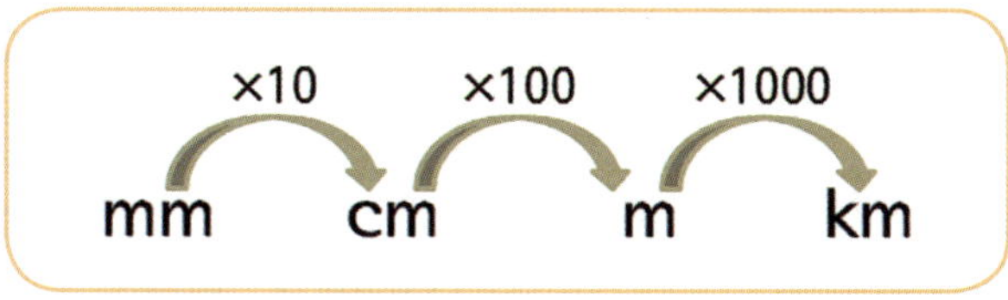

♣ 시각과 시간

- 7시 50분 = **8시 10분 전**
  → 이것은 8시에 가깝지만 8시는 아직 되지 않았다는 의미
  8시가 되려면 10분이 더 지나야 한다는 의미
  따라서, **7시 50분을 8시 10분 전이라고도 해요**.
- 시골 할머니 댁에 가는데 오전 10시에 출발하여 오후 5시에 도착하였다면, 몇 시간이 걸린 것인가요?

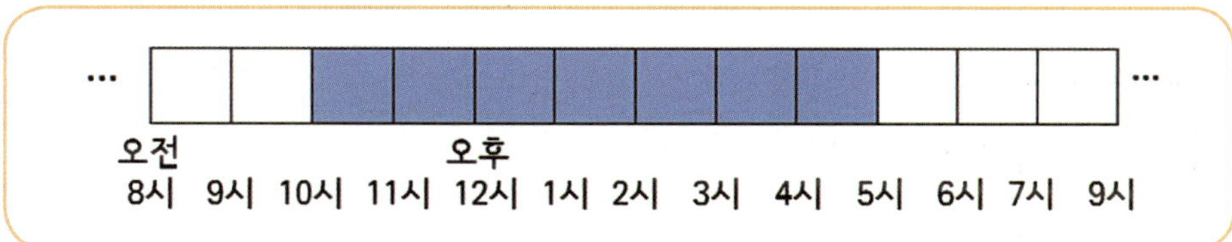

  → 오전 10시부터 오후 5시까지 칸으로 나타내어 색칠해 보면 **7칸**. 따라서 **7시간**!
- 1주일 = 7일, 7일마다 같은 요일이 반복됨
- 1년의 각 달의 날수 알아보기: 1년은 12개월

월	1	2	3	4	5	6	7	8	9	10	11	12
날수(일)	31	28	31	30	31	30	31	31	30	31	30	31

※ 2월은 날수가 가장 적어요. **4년에 한 번씩 29일**이 되어요!

※ 1년, 2년, 3년, …은 **일 년, 이 년, 삼 년**, … 으로 읽지만, 1달, 2달, 3달, … 은 **한 달, 두 달, 세 달**, … 로 읽어요.

16) 신나는 측정 세계

♣ 들이

– 1ℓ(리터) = 1000mℓ(밀리리터)

– 무게의 단위: 1g(그램), 1kg(킬로그램), t(톤) 등

1kg = 1000g, 1t = 1000kg

♣ 넓이

– 넓이의 단위: m^2, a, ha, km^2

① 한 변이 1m인 정사각형의 넓이를 **$1m^2$**라 쓰고 **1제곱미터**라고 읽는다.

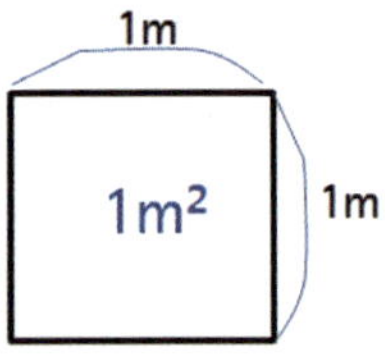

$1m^2 = 10000cm^2$

② 한 변이 10m인 정사각형의 넓이를 **1a**라 쓰고 **1아르**라고 읽는다.

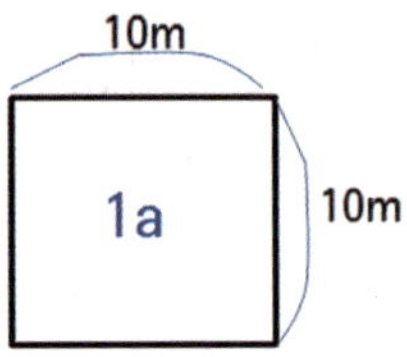

$1a = 100m^2$

③ 한 변이 100m인 정사각형의 넓이를 **1ha**라 쓰고 **1헥타아르**라고 읽는다.

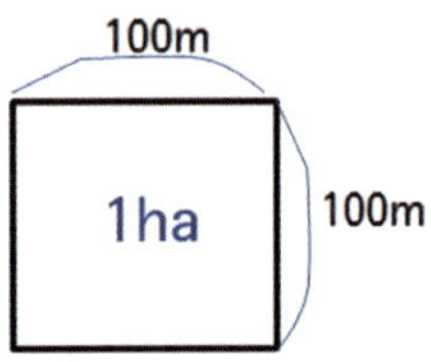

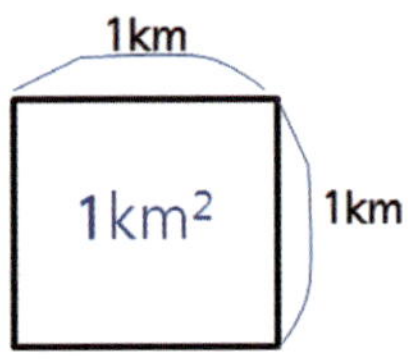

$1a = 100m^2$

$1km^2 = 1000000m^2$

$= 100ha = 10000a$

1ha = 100a, $1km^2$ = 100ha = 10000a

17) 신나는 측정 세계

※ 넓이의 단위 관계

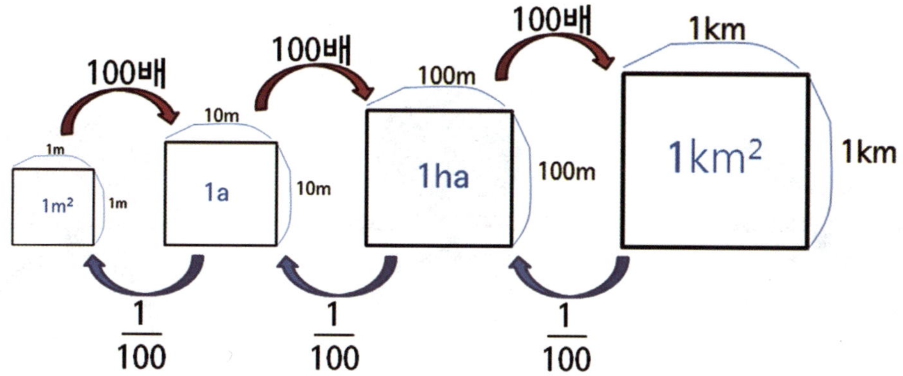

4

함께 풀어 볼까요?

1. 1a는 한 변이 [ ] m인 정사각형의 넓이를 의미하고, 1 [ ] 라고 읽는다.

2. 1ha는 [ ] a이며, 한 변이 [ ] m인 정사각형의 넓이를 의미한다.

3. 1a의 10000배는 1 [ ] 이다.

4. $1m^2$는 1ha의 [ ] 배다.

5. $1km^2$의 $\frac{1}{10000}$ 배는 1 [ ] 이다.

18) 신나는 측정 세계

무게

1. 저울 위에 올려 있는 과일과 채소의 무게를 읽고, 무거운 순서대로 배열해 보세요.

__________ kg　　__________ kg　　__________ kg

2. 눈금 그리기

①과 ② 중, 어느 것이 더 무거울까요? 합친 무게를 저울에 표시해 보고, 무게를 비교해 보세요.

①

②

__________ kg　　__________ kg

19) 신나는 측정 세계

무게 재기

1. kg과 g 바꾸기 연습문제

2kg 300g = ______ g　　　3600g = ______ kg ______ g

4kg 100g = ______ g　　　7300g = ______ kg ______ g

9kg 800g = ______ g　　　1230g = ______ kg ______ g

2. 양팔 저울과 100원짜리 동전을 이용하여 국어책과 공책 중에서 어느 것이 얼마나 더 무거운지 알아보세요.

1) 국어책의 무게는 100원짜리 동전 몇 개의 무게와 같습니까?

2) 공책의 무게는 100원짜리 동전 몇 개의 무게와 같습니까?

3) 국어책과 공책 중에서 어느 것이 얼마만큼 더 무겁습니까?

4

20) 신나는 측정 세계

화폐

다음 동전을 모두 모으면 얼마가 될까요?

[ ] 원

[ ] 원

[ ] 원

[ ] 원

[ ] 원

21) 신나는 측정 세계

화폐

1. 민지는 5월부터 용돈 기입장을 적기 시작했습니다. 빈칸에 들어가야 할 금액은 얼마일까요? (* 만약 용돈 기입장을 적어 본 적이 없다면, 엄마나 선생님께 어떻게 용돈 기입장을 적는지 배워 보세요.)

용돈 기입장

날짜	받은 돈	쓴 돈	남은 금액
5월 3일	용돈 1700원		2000원
5월 8일		과자 400원	1600원
5월 13일	A		4600원
5월 13일		800원	B

A = [ ]원

B = [ ]원

2. 영민이는 1000원을 가지고 문방구에 가서 연필과 지우개를 사려고 합니다.

1) 연필만 산다면 연필을 최대한 몇 개 살 수 있을까요? [ ]개

2) 지우개만 산다면 지우개는 최대한 몇 개 살 수 있을까요? [ ]개

3) 연필과 지우개를 각각 1개씩 사면 얼마인가요? 남은 돈은 얼마인가요? [ ]

22) 신나는 측정 세계

넓이

1. 아래의 색칠된 도형은  모양을 몇 개 사용했을까요? 세어서 적어 보세요.

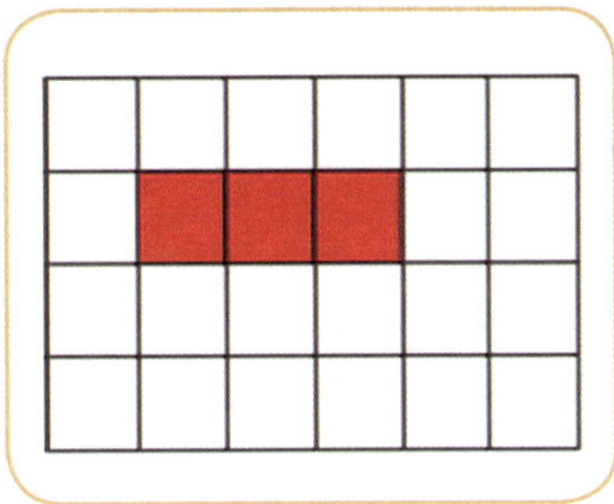

(　　) 개

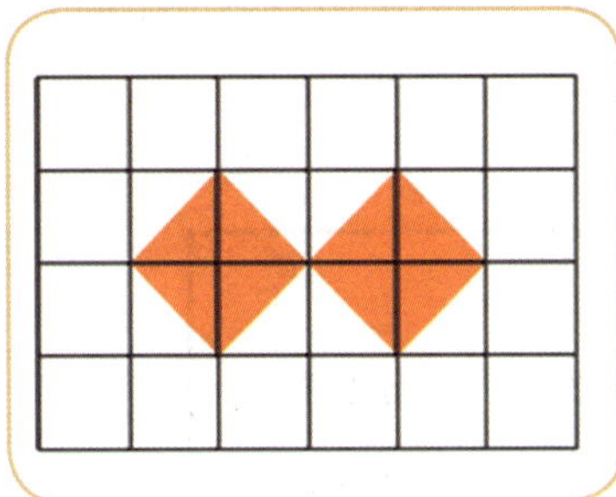

(　　) 개

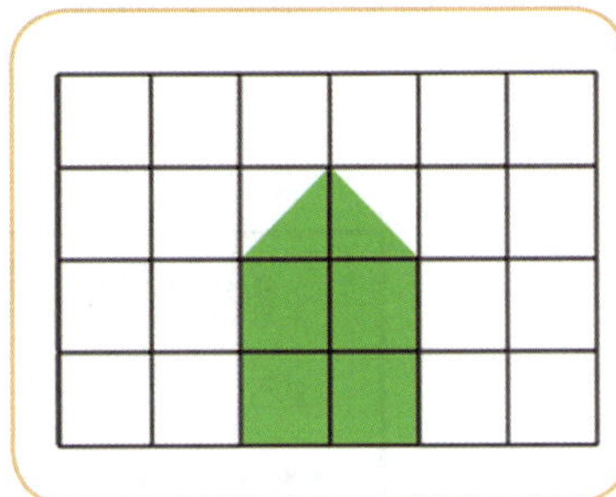

(　　) 개

2. 친구들이 땅따먹기 놀이를 했어요. 초록색은 훈태, 노란색은 상훈, 분홍색은 재호의 땅이에요. 각 친구들의 땅의 넓이를 표시해 보고 어떤 친구의 땅이 제일 넓은지 답해 보세요.

훈태  = ____ 개
 = ____ 개

상훈  = ____ 개
 = ____ 개

재호  = ____ 개
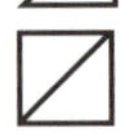 = ____ 개

23) 신나는 측정 세계

꺾은선그래프

1. 꺾은선그래프

: 몸무게, 온도, 키와 같이 연속적으로 변화하는 양을 점으로 찍음 → 그 점들을 선분으로 연결 → 한눈에 알아보기 쉽게 나타낸 그래프

특징
① 변화하는 모양과 정도를 알아보기 쉽다.
② 조사하지 않은 중간의 값을 예상할 수 있다.
③ 시간에 따른 연속적인 변화의 파악이 쉽다.

2. 물결선을 사용한 꺾은선그래프 알아보기

: 필요 없는 부분을 물결선(≈)으로 줄여 그리면 변화하는 모양을 뚜렷이 나타낼 수 있다.

3. 막대그래프

: 각 부분의 상대적인 크기를 비교하려고 한 그래프

특징
① 비교하기 쉽다.
② 수의 크기를 정확하게 나타낼 수 있다.
③ 자료의 수량을 쉽게 비교할 수 있다.

※ 꺾은선의 기울기로 알 수 있는 사실

모양	기울기	자료의 변화
↗	크다	증가/변화가 심하다.
→	없다	변화가 없다.
↘	작다	감소/변화가 심하지 않다.

예: 나의 키 변화

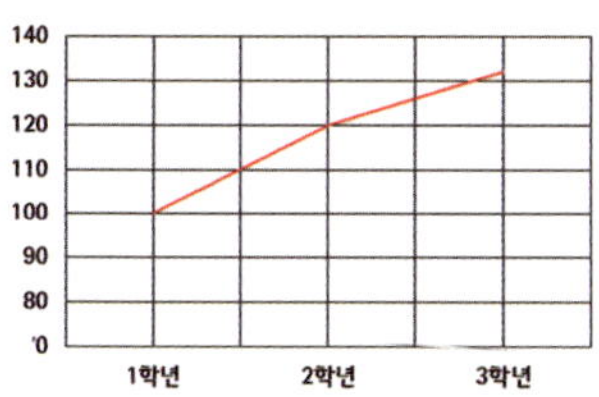

꺾은선그래프

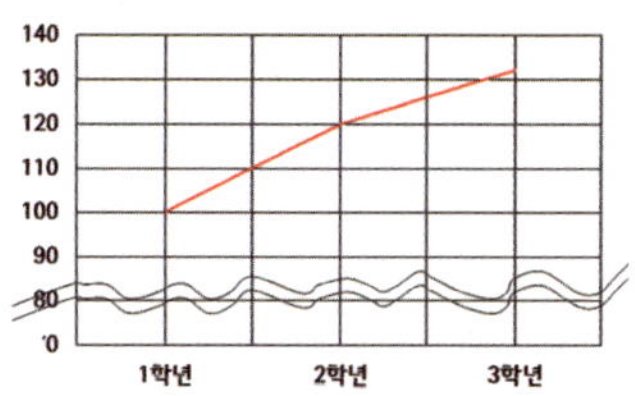

물결선 그래프

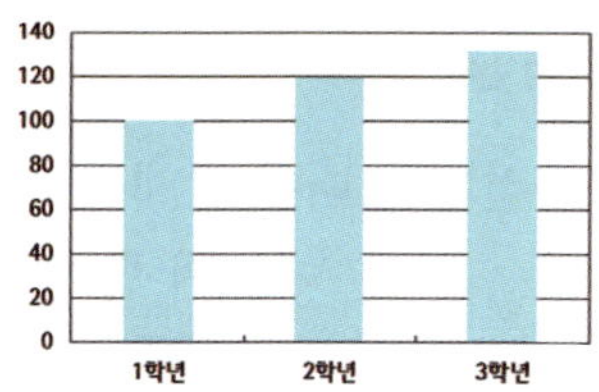

막대그래프

24) 신나는 측정 세계

자료의 표현과 해석

1. 줄기와 잎 그림

: 줄기에 십의 자리 숫자, 잎에 일의 자리 숫자를 적어 표현하는 방법

↳ 자료가 분포된 전체적인 모양을 파악할 수 있고, 통계적 사실을 한눈에 파악하기 쉽다.

〈마을 사람들의 나이〉

줄기	잎
2	5 9 7
3	1 8 3 6
4	8 5 4 0 6

➡ 읽는 방법: 3/1은 31세

2. 그림그래프

: 조사한 수를 그림으로 나타낸 그래프

↳ 그래프를 그릴 때는 그림과 단위량을 알맞게 정해야 통계적 사실을 한눈에 쉽게 알아볼 수 있다.

10만 개

1만 개

3. 평균

: 전체를 더한 합계를 개수로 나눈 값

: 평균 $= \dfrac{\text{자료의 합계}}{\text{개수}}$

: 평균이 이용되는 경우 → 평균 시험 성적, 평균 키, 단위넓이당 과일 수확량 등

(즉, 두 집단 사이의 통계적 사실을 비교할 때 평균을 이용함)

25) 신나는 측정 세계

비율그래프

1. 띠그래프

: 전체에 대한 각 부분의 비율을 띠의 모양으로 나타낸 그래프

자료를 조사하여 표를 만들기

↓

전체에 대하여 각 부분이 차지한 백분율을 구하기

↓

각 부분이 차지하는 백분율만큼 띠를 나누기

↓

나눈 띠 위에 각 부분을 쓰고 백분율 크기 쓰기

2. 원그래프

: 전체에 대한 각 부분의 비율을 원 모양으로 나타낸 그래프

예 학생들이 가장 좋아하는 과목

띠그래프로 나타내면 …

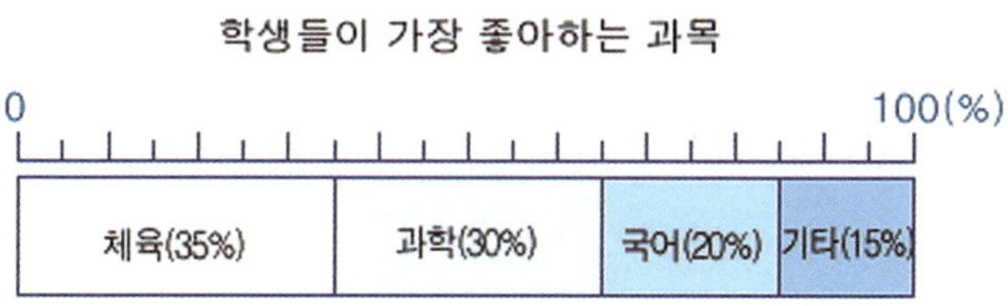

원그래프로 나타내면 …

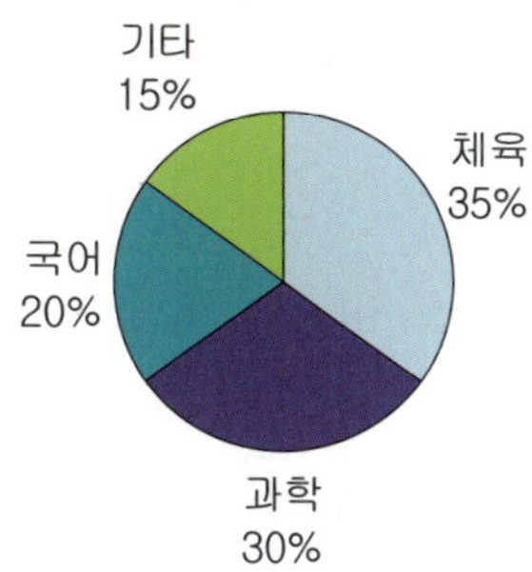

바. 기타

1) 신비한 비례의 세계

비와 비율

1. 두 수의 크기를 비교하여 비로 나타내기

* 읽는 방법 → □과 △를 비교할 때

① □:△　　② □대 △

③ □와 △의 비　　④ △에 대한 □의 비

⑤ □의 △에 대한 비

예) 3 : 4, 3 대 4, 3과 4의 비, 4에 대한 3의 비, 3의 4에 대한 비

2. 비율 알아보기: 기준량에 대한 비교하는 양의 크기를 비율이라고 함

$$\text{비교하는 양 : 기준량} = \textbf{비율} = \frac{\text{비교하는 양}}{\text{기준량}}$$

3. 백분율 알아보기

: **기준량을 100**으로 할 때, 비교하는 양의 비율은 백분율이라고 하고 %로 나타냄

$$\frac{11}{20} = \frac{55}{100} = 0.55$$

(55: 비교하는 양, 100: 기준량)

비율을 백분율로 나타내는 방법은 기준량을 100으로 하여 분수 또는 소수로 고친 후, 비교하는 양을 구하면 된다.

55%는 비율 0.55를 기준량 100으로 했을 때의 값임

4. 할푼리 알아보기

: 비율을 소수로 나타낼 때, 그 소수 첫째 자리를 **할**, 소수 둘째 자리를 **푼**, 소수 셋째 자리를 **리**라고 함

0. ★▲◆
★ → 할, ▲ → 푼, ◆ → 리

2) 신비한 비례의 세계

비례식

1. 비례식?

2 : 3 = 4 : 6과 같이 비율이 같은 두 비를 등식으로 나타낸 식

비 □ : ○에서 □를 전항, ○를 후항이라고 한다.

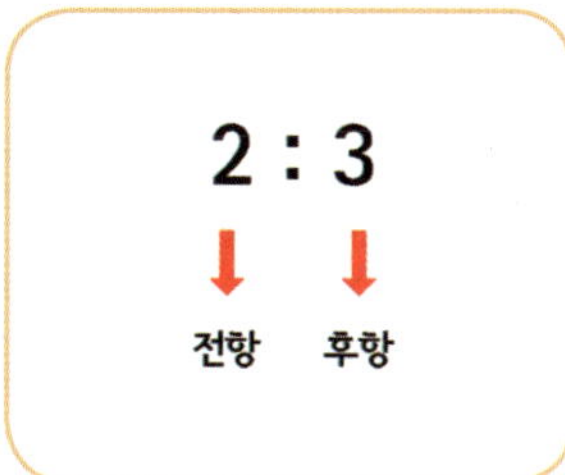

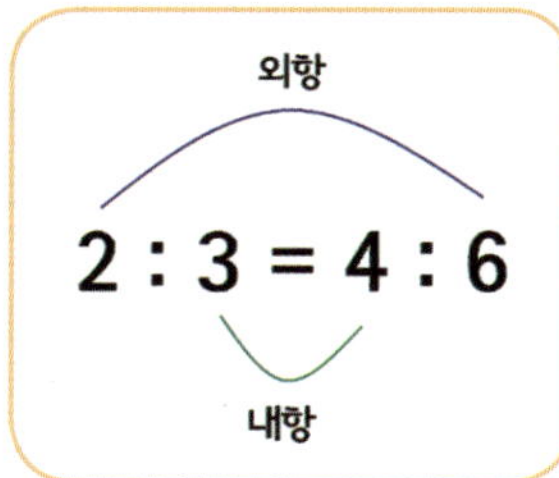

2. 비례식의 성질 : 비례식에서 외항의 곱과 내항의 곱은 같다.

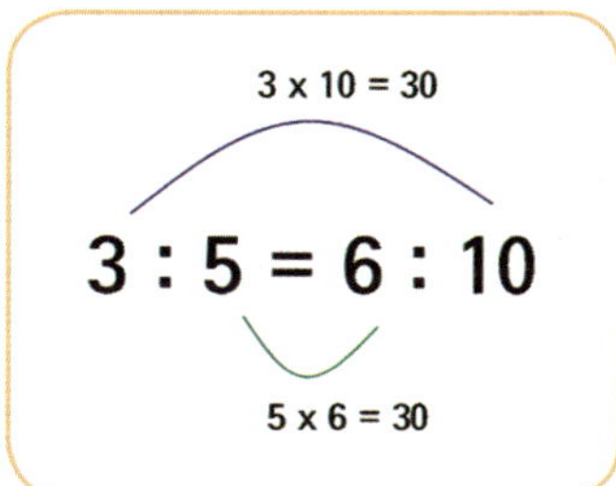

3. 비례식의 성질을 이용하여 비례식 풀기

문제	4 : 5 = 8 : □

풀이식	$4 \times \square = 5 \times 8$ $4 \times \square = 40$ $\square = 40 \div 4 = 10$

4. 비례식을 활용하여 문제해결하기

문제	과일가게에 사과와 배가 5:4의 비로 있습니다. 사과는 45개 있다면, 배는 몇 개 있을까요?

풀이식	$5 : 4 = 45 : \square$ $5 \times \square = 4 \times 45 = 180$ $\square = 180 \div 5 = 36$

3) 신비한 비례의 세계

연비와 비례 배분

1. 연비: 셋 이상의 비를 한꺼번에 나타낸 것

명준 : **수민** = 3 : 4
수민 : 경진 = 4 : 5

그렇다면 → 명준 : **수민** : 경진 = 3 : 4 : 5

2. 두 비의 관계를 연비로 나타내기

: 공통인 항의 수를 같게 한 후 연비로 나타냄

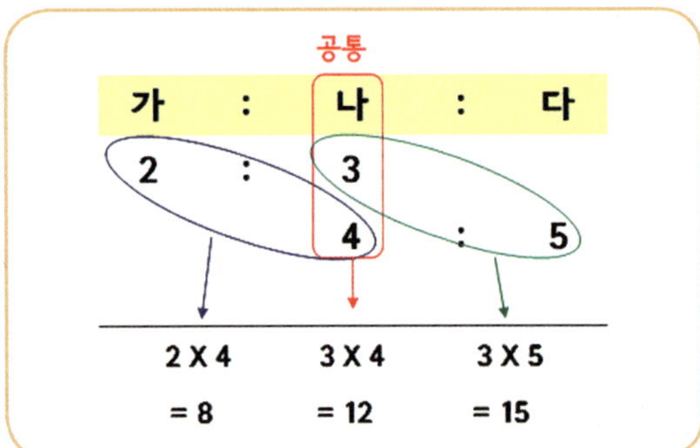

→ 가 : 나 : 다 = 8 : 12 : 15

3. 비례 배분: 전체를 주어진 비로 배분하는 것

예) 구슬 10개를 슬기와 유빈이가 2 : 3으로 나누어 가지려고 한다.
슬기와 유빈이는 구슬을 각각 전체의 $\frac{2}{(2+3)}$, $\frac{3}{(2+3)}$ 가져야 한다.

(전체)

따라서 구슬을 슬기는 $10 \times \frac{2}{(2+3)} = 4$ (개)

유빈이는 $10 \times \frac{3}{(2+3)} = 6$ (개)

(앞 장에 이어서)

4. 비례 배분을 활용하여 문제해결하기

예) 사탕 12개를 형, 나, 동생이 1 : 2 : 3의 비로 나누어 가지려고 한다.

형	:	나	:	동생
$12 \times \frac{1}{(1+2+3)}$	:	$12 \times \frac{2}{(1+2+3)}$	:	$12 \times \frac{3}{(1+2+3)}$
2	:	4	:	6

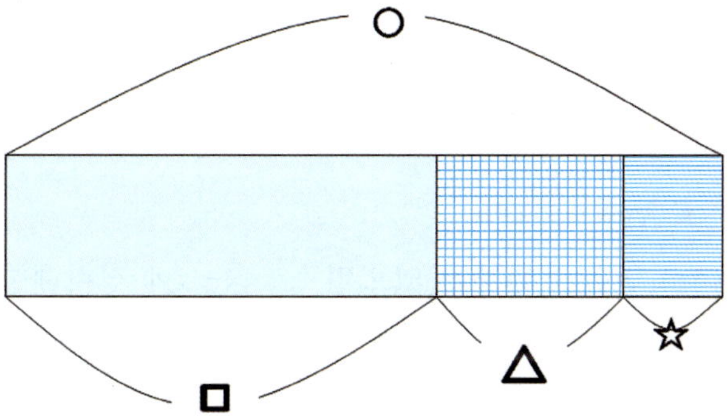

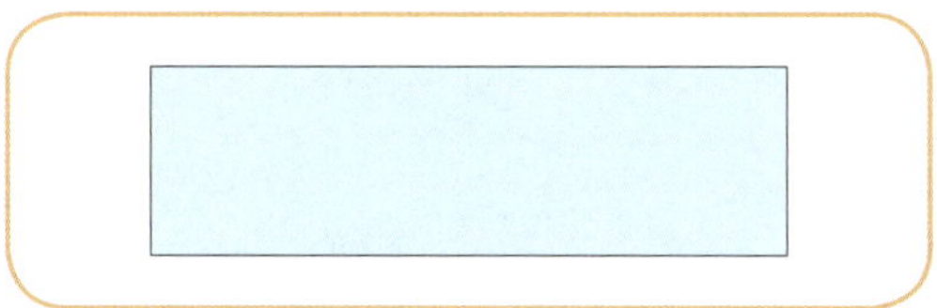

$○ \times \frac{□}{(□ + △ + ☆)}$

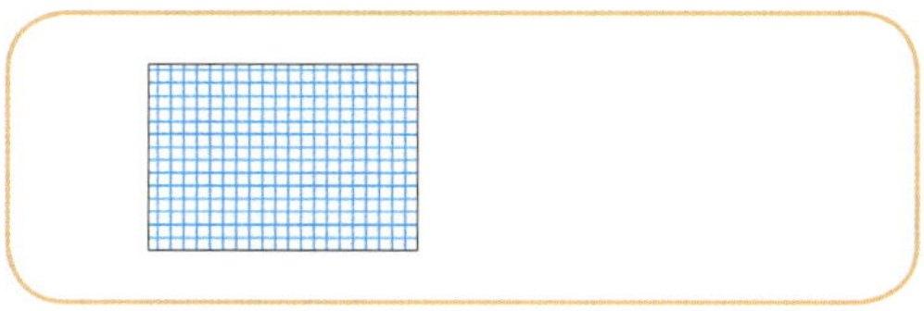

$○ \times \frac{△}{(□ + △ + ☆)}$

$○ \times \frac{☆}{(□ + △ + ☆)}$

4) 신비한 비례의 세계

정비례, 반비례

1. 대응: 서로 짝짓는 것

규칙이 있는 두 수 사이의 대응 관계를 x와 y를 사용하여 식으로 나타낼 수 있음

x =	내 나이	11	12	13	············	40
		+4	+4	+4		+4
y =	형 나이	15	16	17	······	44

$y = x + 4$

2. 정비례

: 두 양 x, y에서

x가 2배, 3배, 4배 …로 변함에 따라

y가 2배, 3배, 4배, …로 변하는 관계가 있으면 ➡ y는 x에 정비례한다고 함

> y는 x에 정비례할 때, $y = 2 \times x$, $y = 3 \times x$, … 와 같이 나타낼 수 있음

3. 반비례

: 두 양 x, y에서

x가 2배, 3배, 4배 …로 변함에 따라

y가 $\frac{1}{2}$배, $\frac{1}{3}$배, $\frac{1}{4}$배 …로 변하는 관계가 있으면 ➡ y는 x에 반비례한다고 함

> y는 x에 반비례할 때, $x \times y = 2$, $x \times y = 3$ … 과 같이 나타낼 수 있음

1) 신비한 약수와 배수의 세계

♣ 약수: △를 나누어떨어지게 하는 수

– 1과 어떤 수 자신은 항상 어떤 수의 약수임

예) $6 \div 1 = 6$, $6 \div 2 = 3$, $6 \div 3 = 2$, $6 \div 4 = 1 \ldots 2$, $6 \div 5 = 1 \ldots 1$, $6 \div 6 = 1$

➡ 6을 나누어떨어지게 하는 수(6의 약수): 1, 2, 3, 6

♣ 배수: △를 1배, 2배, 3배, ⋯ 한 수

예) 5를 1배 한 수: $5 \times 1 = 5$,

5를 2배 한 수: $5 \times 2 = 10$,

15, 20, … ➡ 5의 배수

※ 약수와 배수의 관계: **어떤 수를 두 수의 곱으로 나타낼 수 있으면**, 어떤 수와 두 수는 배수와 약수의 관계다.

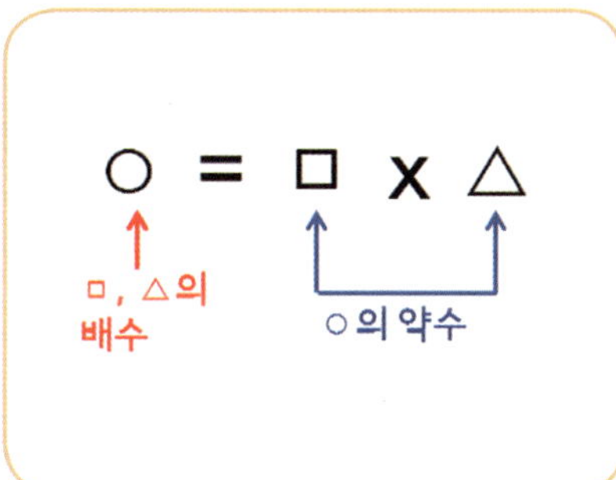

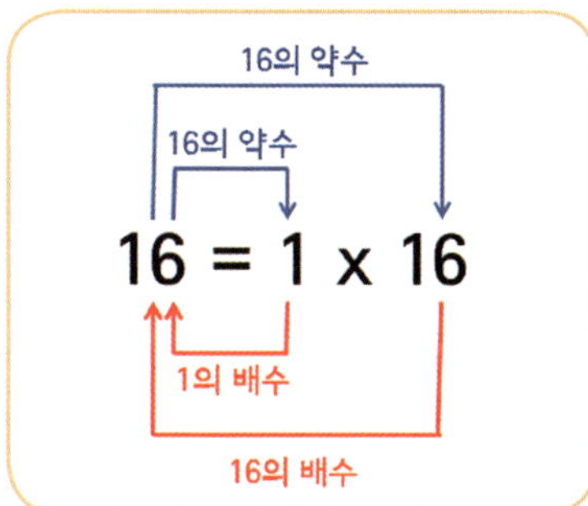

♣ 공약수: 두 수의 공통인 약수

– 공약수 중 가장 큰 수를 **최대공약수**라고 하고, 두 수의 공약수는 두 수의 최대공약수의 약수와 같다.

예) 12의 약수: 1, 2, 3, 4, 6, 12

18의 약수: 1, 2, 3, 6, 9, 18

➡ 12와 18의 공약수: 1, 2, 3, 6

12와 18의 최대공약수: 6

*** 1, 2, 3, 6은 6의 약수!**

4

2) 신비한 약수와 배수의 세계

♣ 공배수: 두 수의 공통인 배수

- 공배수 중에서 가장 작은 수를 **최소공배수**라고 하며, 두 수의 공배수는 무수히 많지만 **최소공배수는 하나뿐**이다.

예) 8의 배수: 8, 16, 24, 32, 40, 48

12의 배수: 12, 24, 36, 48, 60, …

➡ 8과 12의 공배수: 24, 48, …

8과 12의 최소공배수: 24

*** 24, 48, …은 24의 배수!**

함께 풀어 볼까요?

★ 30과 40의 약수를 각각 구해 보세요. 그리고 난 뒤, 두 수의 공약수와 최대공약수를 구해 보세요.

- 30의 약수:
- 40의 약수:

➡ 30과 40의 공약수:

30과 40의 최대공약수:

★ 6과 8의 배수를 각각 5개씩 구해 보세요. 그리고 난 뒤, 두 수의 최소공배수를 구해 보세요.

- 6의 배수:
- 8의 배수:

➡ 6과 8의 최소공배수:

1) 신비한 경우의 수의 세계

경우의 수: 어떤 일이 일어날 수 있는 경우의 가짓수 또는 방법의 수

♣ 한 가지 일이 일어나는 경우의 수

– 조건에 맞는 경우를 모두 알아보고, **모든 경우의 가짓수**를 구한다.

예) 주사위 한 개를 던질 때, 나오는 눈의 수가 짝수인 경우의 수 구하기

: **2, 4, 6의 3가지**이므로, **경우의 수는 3**이다.

♣ 두 가지 일이 동시에 일어나는 경우의 수

– **표**를 만들거나 **나뭇가지 그림**을 그리거나 **짝짓기**를 하여 알아볼 수 있다.

예) 500원짜리 동전 한 개와 100원짜리 동전 한 개를 동시에 던질 때 나오는 면의 경우의 수

① 표

500원 짜리	그림	그림	숫자	숫자
100원 짜리	숫자	그림	숫자	그림

② 나뭇가지 그림

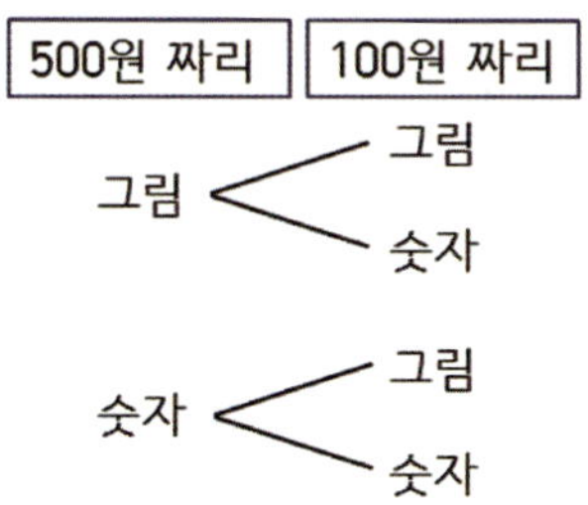

③ 짝짓기

(그림, 숫자), (그림, 그림), (숫자, 숫자) (숫자, 그림)

2) 신비한 경우의 수의 세계

♣ 순서가 있는 경우의 수

– 순서대로 모든 경우를 일일이 나열하여 전체의 가짓수를 알아본다.

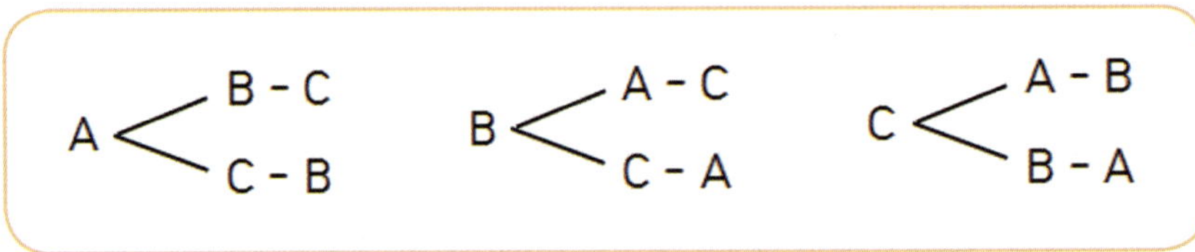

모두 6가지 경우의 수

♣ 경기하는 모든 경우의 수

토너먼트 :

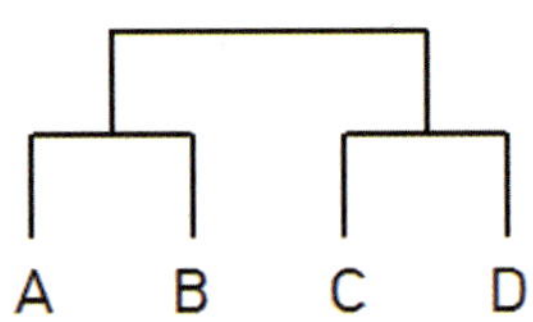

$4(\text{팀 수}) - 1 = 3(\text{경기 수})$

리그전 :

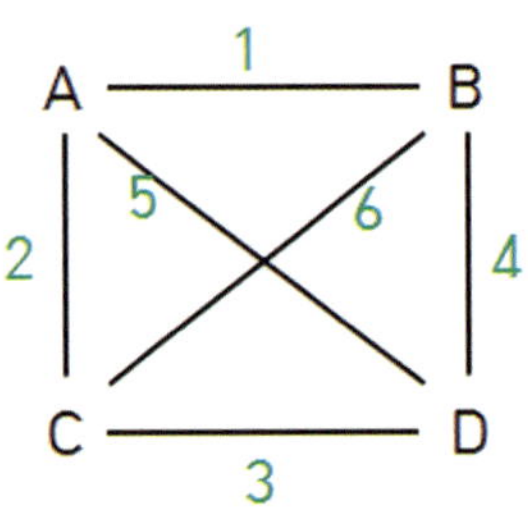

$$\frac{4(\text{팀 수}) \times [4(\text{팀 수}) - 1]}{2} = 6(\text{경기 수})$$

확률: 모든 경우의 수에 대한 어떤 사건이 일어날 경우의 수의 비율

$$\text{확률} = \frac{\text{어떤 일이 일어날 경우의 수}}{\text{모든 경우의 수}}$$

1) 신비한 방정식의 세계

- □를 사용하여 나타낸 식에서 □ 대신에 기호 x를 사용하여 나타낼 수 있고, □, △, x와 같이 아직 알고 있지 못한 어떤 수를 미지수라고 한다.

예) 한 시간에 80km를 달리는 자동차가 있습니다. 같은 빠르기로 x시간을 달린다면 이동한 거리는 몇 km인지 x를 사용하여 나타내 보세요.

➡ **이동한 거리** = (한 시간에 이동하는 거리) × (달린 시간)

= 80 × x

- 등식: 등호(=)를 사용하여 나타낸 식

예) 현수는 시장에서 1000원짜리 사과 몇 개와 2000원짜리 배 한 개를 모두 합쳐 8000원에 샀습니다. 사과의 개수를 x라고 할 때, 과일 값의 관계를 등호를 사용하여 식으로 나타내 보세요.

➡ 과일 값 = (사과 x개의 값) + (배 한 개의 값)

8000 = (1000 × x) + 2000

- 방정식: x의 값에 따라 참이 되기도 하고 거짓이 되기도 하는 등식

– "방정식을 푼다": 방정식을 참이 되게 하는 미지수의 값을 구하는 것

- 등식의 성질

– 등식의 양쪽에 같은 수를 더하거나 빼도 등식은 성립한다.

– 등식의 양쪽에 같은 수를 곱하거나 0이 아닌 같은 수로 나누어도 등식은 성립한다.

$$4 \times x - 3 = 17$$
$$4 \times x - 3 + 3 = 17 + 3$$
$$4 \times x = 20$$
$$4 \times x \div 4 = 20 \div 4$$
$$x = 5$$

예) 영진이는 과일 가게에서 6000원짜리 멜론 한 개와 배 2개를 사고 14000원을 지불하였다. 배 한 개의 값(x)은 얼마인가?

6000 + (x × 2) = 14000

x × 2 = 8000 ➡ x = 4000

4

사. 문장제

1) 어떻게 해결할까요?

덧셈, 뺄셈 (1)

1. 지우개는 7개, 연필은 5자루가 있습니다. 지우개와 연필은 모두 몇 개인가요?

2. 민희는 색종이를 7장, 혜민이는 5장 가지고 있습니다. 누가 몇 장 더 가지고 있나요?

3. 주차장에 자동차가 6대 있습니다. 잠시 후 자동차 2대가 더 들어왔다면, 지금 주차장에 있는 자동차는 모두 몇 대인가요?

4. 우리 반 친구들이 놀이공원에 가서 범퍼카를 타려고 합니다. 범퍼카 한 대에 탈 수 있는 인원은 5명인데 타고 싶은 친구는 8명이라면, 몇 명이 탈 수 없을까요?

5. 휴대폰이 고장 나서 수리 센터에서 번호표를 뽑고 기다리고 있습니다. 내가 받은 번호는 53번이고, 지금 수리 중인 사람의 번호는 38번이라면 몇 명이나 더 기다려야 할까요?

■ 위 1~5번 문제의 답 중에서, 해당하는 수를 적어 답을 구해 보세요.

가장 큰 수 ○ + 가장 작은 수 ○ − 두 번째로 작은 수 ○ + 두 번째로 큰 수 ○ = ○

2) 어떻게 해결할까요?

덧셈, 뺄셈 (2)

1. 빵이 18개 있었는데 장혁이가 몇 개를 먹었더니 8개가 남았습니다. 장혁이가 먹은 빵의 개수는 몇 개일까요?

2. 놀이터에서 25명이 놀고 있었습니다. 잠시 후 19명이 집으로 가고, 7명이 더 와서 놀았다면 지금 놀이터에서 놀고 있는 어린이는 몇 명일까요?

3. 과일가게에 복숭아가 135개, 참외가 257개 있습니다. 과일가게에 있는 복숭아와 참외는 모두 몇 개일까요?

4. 기준이는 유희왕 카드를 384장 가지고 있습니다. 그중에서 윤서에게 17장을 주었다면 남은 카드는 몇 장입니까?

5. 영선이는 970원짜리 공책 1권을, 미선이는 840원짜리 공책 1권을 사려고 돈을 모으고 있습니다. 영선이는 530원, 미선이는 370원을 모았다면 모아야 할 돈이 더 많은 학생은 누구이고, 얼마를 더 모아야 할까요?

4

3) 어떻게 해결할까요?

덧셈, 뺄셈 (3)

1. 선우 아버지는 사과를 어제는 483개 땄고, 오늘은 어제보다 127개 더 땄습니다. 선우 아버지가 어제와 오늘 딴 사과는 모두 몇 개인가요?

2. 민주, 재민, 수정이가 종이비행기를 접었습니다. 민주는 167개를 접었고, 재민이는 민주보다 148개 더 접었습니다. 수정이는 재민이보다 121개 덜 접었다면 세 사람이 접은 종이비행기는 모두 몇 개일까요?

3. 오늘까지 만든 종이학에 358개를 더 접은 후 그중에서 250개를 친구에게 주었더니 284개가 되었습니다. 처음 있었던 종이학의 개수는 몇 개일까요?

4. 마을 도서관에 위인전이 2587권, 동화책이 4834권 있습니다. 도서관에 있는 위인전과 동화책은 모두 몇 권일까요?

5. 형수네 가족은 공휴일을 맞이하여 놀이동산에 놀러 갔습니다. 형수가 11세, 형이 15세, 어머니가 40세, 아버지가 43세입니다. 형수네 가족이 입장하는 데 필요한 돈은 얼마인지 풀이과정을 쓰고 답을 구하세요.

〈놀이동산 입장 요금〉

구분	요금(원)
어른(19세 초과)	12000
청소년(13세 초과 19세 이하)	8000
어린이(7세 초과 13세 이하)	6000
유아(6세 이하)	4000

4) 어떻게 해결할까요?

곱셈, 나눗셈 (1)

1. 달걀이 한 줄에 5개씩 6줄이 있습니다. 달걀은 모두 몇 개인가요?

2. 동물 농장에 말 7마리와 닭 5마리가 있습니다. 말과 닭의 다리 수는 모두 몇 개일까요?

3. 위인전을 하루에 민수는 6쪽씩, 진아는 8쪽씩 읽었습니다. 일주일 동안 두 사람 중 누가 위인전을 몇 쪽 더 읽었을까요?

4. 장난감 공장에서 장난감을 1분에 28개씩 만들 수 있습니다. 이 공장에서 1시간 동안 만들 수 있는 장난감은 모두 몇 개인가요?

5. 한 상자에 8개씩 들어 있는 배가 5상자 있고, 낱개가 3개 더 있다면 배는 모두 몇 개일까요?

■ 위 1~5번의 답 중에서, 해당하는 수를 적어 답을 구해 보세요.

○ + ○ − ○ + ○ = ○

(가장 큰 수) + (가장 작은 수) − (두 번째로 작은 수) + (두 번째로 큰 수) = ○

5) 어떻게 해결할까요?

곱셈, 나눗셈 (2)

1. 서연이는 슈퍼에 가서 800원짜리 껌 2통과 700원짜리 과자 2봉지와 1200원짜리 아이스크림을 사고 5000원을 냈습니다. 거스름돈은 얼마인지 ( )를 사용하여 하나의 식으로 만들어 구하시오.

2. 어린이 영화 관람료가 6800원이고, 오늘 하루 동안 78명의 어린이가 영화를 보았다면 영화 관람료는 모두 얼마일까요?

3. 예나는 구슬 456개를 34개씩 상자에 담으려고 합니다. 구슬은 몇 상자가 되고, 남은 구슬은 몇 개입니까?

4. 문제집 49쪽을 하루에 몇 쪽씩 풀었더니 모두 7일이 걸렸습니다. 하루에 몇 쪽씩 풀었나요?

5. 한 상자에 같은 개수씩 들어 있는 사과 5상자를 8명에게 남김없이 똑같이 나누어 주었더니 한 명이 10개씩 가지게 되었습니다. 한 상자에 들어 있는 사과는 몇 개입니까?

6) 어떻게 해결할까요?

어림수

1. 귤 327개를 상자 한 개에 100개씩 담아서 팔려고 합니다. 상자에 담아서 팔 수 있는 귤은 모두 몇 개입니까?

2. 태수네 학교 5학년 학생은 모두 238명입니다. 5학년 학생들이 45인승 버스를 타고 미술관에 가려고 합니다. 버스가 몇 대 필요합니까?

3. 현중이네 모둠은 5명입니다. 한 사람에게 색종이를 7장씩 나누어 주려고 하는데 색종이는 10장씩 묶어서 판다고 합니다. 색종이는 모두 몇 장 사야 할까요?

4. 물건을 포장하는 데 포장지 57장이 필요합니다. 포장지는 10장 단위로만 팔며 10장에 1000원이라고 합니다. 물건을 모두 포장하려면 포장지를 몇 장 사야 하고 포장지 가격은 얼마나 들겠습니까?

7) 어떻게 해결할까요?

분수 (1)

1. 케이크를 하나 사서 똑같이 넷으로 나눈 다음 각각을 다시 똑같이 둘로 나누었습니다. 케이크는 모두 몇 조각으로 나누었나요?

2. 아버지의 연세는 45세이고, 은진이의 나이는 아버지의 $\frac{3}{9}$입니다. 은진이의 나이는 몇 살입니까?

3. 피자 1판을 똑같이 8조각으로 나눈 후, 3명이 2조각씩 먹었다면 먹고 남은 피자는 얼마인지 분수로 나타내시오.

4. 초콜릿이 25개 있었는데 수진이가 그중에서 $\frac{3}{5}$을 먹었습니다. 수진이가 먹고 남은 초콜릿은 몇 개일까요?

8) 어떻게 해결할까요?

분수 (2)

1. 어느 집에 있는 두 마리의 소가 밭을 가는데 한 마리는 하루에 전체의 $\frac{5}{16}$를 갈고, 나머지 한 마리는 $\frac{4}{16}$를 갈 수 있습니다. 이 두 마리의 소가 하루 동안 갈고 남은 밭은 전체의 얼마인가요?

2. 민호네 집에는 매일 $\frac{32}{5}$L인 주스가 배달됩니다. 사흘 동안 민호네 집에 배달된 주스는 모두 몇 L인가요?

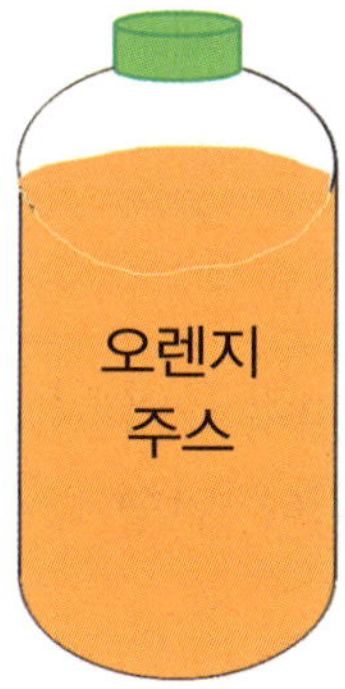

3. 색 테이프를 지선이는 $\frac{5}{6}$m 가지고 있고, 윤서는 $\frac{15}{24}$m 가지고 있습니다. 누가 색 테이프를 더 많이 가지고 있습니까?

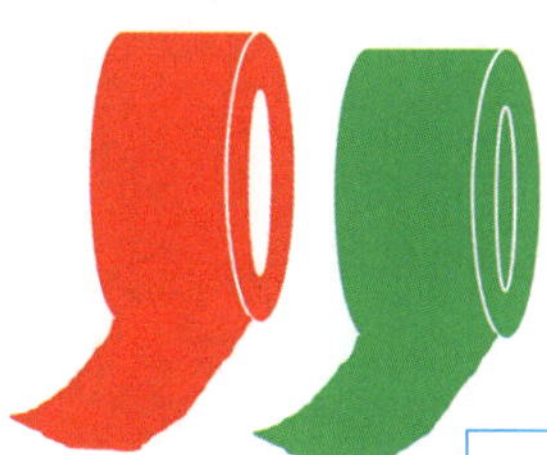

4. 우리 집에 책이 120권 있습니다. 그중에 동화책은 75권입니다. 동화책은 우리 집에 있는 책의 몇 분의 몇인지 기약분수로 나타내세요.

9) 어떻게 해결할까요?

분수 (3)

1. 한수의 몸무게는 $27\frac{1}{2}$ kg이고, 아버지의 몸무게는 한수의 몸무게의 3배입니다. 아버지의 몸무게는 몇 kg인가요?

2. 성현이는 구슬을 48개 가지고 있습니다. 그중에서 $\frac{6}{8}$을 동생에게 주었다면 남은 구슬은 몇 개인지 구해 보세요.

3. 1봉지에 $\frac{4}{5}$ kg씩 들어 있는 찰흙이 11봉지 있습니다. 이 찰흙을 똑같이 나누어 인형 4개를 만들려고 합니다. 인형 1개의 무게는 몇 kg입니까?

4. 5분 동안 $2\frac{5}{7}$ km를 달리는 자동차가 있습니다. 같은 빠르기로 7분 동안 달린다면 몇 km를 달릴 수 있을까요?

5. 민수는 $\frac{21}{22}$ L의 주스를 3개의 병에 똑같이 나누어 담으려고 합니다. 한 병에 몇 L씩 담아야 하나요?

10) 어떻게 해결할까요?

소수 (1)

1. 형준이네 밭 전체의 0.6만큼에 감자를 심었습니다. 감자를 심지 않은 부분은 전체의 얼마인지 색칠하고 소수로 나타내시오.

2. 과수원 전체의 $\frac{5}{10}$ 에는 사과나무를 심고, 0.4에는 배나무를 심었습니다. 과수원에는 사과나무와 배나무 중 어느 나무를 더 많이 심었는지 구하시오.

3. 영철이네 동네에 하루 동안 눈이 오전에 5mm, 오후에 9mm 내렸습니다. 영철이네 동네에 내린 눈은 모두 몇 cm인지 소수로 나타내세요.

4. 도서관에서 민제네 집까지의 거리는 1.85km이고, 도서관에서 윤서네 집까지의 거리는 민제네 집까지의 거리보다 748m 더 멉니다. 도서관에서 윤서네 집까지의 거리는 몇 km인가요?

11) 어떻게 해결할까요?

소수 (2)

1. 길이가 9m인 리본을 6명이 똑같이 나누어 가졌습니다. 한 사람이 얼마씩 리본을 가질 수 있는지 소수로 나타내 보세요.

2. 1분에 8.4L의 물이 나오는 수도가 있습니다. 이 수도에서 5분 동안 나오는 물의 양은 모두 몇 L인가요?

3. 무게가 똑같은 사과 19개는 95.95kg이고, 무게가 똑같은 복숭아 18개는 94.32kg입니다. 사과 한 개와 복숭아 한 개 중 어느 것이 더 무거운가요?

4. 지수와 경희는 길이가 21.6m인 색 테이프를 한 개씩 가지고 있습니다. 이 색 테이프를 지수는 0.9m씩, 경희는 1.2m씩 잘랐다면 자른 도막은 누가 몇 개 더 많나요?

12) 어떻게 해결할까요?

확률과 통계 기초(경우의 수)

1. 다음 문제를 잘 읽고 정답을 찾아보세요.

> 빨간색, 파란색, 노란색 깃발 3개 중에서 몇 개를 들어 올려서 멀리 있는 친구에게 신호를 보내려고 합니다. 순서를 생각하지 않고 깃발 3개로 보낼 수 있는 신호는 모두 몇 가지인지 알아보시오.

① 한 가지 깃발로 신호를 만드는 방법: 빨강, 파랑, 노랑 → (　)가지

② 두 가지 깃발로 신호를 만드는 방법: (빨강, 파랑), (　　　　), (　　　　) → (　)가지

③ 세 가지 깃발로 신호를 만드는 방법: (빨강, 파랑, 노랑) → (　)가지

④ 만들 수 있는 신호의 수: (　) + (　) + (　) = (　)가지

2. 주어진 조건을 가지고 여러 가지 방법으로 문제를 해결할 수 있습니다. 다음 질문을 읽고 가능한 모든 방법의 수를 찾아보세요.

> 명수는 셔츠가 3개, 바지가 2개 있는데, 매일 다른 옷을 입는 방법을 찾아보세요.

셔츠	바지
셔츠 1	바지 1
셔츠 2	바지 2
셔츠 3	

→ (　　)가지

13) 어떻게 해결할까요?

비, 비율, 백분율, 할푼리 (1)

1. 어느 옷가게에서 15000원 하는 티셔츠를 12000원에 팔려고 합니다. 티셔츠의 할인율을 할푼리로 나타내시오.

2. 가은이네 학교 야구부의 어느 야구 선수는 올해 150타수 중에서 안타를 39개 쳤다고 합니다. 이 선수의 타율을 할푼리로 나타내시오.

3. 문제를 정확히 읽은 후, 아래 문제에 답하시오.

> 은수 아버지는 과수원에서 오늘 500개의 사과와 400개의 배를 땄습니다.

① 사과에 대한 배의 비를 비율로 나타내시오.

② 딴 사과를 살펴보니 30%의 사과가 썩었다고 한다면 썩은 사과는 몇 개일까요?

③ 팔 수 있는 사과만 모아 한 상자에 50개씩 담아 한 상자를 35000원에 팔았다면, 은수 아버지는 모두 얼마를 벌 수 있을까요?

4. 창민이네 농장에서 기르는 동물을 조사하여 나타낸 표입니다. 아래의 문제에 답하시오.

〈기르는 동물〉

동물	돼지	소	닭	오리	계
마리 수(마리)	48	36	24	12	120

① 가장 높은 비율을 차지하는 동물은 무엇입니까?

② 돼지의 비율은 닭의 비율의 몇 배입니까?

14) 어떻게 해결할까요?

비, 비율, 백분율, 할푼리 (2)

1. 영미네 학교 6학년 학생들이 다니는 학원을 조사하여 나타낸 원그래프입니다. 문제를 정확히 읽은 후, 아래 물음에 답하시오.

〈다니는 학원〉

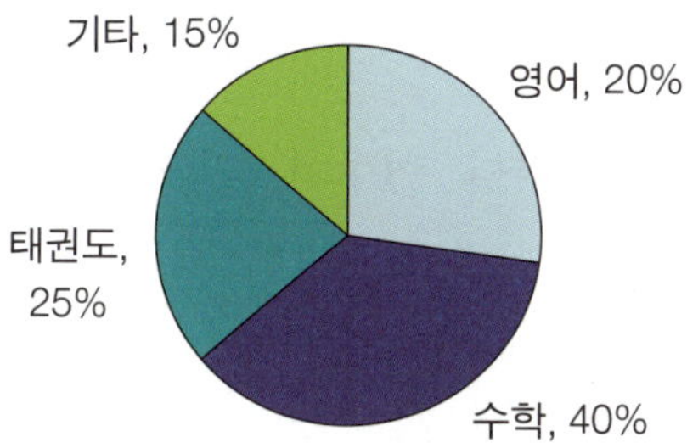

① 태권도 학원을 다니는 학생은 전체의 몇 % 입니까?

② 수학 학원을 다니는 학생 수는 영어 학원을 다니는 학생 수의 몇 배입니까?

③ 전체 학생 수가 500명이라면 영어 학원에 다니는 학생은 몇 명입니까?

2. 서울 동작구 초등학교 5학년 학생은 약 6700명입니다. 이 중 57%가 보건소에서 뇌염주사를 예방접종하였습니다. 예방접종을 하지 않은 학생은 몇 명입니까?

3. 다음은 〈다파라 문방구〉와 〈병아리 문방구〉에서 판매하는 물감의 정가와 할인율을 나타낸 표입니다. 승빈이는 어느 문방구에서 사는 것이 더 이익일까요?

문방구	정가	할인율
다파라 문방구	5000원	30%
병아리 문방구	4500원	20%

4. 어느 슈퍼에서 500원짜리 주스를 320원에 판매하였습니다. 이 할인점은 음료수를 몇 % 할인하여 판매하고 있습니까?

15) 어떻게 해결할까요?

비례식 (1)

1. 과일가게에 사과와 배가 5 : 4의 비로 있습니다. 사과가 45개 있다면 배는 몇 개 있습니까?

$$5 : 4 = 45 : \square$$

2. 현수는 아르바이트를 해서 3일 동안 42만 원을 받았습니다. 현수가 224만 원을 벌려면 며칠 동안 일을 해야 될까요?

3일 : 42만 원 = $\square$: 224만 원

3. 민국이와 민정이는 아버지께서 주신 용돈을 7 : 6의 비로 나누어 가지기로 했습니다. 민정이가 받은 용돈이 7200원이라면 민국이가 받은 용돈은 얼마일까요?

7 : 6 = $\square$: 7200원

4. 아버지께서 용돈 60000원 주시면서 현수는 전체의 $\frac{5}{12}$, 현정이는 전체의 $\frac{1}{3}$, 현빈이는 전체의 $\frac{1}{4}$을 가지라고 하셨습니다. 각각 얼마씩 가질 수 있을까요?

16) 어떻게 해결할까요?

비례식 (2)

1. 어머니는 6000원을 은영이와 은수에게 3 : 2로 나누어 주려고 합니다.
   은영이와 은수에게 각각 얼마를 주어야 합니까?

2. 연필 60자루를 진호, 철수, 태민에게 3 : 4 : 5로 나누어 주려고 합니다.
   세 사람이 각각 몇 개씩 가지면 될까요?

3. 상호는 6시간, 준석이는 9시간 동안 일을 하여 모두 45000원을 받았습니다.
   일한 시간의 비로 받은 금액을 나누어 가질 때, 상호와 준석이는 각각 얼마를 가지게 될까요?

4. 설탕과 물의 비가 2 : 11인 설탕물 910g이 있습니다.
   이 설탕물에서 설탕의 양은 몇 g 일까요?

5. 사과 70개를 외삼촌 댁과 이모 댁에 4 : 3으로 나누어 드리려고 합니다.
   각각 몇 개씩 드려야 할까요?

4

17) 어떻게 해결할까요?

측정 – 길이, 거리

1. 길이가 453cm인 색 테이프에 길이가 2m 15cm인 색 테이프를 15cm 겹치게 이었습니다. 이은 색 테이프의 길이는 몇 m 몇 cm입니까?

2. 송이의 키는 1m 45cm이고, 보경이의 키는 1m 38cm입니다. 누가 몇 cm 더 클까요?

3. 철수네 집에서 학교까지 5km 830m이고, 학교에서 도서관까지 1km 480m라면, 철수네 집에서 학교를 지나 도서관까지 가려면 모두 몇 km 몇 m를 가야 할까요?

4. 다음은 휴게소까지 얼마나 남았는지 거리를 알려 주는 안내 표지판입니다. 아래의 표지판을 잘 살펴본 후, 물음에 답해 보세요.

① 표지판부터 [아름 휴게소]까지 거리가 얼마인가요?

② 표지판부터 [다운 휴게소]까지 거리는 얼마인가요?

③ [아름 휴게소]와 [다운 휴게소] 사이의 거리는 얼마인가요?

18) 어떻게 해결할까요?

측정 – 무게, 넓이, 들이, 둘레

1. 용희는 헌 종이를 2kg 500g 모았고, 서현이는 3kg 300g 모았습니다.
   서현이는 용희보다 헌 종이를 몇 g 더 모았습니까?

2. 유나의 몸무게는 28kg 300g입니다. 유나가 가방을 메고 저울에 올라갔더니 무게가 29kg 800g이 되었습니다. 가방의 무게는 몇 kg 몇 g인지 구하세요.

3. 동화책의 가로는 22cm, 세로는 30cm이고, 위인전의 가로는 17cm, 세로는 22cm입니다.
   어느 책의 넓이가 얼마나 더 넓을까요?

4. 가로가 25cm, 세로가 19cm인 화단의 둘레에 노끈을 사용해서 울타리를 세우려고 합니다.
   울타리를 세우기 위해서 노끈은 모두 얼마나 필요할까요?

5. 종현이네 가족은 하루 동안 생수 6L 500mL 중에서 4L 500mL를 마셨습니다.
   남은 생수는 몇 L 몇 mL입니까?

19) 어떻게 해결할까요?

측정 – 시간

1. 순이와 철이는 다모아 어린이 박물관에 체험학습을 하기 위해 왔습니다. 아래에 제시된 안내문과 문제를 잘 읽고 질문에 답해 보세요.

> **다모아 어린이 박물관**
>
> 관람시간: 오전 9:30~오후 6:00
>
> ※ 전시물 설명은 박물관 입구에서 합니다.
> (1) 오전 10:00에 시작해서 30분 동안 진행
> (2) 오후 2:40에 시작해서 30분 동안 진행

① 순이와 철이는 집에서 8시 30분에 출발하여 박물관에 9시 10분에 도착했습니다. 집에서 박물관까지 가는 데 걸린 시간은 얼마인가요?

② 박물관에 도착해서 바로 들어갈 수 있나요? 없다면 얼마 동안 기다려야 들어갈 수 있나요?

③ 박물관이 시작해서 끝날 때까지의 시간은 모두 몇 시간 몇 분인가요?

④ 전시물 설명이 시작하는 시각과 끝나는 시각을 적고, 아래의 시계 안에 알맞게 바늘을 그려 넣어 보세요.

오전 　시 　분 ~ 　시 　분

부터

까지

오후 　시 　분 ~ 　시 　분

부터

까지

20) 어떻게 해결할까요?

측정 - 시간(달력)

1. 다음 달력을 보고 물음에 답해 보세요.

3월						
일	월	화	수	목	금	토
	1	2	3	4	5	6
7	8	9	10	11	12	13
14	15	16	17	18	19	20
21	22	23	24	25	26	27
28	29	30	31			

① 4일에서 10일 후는 무슨 요일인가요?

② 18일에서 3일 전은 무슨 요일인가요?

2. 진영이는 3년 5개월 동안 피아노를 배웠습니다.
진영이가 피아노를 배운 기간은 모두 몇 개월인가요?

3. 다음 달력의 일부를 보고 질문에 답해 보세요.

일	월	화	수	목	금	토
		1	2	3	4	5

① 이 달의 셋째 수요일은 며칠인가요?

② 4일에서 15일 후는 무슨 요일인가요?

③ 이 달의 토요일인 날짜를 모두 써 보세요.

4

각 영역 및 학년별 수학교과서 목차 정리(2013년 수학 교과서 기준)

영역		1학년 1	1학년 2	2학년 1	2학년 2	3학년 1	3학년 2	4학년 1	4학년 2	5학년 1	5학년 2	6학년 1	6학년 2
수체계		9까지의 수 50까지의 수	100까지의 수	세 자리 수	네 자리 수	10000까지 수		큰 수	수의 버림과 어림				
사칙연산	덧셈, 뺄셈	덧셈, 뺄셈	덧셈, 뺄셈	덧셈, 뺄셈		덧셈, 뺄셈	덧셈, 뺄셈						
	곱셈			곱셈	곱셈, 곱셈구구	곱셈	곱셈						
	나눗셈					나눗셈	나눗셈	곱셈, 나눗셈 혼합계산					
분수와 소수	분수					분수		분수	분수의 덧셈, 뺄셈	분수의 덧셈, 뺄셈, 곱셈	분수의 나눗셈	분수의 나눗셈	분수와 소수의 혼합계산
	소수						소수	소수	소수의 덧셈, 뺄셈	통분과 약분	소수의 곱셈, 나눗셈	소수의 나눗셈	
도형		여러 가지 모양	여러 가지 모양	여러 가지 도형		평면도형 도형의 이동	원	각도, 삼각형	수직과 평행, 사각형과 다각형, 평면도형의 둘레와 넓이	도형의 합동, 직육면체, 정육면체, 평면도형의 넓이	도형의 대칭	각기둥, 각뿔, 원주율, 원의넓이, 여러 가지 입체도형	원기둥, 원뿔, 직육면체의 겉넓이와 부피, 원기둥의 겉넓이와 부피
측정 & 그래프	시계		시계보기		시각과 시간	길이와 시간							
	길이	비교하기		길이재기	길이재기								
	들이, 무게						들이와 무게						
	그래프			분류하기	표와 그래프		자료정리		꺾은선그래프	여러 가지 단위	자료의 표현과 해석	비율그래프	
비 비례식											비와 비율	비례식, 연비와 비례배분	정비례 반비례
기타										약수와 배수			경우의 수, 확률
													방정식
규칙찾기, 문제해결			규칙		규칙		규칙, 문제	규칙	규칙찾기와 문제해결		문제		문제

주의력 영역 워크북 답안

❶ 필수과제

가. 보거나 듣고 외우기

잘 기억하세요

pp. 15~16 정답 생략

p. 17 1. 1시간 수업 듣기 → 읽고 싶은 책 2권 빌리기 → 종량제 쓰레기봉투 사기 → 형한테 준비물 전해 주기
2. 정답 생략

p. 18 1. 돌다리도~건너라. –아무리~의미
2. 등잔 밑이 어둡다. –가까운 일~의미
3. 작은 고추가 맵다. –겉으로는~의미
4. 식은 죽 먹기–어떤 일이~의미

잘 보고 외워 보세요

p. 19 1번째–파란별, 2번째–검은별, 3번째–초록별

p. 20 (다), (가), (나)

p. 21 7, 8, 6, 3, 5

p. 22 거북이–2번째, 펭귄–1번째, 참새–3번째

p. 23 은혜, 효진, 유진

p. 24 호진, 진수, 민규

p. 25 1번째–♣, 2번째–♥, 3번째–◑, 4번째–♬, 5번째–☎

p. 26 1–7번째, 2–3번째, 3–4번째, 4–2번째, 5–1번째, 6–6번째, 7–5번째

p. 27 1번째–%, 2번째–$, 3번째–#, 4번째–!, 5번째–&, 6번째–?, 7번째–@

p. 28 1번째–47, 2번째–59, 3번째–21, 4번째–86, 5번째–10

p. 29 (가), (라), (마), (나), (다)

p. 30 (라), (가), (나), (다)

p. 31 (나), (마), (라), (다), (가)

p. 32 (다), (가), (마), (나), (라)

p. 33 거북이, 원숭이, 곰, 타조, 펭귄

p. 34 1. 연호, 2. 수영, 3. 미린, 4. 꽃에 물을 주었음, 5. 민지와 수용

p. 35 1. 학교 숙제, 2. 정답 생략

p. 36 빨간 원, 주황 화살표, 파란 사각형, 하얀 별

p. 37 딸기, 진달래, 개, 호랑이, 코스모스

p. 38 젖소, 판다, 캥거루, 사슴, 염소

p. 39 성빈, 정환, 성주, 지아, 민수

p. 40 호랑이, 곰, 하마, 사자, 사슴, 기린

p. 41 은혜, 수연, 재원, 주희, 승호

p. 42 1. 축구, 2. 유빈, 3. 스케이트, 4. 규용, 5. 철봉, 6. 호담

나. 보거나 듣고 판단하기

잘 읽고 판단해 보세요

p.43 질문 1. 풍선을 놓쳐서 울고 있음
질문 2. 동일이
질문 3. 민수

p.44 질문 1. 누나를 기다리고 있음
질문 2. 유라
질문 3. 사과를 고르고 있음

p.45 질문 1. 바닥을 보고 있음
질문 2. 태환이
질문 3. 연재

p.46 질문 1. 석사초등학교
질문 2. 줄다리기 심판을 보시다가 화가 남
질문 3. 고재일 선생님

p.47 질문 1. 은정
질문 2. 영민
질문 3. 케이크를 먹으려고 하고 있음

p.48 1. 지수, 2. 용진, 3. 효진이, 6시 30분

p.49 (좌측 상단부터 옆으로) 현정, 영미, 상은, 미주, 지현

p.50 1. 지혜, 175cm, 2. 민정=윤정 → 예원 → 미진, 3. 미주 → 제원=솔이 → 지현

잘 보고 판단해 보세요

p.51 앞쪽에 잡기 놀이 하던 2명, 농구하던 아이, 뒤쪽에 단체줄넘기 하던 3명

잘 듣고 판단해 보세요

p.52 엄마: 참치김밥, 잡채, 갈비찜, 콜라
아빠: 김치, 오리고기, 도토리묵, 잡채, 물

잘 생각해서 답을 찾아보세요

p.53 파란 리본

p.54 초록 리본

p.55 주황 리본

다. 순서나 위치 외우기

어디에 있을까요?

pp.56~57 1. 정답 생략
2. 정답 생략
3. 1) 서울, 2) Ⓑ: 곰 Ⓒ: 사자 Ⓓ: 하마 Ⓔ: 코끼리

p.58 1-1번째, 2-4번째, 3-2번째, 4-3번째

p.59 (좌측 상단부터 옆으로) 3, 2, 1, 5, 8, 7, 6, 4

답안

p.60 정답 생략

p.61 (좌측 상단부터 옆으로) 5, 1, 3, 4, 6, 8, 7, 2

라. 통합활동지

정답 생략

❷ 따라 말하기

가. 듣고 외우기

모두 찾아 주세요

pp. 100~102 정답 생략

p.103 1. 2번째, 2. 우측 하단

pp. 104~106 정답 생략

p.107 1. 우측 상단, 2. 좌측 상단

p.108 1. 우측 하단, 2. 좌측 하단

순서대로 찾아 주세요

pp. 109~114 정답 생략

나. 거꾸로 말하기

거꾸로 말해 보세요

p.115 1. 오늘이 몇 월 며칠인지 말해 보세요.
2. 당신의 이름은 무엇인지 말해 보세요.
3. 오른손으로 왼쪽 귀를 잡으세요.
4. 왼손으로 코를 만지세요.
5. 상대방의 어깨를 두드려 주세요.
6. 환한 미소를 보여 주세요.
7. 웃어 보세요 크게.
8. 왼손과 오른손 모두 브이 자를 만들어서 귀 옆에 갖다 대고 최대한 귀여운 포즈를 만들어 봅니다.

p.116

문제 1

룽르따~ 룽르따~ 요세가켜비
가거전자 다니갑나 룽르르르따~
기저 는가 저 람사 요세하심조
는가다하물어물어 다니납일큰

문제 2

의승스 는혜은 늘하 서아같~
러러우 록수볼 네지만아높
라거되참 라거르바 신주쳐르가
은승스 의음마 다시이버어
아~ 아 라워마고 의승스 랑사
아~ 아 리하답보 의승스 혜은

❸ 순서완성하기

가. 순서에 따라 배열하기

어떤 순서로 해야 할까요?

p.118 2, 4, 1, 3
1, 3, 4, 2

p.119 3, 1, 4, 2, 5
4, 1, 6, 5, 3, 2

p.120 ④, ②

p.121 ① 침대에서 일어난다. – 옷을 입고, 양말을 신는다. – 운동화를 신는다. – 현관문을 나선다.
② 화장실에 들어간다. – 슬리퍼를 신는다. – 손을 씻는다. – 수건으로 닦는다.
③ 고무장갑을 낀다. – 그릇을 닦는다. – 그릇을 물로 헹군다. – 그릇을 정리한다.

p.122 ① 책상과 의자를 ~ 민다. – 빗자루질을 한다. – 대걸레질을 한다. – 책상과 ~ 정리한다.
② 식판과 수저를 챙긴다. – 음식을 받는다. – 자리에 돌아와 앉는다. – 식사를 한다.
③ 교문을 들어선다. – 실내화로 갈아 신는다. – 교실로 들어간다. – 책상에 가방을 걸어 놓는다.

p.123 1. 봄, 여름, 가을, 겨울
2. 도, 레, 미, 파, 솔, 라, 시
3. 무척 가벼운, 가벼운, 무거운, 매우 무거운
4. mm, cm, m, km
5. t, kg, g, mg
6. 영하 10도, 영하 5도, 0도, 영상 5도, 영상 10도

p.124 199, 200, 209, 300, 310, 335, 423, 500, 501
99, 100, 199, 323, 332, 888, 2220, 2342, 3551
101, 222, 290, 291, 313, 331, 1000, 1001, 2991

p.125 501, 500, 423, 335, 310, 300, 209, 200, 199
3551, 2342, 2220, 888, 332, 323, 199, 100, 99
2991, 1001, 1000, 331, 313, 291, 290, 222, 101

무엇일까요?

p.126 A: 2, B: 7, C: 13, D: 15

p.127 A: 72, B: 76, C: 142, D: 149, E: 150

p.128 호주, 미술

규칙을 찾아 주세요

p.129 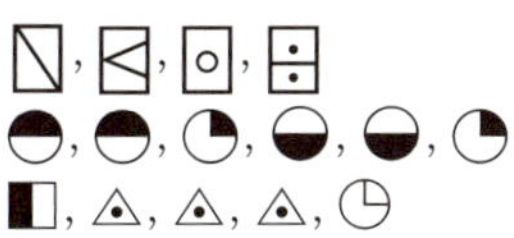

p.130 초록
주황, 노랑
파랑, 검정
초록, 주황

답안

노랑
파랑, 검정

p. 131

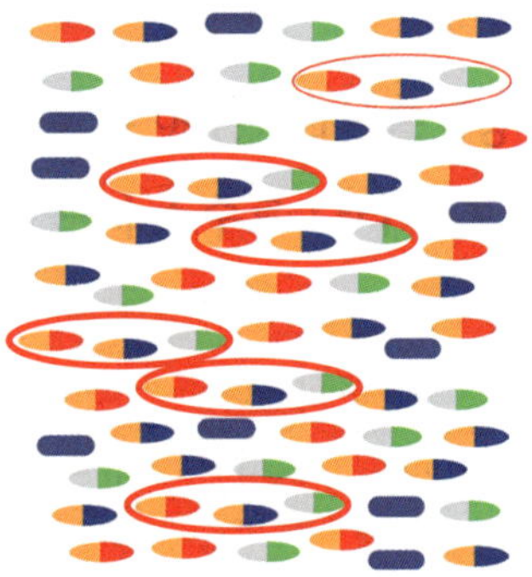

순서를 정할 수 있는 것과 없는 것

p. 132 1. O, 2. O, 3. X, 4. O, 5. X, 6. O, 7. O, 8. X, 9. O, 10. O

나. 순서에 따라 완성하기

글자를 완성해요

p. 133 2, 5, 3, 1, 4
4, 1, 2, 5, 3
4, 2, 3, 1

p. 134 5, 2, 1, 3, 4
4, 3, 5, 1, 2
4, 2, 5, 6, 1, 3

단어를 완성해요

p. 135 냉장고, 두꺼비, 청소년, 키보드

p. 136 영어사전, 무한도전, 드라이기, 텔레비전, 인천공항, 수수께끼

p. 137 애호박, 호박, 과자, 양파, 파인애플, 국수, 국자 등

p. 138 지우개, 도장, 종이, 도화지, 색연필, 연필, 노트, 교과서, 물감, 화이트 등

p. 139 아이스크림, 차가운 빙수, 아름다운 꽃, 교장선생님, 용돈기입장

문장을 완성해요

p. 140 맛있는 저녁 식사가 식탁 위에 놓여 있다. (혹은, 식탁 위에 맛있는 저녁 식사가 놓여 있다.)
남자친구의 깜짝 선물에 감동을 받았다.
여름이 되자 모기가 많아졌다.
어제부터 이가 너무 아파서 병원에 다녀왔다.

p. 141 맛있는 고구마를 푹 삶아요.
아기가 쌔근쌔근 잠을 잔다. (혹은, 아기가 잠을 쌔근쌔근 잔다.)
아빠가 따끈한 찐빵을 사오셨다.

나는 동생이 숙제를 하도록 도와줬다.

p.142 드디어 중학교를 졸업했다.
너는 어디에 사니?
우주선을 타보고 싶어요.
머리카락을 자르려고 미용실에 다녀왔다.

p.143 ('홍겹게' 제외) 가을이 되니 들판에 코스모스가 많이 피었다.
('낮잠을' 제외) 어제부터 반드시 일찍 일어나기로 아빠와 약속했다.
('슬픈' 제외) 학교가 끝나고 집에 오는 길에 찐빵을 샀다.
('정말' 제외) 지난번에 친구와 놀이동산에 가자고 약속했던 것이 생각났다.

속담을 완성해요

pp.144~145

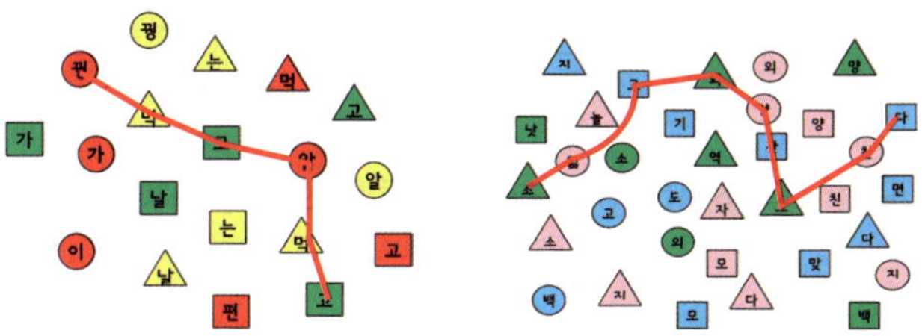

❹ 수학퀴즈

가. 수체계

재미있는 숫자 세계

p.148 ① 49, 28 ② 59, 75 ③ 24, 19 ④ 73, 9 ⑤ 67, 39

p.149 오십육, 쉰여섯−1번째
사십팔, 마흔여덟−5번째
구십칠, 아흔일곱−7번째
팔십사, 여든넷−6번째
삼십오, 서른다섯−2번째
칠십팔, 일흔여덟−3번째
이십일, 스물하나−8번째
육십이, 예순둘−4번째

p.150 사과−5−5번째, 번개−9−1번째, 연필−6−2번째, 당근−3−4번째, 양초−8−3번째
6, 8
8, 10
3, 5
5, 7

p.151 ① 4, 5, 6 → 3개
② 4 → 1개
③ ○○●○○○

④ ○○○○●○○

p.152 줄넘기: 5개, 망원경: 9개, 팽이: 5개, 튜브: 6개

1) 가장 큰 수: 9, 가장 작은 수: 5

2) 9, 7, 6, 5

p.153 (예시 제외) 5, 4, 9, 6, 8, 10, 12

p.154 책: 2-둘, 물병: 3-셋, 고슴도치: 5-다섯, 연필: 4-넷, 자동차: 1-하나

p.155 정답 생략

p.156 1-4번째, 2-1번째, 3-5번째, 4-3번째, 5-2번째

pp.157~159 정답 생략

p.160 61 / 86, 95 / 39, 47

58, 60, 68 / 28, 47

p.161 정답 생략

p.162 ① 2839, 이천팔백삼십구

② 7, 6, 칠천오백육십구

③ 4308, 사천삼백팔

④ 5065

⑤ 5310, 오천삼백십

p.163 ① 27 ② 59 ③ 85 ④ 88, 팔십팔 ⑤ 100

① 327 ② 80 ③ 507 ④ 999 ⑤ 800, 70, 6

p.164 ③ → 450은 250에서 100씩 2번 뛰어세기(혹은 50씩 4번 뛰어세기) 한 것이다

④ → 290에서 10씩 5번 뛰어세기 한 것은 340이다.

① 빨간색, 50 ② 파란색, 8 ③ 파란색, 6

④ 빨간색, 10 ⑤ 초록색, 700 ⑥ 빨간색, 0

p.165 ③ □ → 400, ④ □ → 100, ⑤ ◇ → 1, ⑥ ○ → 3000, ⑦ □ → 800, ⑧ × → 80, ⑨ × → 10, ⑩ ◇ → 9

p.166 (위에서부터) ① 312, 263, 250, 249

② 601, 582, 523, 499

③ 913, 875, 834, 789

크기가 작은 순서: 399, 427, 581, 690, 701

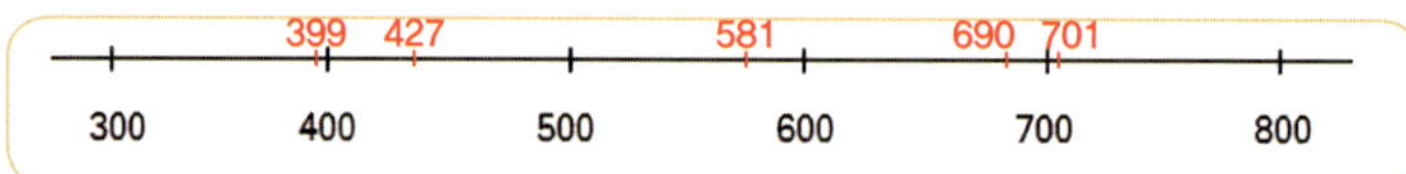

690과 701 사이의 수: 691, 692, 693, 694, 695, 696, 697, 698, 699, 700

p.167

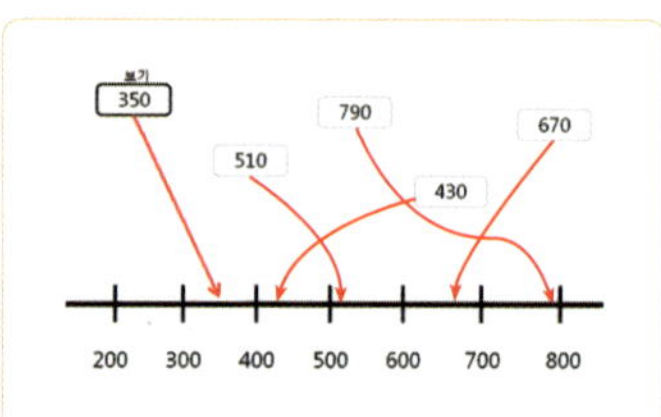

큰 순서대로: 790, 670, 510, 430, 350

p.168 가: 16, 나: 24, 다: 38, 라: 41

① 20 ② 21 ③ 42 ④ 46 ⑤ 39, 40, 2 ⑥ 17, 18, 19, 20, 21, 22, 23

p. 169 (위에서부터) 716, 732, 748, 750
50, 350, 650, 850
650, 950
900

p. 170 24, 42
153, 315, 351, 513, 531

p. 171 79, 97
486, 648, 684, 846, 864

p. 172 ① 870, 880, 900 ② 347, 647 ③ 525, 515, 505
④ 440, 480 ⑤ 970, 990, 1000, 1020 ⑥ 100, 200, 300

p. 173 263, 264, 274, 374, 474
910, 920, 940, 1040, 1041
1200, 1201, 1211, 1311, 1321
1878, 1868, 1768, 1758, 1658
3410, 3400, 3300, 3280, 3270

p. 174 1, 3, 4, 2
2, 1, 4, 3
3, 4, 1, 2
1, 4, 3, 2
3, 2, 4, 1

p. 175 (좌측 상단부터 옆으로) 8, 9, 7, 4, 6, 5
9 → 8 → 7 → 6 → 5 → 4
(좌측 상단부터 옆으로) 18, 46, 79, 47, 39, 82
18 → 39 → 46 → 47 → 79 → 82

나. 사칙연산

무한도전 연산 세계

p. 176 +, 모두, 18+17, 35명
4+6=10, 2+4=6
(예) 과자 3개가 있었는데 엄마가 4개를 더 주셔서 7개가 되었습니다.
놀이터에서 9명의 아이가 놀고 있었는데 2명이 더 와서 11명이 함께 놀았습니다.

p. 177 −, 줬습니다, 7−3, 4개
10−2=8, 12−3=9
(예) 나는 연필 7자루를 가지고 있는데 동생은 나보다 3자루 적은 4자루를 가지고 있습니다.
아이스크림이 6개가 있었는데 누나가 1개를 먹어서 5개가 남았습니다.

p. 178 1) 20개
2) (3+6=9) 9개
3) (5+2+4=11개)
4) 과일을 2개 적게 사셨다.

5) 귤, 당근, 귤, 당근, 4

p. 179 1) 9칸

2) 6칸

3) 민준이가 3칸 더 올라갔다.

4) $(15-9=6)$ 6칸

5) $(15-6=9)$ 9칸

p. 180 1) $1+7=8, 7+1=8, 8-1=7, 8-7=1$

2) $12+3=15, 3+12=15, 15-3=12, 15-12=3$

3) $7+2=9, 2+7=9, 9-7=2, 9-2=7$

4) $10+5=15, 5+10=15, 15-5=10, 15-10=5$

5) $11+4=15, 4+11=15, 15-4=11, 15-11=4$

6) $5+6=11, 6+5=11, 11-6=5, 11-5=6$

p. 181

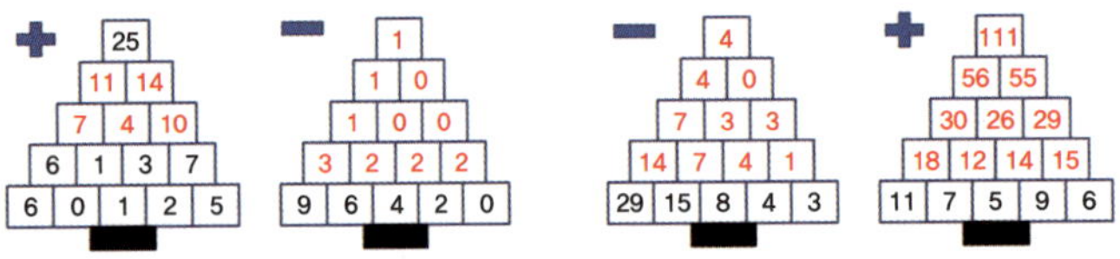

p. 182 ×, 3배, 2×3, 6권

$5\times3=15, 3\times2=6$

(예) 나는 초콜릿을 3개 먹었는데 재완이는 나보다 3배 많은 9개를 먹었습니다.

우리 반 친구들이 9명씩 2줄로, 총 18명이 앉아있습니다.

p. 183 16

p. 184 $2\times4=8, 2+2+2+2=8, (2\times3)+2=8$

$4\times2=8, 4+4=8, (4\times1)+4=8$

$4\times3=12, 4+4+4=12, (4\times2)+4=12$

$2\times6=12, 2+2+2+2+2+2=12, (2\times5)+2=12$

p. 185 (예) 1. $(7\times3)+7=28$

2. $(3\times3)+3+3=15$

3. $(10\times2)+10+10+10+10=60$

4. $(8\times8)+8=72$

5. $(5\times5)+5+5=35$

6. $(6\times1)+6+6=18$

7. $(9\times2)+9+9+9=45$

8. $(2\times4)+2+2+2+2=16$

9. $(4\times6)+4+4+4=36$

10. $(8\times2)+8+8+8+8=48$

pp. 186~187 정답 생략

p. 188 (예) $1\times6=6, 2\times3=6, 3\times2=6$

$2\times4=8, 4\times2=8, 8\times1=8$

$2\times9=18, 3\times6=18, 9\times2=18$

p. 189 ÷, 나누어, 15÷5, 3개

$15\div3=5, 6\div6=1$

(예) 사탕 8개를 상자에 2개씩 나누어 담았더니 4상자에 담겼습니다.

12명의 친구들이 4명씩 한 조를 만들었더니 3개 조가 나왔습니다.

p. 190 1) 4개　　2) 5개　　3) 3개가 남음
4) 8개　　5) 4, 5, 1, 2, 간식의 총 개수는 12개

p. 191 1) ① 9개, ② 2명　　2) 3줄

pp. 192~195 정답 없음(문제가 없이 설명만 있는 페이지)

p. 196 2: 박물관, 3: 민속촌, 4: 대한민국, 5: 사칙연산, 6: 사다리차

pp. 197~198

① + −

7	−	2	+	9	=	14
+		+		−		+
5	−	1	+	6	=	10
−		+		+		−
4	+	5	−	3	=	6
=		=		=		=
8	+	8	−	6	=	18 / 10

② × ÷ + −

4	×	3	−	2	=	10
÷		+		×		×
2	+	10	−	8	=	4
+		−		÷		÷
7	−	7	+	4	=	4
=		=		=		=
9	−	6	+	4	=	10 / 7

9	×	6	÷	2	÷	3	=	9
÷		×		×		÷		−
3	×	4	÷	6	+	3	=	5
×		÷		×		×		+
8	÷	4	×	2	+	7	=	11
−		+		÷		+		−
10	÷	5	×	8	−	3	=	13
=		=		=		=		=
14	+	11	−	3	−	10	=	2 / 12

다. 분수와 소수

알쏭달쏭 분수 세계

p. 199 1, 2, 1, 2, $\frac{1}{2}$ / 2, 3, 2, 3, $\frac{2}{3}$
3, 4, 3, 4, $\frac{3}{4}$ / 6, 8, 6, 8, $\frac{6}{8}$

p. 200 $\frac{3}{5}$, $\frac{2}{4}$　$\frac{2}{3}$, $\frac{2}{4}$　$\frac{3}{8}$, $\frac{1}{5}$　$\frac{1}{2}$, $\frac{2}{5}$　$\frac{2}{5}$, $\frac{2}{8}$　$\frac{3}{4}$, $\frac{4}{5}$

p. 201 $\frac{1}{4}$, $\frac{9}{10}$　$\frac{3}{5}$, $\frac{3}{7}$　$\frac{8}{9}$, $\frac{1}{5}$　$\frac{2}{5}$, $\frac{7}{11}$　$\frac{7}{8}$, $\frac{3}{4}$　$\frac{3}{10}$, $\frac{5}{12}$

p. 202 1)  2)  3)  4)  5) 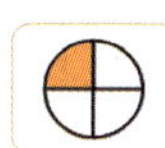 6)  7)  8) 

p. 203 분자: 3, 분모: 6 / 분자: 5, 분모: 7
분자: 5, 분모: 8 / 분자: 2, 분모: 3

pp. 204~205 정답 없음(문제가 없이 설명만 있는 페이지)

p.206

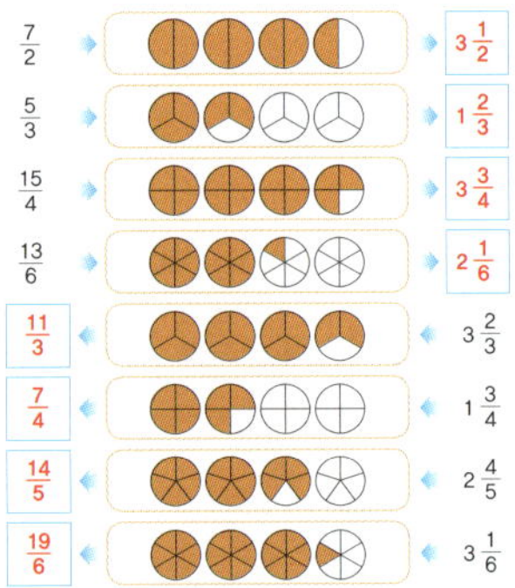

p.207 4조각, 6조각, 3조각
(조각 그림 생략)
$\frac{1}{4}+\frac{1}{4}+\frac{1}{4}+\frac{1}{4}$, $\frac{1}{6}+\frac{1}{6}+\frac{1}{6}+\frac{1}{6}+\frac{1}{6}+\frac{1}{6}$, $\frac{1}{3}+\frac{1}{3}+\frac{1}{3}$

p.208 2, 2, 4　4, 4, 1　4, 1, 1　1, 2, 2

p.209 1 >, 2 >　3 >, 4 <　5 <, 6 >　7 <, 8 <

p.210 1 >, 2 <　3 <, 4 <　5 >, 6 >　7 >, 8 <

p.211 정답 없음(문제가 없이 설명만 있는 페이지)

p.212 $\frac{3}{10}$, $\frac{6}{10}$, $\frac{8}{10}$
0.3, 0.5, 0.9

p.213 정답 없음(문제가 없이 설명만 있는 페이지)

p.214 ① 사점 이칠, ② 구점 육사, ③ 칠점 삼이, ④ 팔점 오오, ⑤ 이점 이오, ⑥ 삼점 팔일, ⑦ 육점 삼삼, ⑧ 영점 영팔

p.215 ① 사점 이칠구, ② 구점 사오칠, ③ 팔점 이삼오, ④ 영점 영칠팔, ⑤ 오점 영칠영, ⑥ 십사점 이삼오

p.216 정답 없음(문제가 없이 설명만 있는 페이지)

라. 도형

즐거운 도형 세계

p.217 1) (ㄱ), (ㄹ)　2) (ㄴ), (ㅅ), (ㅇ)　3) (ㅁ), (ㅂ)

p.218 1) ②, ⑦, ⑧, ⑨　2) ①, ③, ⑫

pp.219~228 정답 없음(문제가 없이 설명만 있는 페이지)

마. 측정

신나는 측정 세계

p.229
- 수희 → 희철 → 영민
- 1번째 - ㄱ, 2번째 - ㄷ, 3번째 - ㄴ

p.230 ㄱ → ㄷ → ㄴ → ㅁ → ㄹ
3, 1, 2, 4

p.231 5 → 1 → 4 → 2 → 3, 1 → 4 → 5 → 3 → 2

p.232 55, 25, 40

p.233 1−1번째, 2−3번째, 3−4번째, 4−2번째

pp.234~235 정답 없음(문제가 없이 설명만 있는 페이지)

p.236 1. 4시 30분 2. 3바퀴 3. 2, 24, 24
4. 아빠 5. 27바퀴

p.237 1. 11시 40분 2. 1시간 40분 3. 1시간 30분

p.238 1. 2 2. 오전, 오후 3. 24 4. 12, 12

p.239 1. 1) 화분 물주기, 2) 심부름, 3) 설거지, 4) 머리 빗기
2. ②
3. ①
4. ②

p.240 정답 없음(문제가 없이 설명만 있는 페이지)

p.241 1. 7, 12
2. 2
3. 31일까지: 1, 3, 5, 7, 8, 10, 12월, 30일까지: 4, 6, 9, 11월
4. 목
5. 목, 금
6. 16
7. 34일

pp.242~244 정답 없음(문제가 없이 설명만 있는 페이지)

p.245 1. 10, 아르 2. 100, 100 3. $1km^2$
4. $\frac{1}{10000}$ 5. a

p.246 1. 2, 7, 4
2. 9, 11 → ②가 더 무겁다

p.247 1. 2300g, 3kg 600g
4100g, 7kg 300g
9800g, 1kg 230g
2. 1) 34개, 2) 25개, 3) 국어책이 공책보다 100원짜리 동전 9개만큼 더 무겁다.

p.248 1120, 800, 450, 260, 90

p.249 1. A: 3000, B: 3800
2. 1) 2, 2) 5, 3) 700원이고 300원이 남는다.

p.250 1. 6, 8, 10
2. 훈태: 12개, 20개
상훈: 8개, 13개
재호: 18개, 12개 → 훈태의 땅이 가장 넓다.

pp.251~253 정답 없음(문제가 없이 설명만 있는 페이지)

바. 기타

신비한 비례의 세계

pp.254~258 정답 없음(문제가 없이 설명만 있는 페이지)

신비한 약수와 배수의 세계

p.259 정답 없음(문제가 없이 설명만 있는 페이지)

p.260
- 30의 약수: 1, 2, 3, 5, 6, 10, 15, 30
  40의 약수: 1, 2, 4, 5, 8, 10, 20, 40
  30과 40의 공약수: 1, 2, 5, 10
  30과 40의 최대공약수: 10
- 6의 배수: 6, 12, 18, 24, 30
  8의 배수: 8, 16, 24, 32, 40
  6과 8의 최소공배수: 24

신비한 경우의 수의 세계

pp.261~262 정답 없음(문제가 없이 설명만 있는 페이지)

신비한 방정식의 세계

p.263 정답 없음(문제가 없이 설명만 있는 페이지)

사. 문장제

어떻게 해결할까요?

p.264 덧셈, 뺄셈(1)

1. 7+5=12(개) 2. 7−5=2, 민희가 2장 더 가지고 있다. 3. 6+2=8(대)
4. 8−5=3(명) 5. 53−38=15(명)
- 15+2−3+12=26

p.265 덧셈, 뺄셈(2)

1. 18−8=10(개) 2. 25−19+7=13(명)
3. 135+257=392(개) 4. 384−17=367(장)
5. 영선: 970−530=440, 미선: 840−370=470 → 미선이, 470원 더 모아야 한다.

p.266 덧셈, 뺄셈(3)

1. 483+(483+127)=1093(개)
2. 민주: 167, 재민: 167+148=315, 수정: 315−121=194 → 167+315+194=676(개)
3. 284+250−358=176(개)
4. 2587+4834=7421(권)
5. 어린이 1명, 청소년 1명, 성인 2명 → 6000+8000+12000+12000=38000(원)

p.267 곱셈, 나눗셈(1)

1. 5×6=30(개)
2. (4×7)+(2×5)=38(개)
3. 민수: 6×7=42, 진아: 8×7=56 → 56−42=14, 진아가 14쪽 더 읽음
4. 28×60=1680(개)
5. (8×5)+3=43(개)
- 1680+14−30+43=1707

p.268 곱셈, 나눗셈(2)

1. $5000-\{(800\times2)+(700\times2)+1200\}=800$(원)
2. $6800\times78=530400$(원)
3. $456\div34=13\cdots14$, 13상자가 되고 14개가 남는다.
4. $49\div7=7$(쪽)
5. $10\times8\div5=16$(개)

p.269 어림수

1. $327\div100=3\cdots27\rightarrow3\times100=300$(개)
2. $238\div45=5\cdots13$, 5대에 꽉 차게 타고 13명이 남으므로, 모든 학생이 버스에 타기 위해서는 버스가 6대 필요하다.
3. $5\times7=35$, 35장 이상이 필요한데 색종이를 10장씩 묶어서 사야 하므로 40장 사야 한다.
4. 포장지가 57장 이상 필요한데 10장 단위로 사야 하므로 60장 사야 하고, 10장에 1000원이므로 $6\times1000=6000$원이 든다.

p.270 분수(1)

1. $1\div4\div2=\frac{1}{8}$, 8(조각)
2. $45\times\frac{3}{9}=15$(살)
3. $1\div8\times3\times2=\frac{6}{8}\rightarrow1-\frac{6}{8}=\frac{2}{8}=\frac{1}{4}$이 남음
4. $25-(25\times\frac{3}{5})=25-15=10$(개)

p.271 분수(2)

1. $1-(\frac{5}{16}+\frac{4}{16})=1-\frac{9}{16}=\frac{7}{16}$
2. $\frac{32}{5}\times3=\frac{96}{5}$(L)
3. 지선이가 가진 색테이프의 길이를 통분하면, $\frac{5}{6}=\frac{5\times4}{6\times4}=\frac{20}{24}$m $\rightarrow\frac{20}{24}-\frac{15}{24}=\frac{5}{24}$, 지선이가 $\frac{5}{24}$m 더 많이 가지고 있다.
4. $\frac{75}{120}=\frac{75\div15}{120\div15}=\frac{5}{8}$

p.272 분수(3)

1. $27\frac{1}{2}\times3=\frac{55}{2}\times3=\frac{165}{2}=82\frac{1}{2}$(kg)
2. $48-(48\times\frac{6}{8})=48-36=12$(개)
3. $\frac{4}{5}\times11\times\frac{1}{4}=\frac{11}{5}=2\frac{1}{5}$(kg)
4. $2\frac{5}{7}\times\frac{1}{5}\times7=\frac{19}{7}\times\frac{1}{5}\times7=\frac{19}{5}=3\frac{4}{5}$(km)
5. $\frac{21}{22}\times\frac{1}{3}=\frac{7}{22}$(L)

p.273 소수(1)

1. , 0.4
2. 사과나무는 0.5, 배나무는 0.4이므로, 사과나무를 더 많이 심었다.
3. $5+9=14$mm이므로, 1.4cm
4. $748\text{m}=0.748\text{km}\rightarrow1.85+0.748=2.598$(km)

p.274 소수(2)

1. $9\div6=\frac{3}{2}=1.5$(m)
2. $8.4\times5=42$(L)
3. 사과: $95.95\div19=5.05$, 복숭아: $94.32\div18=5.24\rightarrow$ 복숭아가 더 무겁다.

4. 지수: $21.6 \div 0.9 = 24$(개), 경희: $21.6 \div 1.2 = 18$(개) → 지수가 6개 더 많다.

p.275 확률과 통계 기초(경우의 수)

1. ① 3 ② (빨강, 노랑), (노랑, 파랑), 3 ③ 1 ④ 3, 3, 1, 7
2. (셔츠 1, 바지 1), (셔츠 1, 바지 2), (셔츠 2, 바지 1), (셔츠 2, 바지 2), (셔츠 3, 바지 1), (셔츠 3, 바지 2) → 6가지

p.276 비, 비율, 백분리, 할푼리(1)

1. $\frac{15000-12000}{15000} = \frac{3000}{15000} = \frac{1}{5} = 0.2$, 2할
2. $\frac{39}{150} = \frac{13}{50} = 0.26$, 2할 6푼
3. ① $400:500 = 4:5$, ② $500 \times \frac{30}{100} = 150$(개), ③ $(500-150) \div 50 \times 35000 = 245000$(원)
4. ① 돼지, ② 2배

p.277 비, 비율, 백분리, 할푼리(2)

1. ① 25%, ② 2배, ③ $500 \times \frac{20}{100} = 100$(명)
2. $6700-(6700 \times \frac{57}{100}) = 6700-3819 = 2881$(명)
3. 다파라 문방구: $5000 \times \frac{70}{100} = 3500$원, 병아리 문방구: $4500 \times \frac{80}{100} = 3600$원 → 다파라 문방구에서 사는 것이 더 이익이다.
4. $\frac{500-320}{500} \times 100 = 36$(%)

p.278 비례식(1)

1. $4 \times 45 \div 5 = 36$(개)
2. $224 \times 3 \div 42 = 16$(일)
3. $7200 \times 7 \div 6 = 8400$(원)
4. 현수: $60000 \times \frac{5}{12} = 25000$(원), 현정: $60000 \times \frac{1}{3} = 20000$(원), 현빈: $60000 \times \frac{1}{4} = 15000$(원)

p.279 비례식(2)

1. 은영: $6000 \times \frac{3}{5} = 3600$(원), 은수: $6000 \times \frac{2}{5} = 2400$(원)
2. 진호: $60 \times \frac{3}{12} = 15$(개), 철수: $60 \times \frac{4}{12} = 20$(개), 태민: $60 \times \frac{5}{12} = 25$(개)
3. 상호: $45000 \times \frac{6}{15} = 18000$(원), 준석: $45000 \times \frac{9}{15} = 27000$(원)
4. $910 \times \frac{2}{13} = 140$(g)
5. 외삼촌 댁: $70 \times \frac{4}{7} = 40$(개), 이모 댁: $70 \times \frac{3}{7} = 30$(개)

p.280 측정-길이, 거리

1. 453cm=4m 53cm → 4m 53cm+2m 15cm-15cm=6m 53cm
2. 1m 45cm-1m 38cm=7cm, 송이가 7cm 더 크다.
3. 5830m+1480m=7310m=7km 310m
4. ① 2400m, ② 13km, ③ 13km=13000m → 13000-2400=10600(m)=10km 600m

p.281 측정-무게, 넓이, 들이, 둘레

1. 2kg 500g=2500g, 3kg 300g=3300g → 3300-2500=800(g)
2. 29kg 800g-28kg 300g=1kg 500g
3. 동화책: $22 \times 30 = 660cm^2$, $17 \times 22 = 374cm^2$ → 동화책이 $286cm^2$ 더 넓다.
4. $(25+19) \times 2 = 88$(cm)
5. 6L 500mL-4L 500mL=2(L)

p.282 측정-시간

1. ① 40분 ② 바로 들어갈 수 없다. 20분 기다려야 한다. ③ 8시간 30분

④

p. 283 측정–시간(달력)

1. ① 일요일, ② 월요일
2. 1년=12개월이므로, 12×3+5=41(개월)
3. ① 16일, ② 토요일, ③ 5, 12, 19, 26일

저자 소개

노경란(Row, Kyung Ran)

미국 Eastern Michigan University 심리학 석사(임상심리 전공)
이화여자대학교 대학원 심리학 박사(발달 및 발달임상 전공)
정신보건임상심리사(1급), 임상심리전문가, 발달심리전문가
이화여자대학교 심리학과 겸임교수
현 아이코리아 송파아이존 센터장

박현정(Park, Hyun Jeong)

이화여자대학교 대학원 심리학 석사 및 박사(발달 및 발달임상 전공)
인지학습치료전문가, 정신보건임상심리사
현 이안아동발달연구소 소장
　이화여자대학교 교육대학원 겸임교수
　가천대학교 심리인지치료학과 겸임교수

안지현(An, Ji Hyun)

이화여자대학교 대학원 심리학 석사(발달 및 발달임상 전공)
정신보건임상심리사, 인지학습치료사
전 미국 텍사스 San Marcos Baptist Academy 근무

전영미(Jun, Young Mi)

연세대학교 대학원 심리학 석사(발달심리 전공)
인지학습심리상담사
현 파주통합지원발달센터, 성실심리발달센터 및 한강발달심리상담센터 인지학습치료사

인지기능 향상 워크북
주의력 영역
A Workbook for Improving Attention Development

2018년 1월 15일 1판 1쇄 발행
2025년 9월 25일 1판 9쇄 발행

지은이 • 노경란 · 박현정 · 안지현 · 전영미
펴낸이 • 김 진 환
펴낸곳 • (주) 학지사
04031 서울특별시 마포구 양화로 15길 20 마인드월드빌딩 5층
대표전화 • 02) 330-5114 팩스 • 02) 324-2345
등록번호 • 제313-2006-000265호
홈페이지 • http://www.hakjisa.co.kr
인스타그램 • https://www.instagram.com/hakjisabook

ISBN 978-89-997-1434-4 94180
978-89-997-1430-6 (set)

정가 18,000원